工业和信息化普通高等教育"十二五"规划教材立项项目

新编大学语文

艾洪涛 ◎ 主编

张惠玲 王淑芬 ◎ 副主编

Xinbian

Daxue Yuwen

人民邮电出版社

北京

图书在版编目（CIP）数据

新编大学语文 / 艾洪涛主编. — 北京 ：人民邮电
出版社，2013.9（2017.6重印）
ISBN 978-7-115-29071-7

Ⅰ. ①新… Ⅱ. ①艾… Ⅲ. ①大学语文课－高等学校
－教材 Ⅳ. ①H19

中国版本图书馆CIP数据核字(2012)第196888号

本书所涉部分作品版权由中国著作权协会代理，地址：北京市朝阳区京广中心商务楼四层，邮编：100020，电话：010-65978906，传真：010-65978926

内 容 提 要

本书按照时代的顺序编排作品，把握中华文化发展的脉络，精选各个历史时期重要作家的代表作，兼收部分外国优秀文学作品。全书共分十章，即先秦文学、秦汉文学、魏晋南北朝文学、唐代文学、五代十国文学、宋代文学、金元明清文学、现代文学、当代文学、外国文学。选目题材广泛，涵盖文言文、白话文、诗歌与散文、剧本、小说等。

本书注重中华优秀文化传统的审美熏陶，是提高大学生文学修养和人文素养的有效途径。本书可作为普通高等院校各专业大学语文通用教材，也可供文学爱好者学习参考。

◆ 主　　编　艾洪涛
　　副 主 编　张惠玲　王淑芬
　　责任编辑　马小霞
　　执行编辑　王志广
　　责任印制　张佳莹　杨林杰
◆ 人民邮电出版社出版发行　　北京市丰台区成寿寺路 11 号
　　邮编 100164　　电子邮件　315@ptpress.com.cn
　　网址 http://www.ptpress.com.cn
　　北京市艺辉印刷有限公司印刷
◆ 开本：787×1092　1/16
　　印张：15.75　　　　　　　2013年9月第1版
　　字数：344千字　　　　　　2017年6月北京第3次印刷

定价：32.00 元
读者服务热线：(010)81055256　印装质量热线：(010)81055316
反盗版热线：(010)81055315

前　言

　　大学语文课是普通高校面向非汉语言文学专业学生开设的一门素质教育课程。课程设置的目的是培养学生的阅读、欣赏、理解和表达能力，提高学生的综合人文素养，增强学生的文化认知和自信，健全学生的精神品格。因此，大学语文课在繁荣和发展社会主义文化中的作用是无法替代的。

　　以此为目的，本书加大了选目量，强化了导读和思考练习，并注意与现代文化背景相结合，不再设置文学史内容，只是在编写体例上依循文学史发展的脉络，按照时代的顺序进行编排，与中文专业和其他版本的大学语文教材中结合历史背景分析作品的学习方法有了明显的区分。

　　体裁选择上在尊重文化形式多样性的同时，注重不同时代的代表体裁，既突出重点，又广泛全面，并兼顾多种表现方法和写作风格，以丰富大学生的文化储备。

　　选文原则上是以我国文学作品为主，重视吸收我国优秀的文化遗产，辅之以中国现代、当代及国外名家的文学精品，旨在提升当代大学生对中华文化的自觉和自信。

　　此外，本书编写中突出了以下几个特点。

　　1. 注重选目的艺术鉴赏性

　　本书共选篇目 79 篇，选目标准是思想内容健康，文化内涵丰厚，艺术上具有独创性，审美价值高。每篇选文后面设有"导读"，重在选文的思想内容和艺术特色的赏析，力求让学生在时代背景下获得思想启迪、文化熏陶、道德养成、审美陶冶、写作借鉴等。

　　2. 注重文化史的系统性

　　以朝代为基本章别，介绍语文知识的同时，注重文化思想的演进，既帮助大学生巩固、梳理中小学所学的文学知识，理顺文学史的构架，又可较深入地了解中华文化的发展历程。

　　3. 注重创新思维的培养

　　各篇"思考与练习"根据不同作品设计，大致包括了作者及作品创作背景、作家作品的文学史地位及影响、作品内容及艺术赏析等内容，着眼点是训练和培养学生的创造性思维能力和写作能力。

　　4. 注重自学能力的培养

　　叶圣陶先生讲，语文教学最终是要做到"学生自能读书不待老师讲，学生自能作文不待老师改"。本书追求的目标就是提高学生的学习兴趣，培养学生在有限的课堂时间之外的阅读兴趣，养成终生学习的良好习惯。

　　本书编写中参考了大量的相关著作，但由于体例所限，不能一一标注。在此专表谢忱。

　　由于编者水平有限，编写时间仓促，书中难免存在疏漏、错误之处，敬请有关专家、学者和广大师生批评指正，以便不断修订完善。

编　者

2013 年 7 月

目　录

第一章 先秦文学

第一节 诗经、楚辞

诗经·秦风·蒹葭

原文

蒹葭[1]苍苍[2]，白露为[3]霜。所谓[4]伊人[5]，在水一方[6]。溯洄[7]从[8]之，道阻[9]且长。溯游从之，宛[10]在水中央。

蒹葭萋萋，白露未晞[11]。所谓伊人，在水之湄[12]。溯洄从之，道阻且跻[13]。溯游从之，宛在水中坻[14]。

蒹葭采采，白露未已。所谓伊人，在水之涘[15]。溯洄从之，道阻且右[16]。溯游从之，宛在水中沚[17]。

注释

[1] 蒹（jiān）：没长穗的芦苇。葭（jiā）：初生的芦苇。

[2] 苍苍：鲜明、茂盛貌。下文"萋萋"、"采采"义同。

[3] 为：凝结成。

[4] 所谓：所说的，此指所怀念的。

[5] 伊人：那个人，指所思慕的对象。

[6] 一方：那一边。

[7] 溯洄：逆流而上。下文"溯游"指顺流而下。一说"洄"指弯曲的水道，"游"指直流的水道。

[8] 从：追寻。

[9] 阻：险阻，（道路）难走。

[10] 宛：宛然，好像。

[11] 晞（xī）：干。

[12] 湄：水和草交接的地方，也就是岸边。

[13] 跻（jī）：升高。

[14] 坻（chí）：水中的高地。

[15] 涘（sì）：水边。

[16] 右：迂回曲折。

[17] 沚（zhǐ）：水中的高地。

导读

东周时的秦地大致相当于今天的陕西大部及甘肃东部，其地"迫近戎狄"，他们的情感是激昂、粗犷、豪放的。保存在《秦风》里的十首诗多写征战猎伐、痛悼讽劝一类的事，似《蒹葭》、《晨风》这种凄婉缠绵的情致更像郑卫之音的风格。

此诗曾被认为是用来讥刺秦襄公不能用周礼来巩固他的国家，或惋惜招引隐居的贤士而不可得。但和《诗经》中多数诗具体而实在的内容不同，此诗并没有具体的事件与场景，甚至连"伊人"的性别都难以确指。因此，现代大多数学者都把它看作是一首情诗。

思考与练习

1. 你还能举出几首临水怀人的诗词作品吗？

2. 有的诗内容十分确定，有的诗却可以作多种理解，请你结合本文，分析其中的原因。

3. 本诗的复沓形式与表现的思想感情之间有什么关联？

4. 在当代文学作品里，有没有采用这种方式表达情思的？请举几个例子。

诗经·郑风·溱洧

原文

溱与洧[1]，方涣涣兮[2]。士与女[3]，方秉蕑兮[4]。女曰"观乎？"士曰"既且[5]。""且[6]往观乎？洧之外，洵訏[7]且乐。"维[8]士与女，伊其相谑[9]，赠之以勺药[10]。

溱与洧，浏[11]其清矣。士与女，殷其盈[12]矣。女曰"观乎？"士曰"既且。""且往观乎？洧之外，洵訏且乐。"维士与女，伊其将[13]谑，赠之以勺药。

注释

[1] 溱（zhēn）、洧（wěi）：郑国二水名。

[2] 方：正。涣涣：河水解冻后奔腾貌。

[3] 士与女：此处泛指游春男女。后文"士"、"女"则特指其中某对青年男女。

[4] 秉：执。蕑（jiān）：一种兰草。又名大泽兰，与山兰有别。郑国风俗，每年三月上巳日男女聚在溱蒋两水之上，招魂续魄，秉执兰草，被除不祥。

[5] 既：已经。且（cú）：同"徂"，去，往。

[6] 且：再。

[7] 洵：诚然，确实。訏（xū）：广阔。

[8] 维：发语词。

[9] 伊：发语词。相谑：互相调笑。

[10] 勺药：即"芍药"，一种香草，与今之木芍药不同。郑笺："其别则送女以勺药，结恩情也。"马瑞辰《毛诗传笺通释》云："又云'结恩情'者，以勺与约同声，故假借为结约也。"

[11] 浏：水深而清之状。

[12] 殷：众多。盈：满。

[13] 将：即"相"。

导读

在这首诗中，有两个非常重要的小道具："蕑（兰）"与"勺药"。凭借着这两种芬芳的香草，作品完成了从风俗到爱情的转换，完成了从自然界的春天到人生的青春的转换，也完成了从略写到详写的转换，以及从"全镜头"到"特写镜头"的转换。兰草与芍药，是支撑起全诗结构的两个支点。

诗分两章，仅换数字，这种回环往复的叠章式，是民歌特别是"诗三百"这些古老民歌的常见形式，有一种纯朴亲切的风味。诗中，从溱、洧之滨踏青归来的人群，有的身佩兰草，有的手捧芍药，撒一路芬芳，播一春诗意。作品满怀爱心和激情，讴歌了这个春天的节日，记下了人们的欢娱，肯定和赞美了纯真的爱情，诗意明朗、欢快、清新。

思考与练习

1. 结合作品，谈谈这首诗体现了《诗经》的哪些艺术特点。

2.《溱洧》描绘的是上古时期民间上巳节青年男女相会的场面，结合这一风俗，谈谈社会风俗对文学创作的影响。

楚辞·渔父

屈 原

屈原既[1]放，游于江潭，行吟泽畔，颜色憔悴，形容枯槁[2]。

渔父见而问之曰："子非三闾大夫[3]与？何故至于斯？"

屈原曰："举世皆浊我独清，众人皆醉我独醒，是以[4]见放。"

渔父曰："圣人不凝滞于物，而能与世推移。世人皆浊，何不淈[5]其泥而扬其波？众人皆醉，何不哺其糟而歠其醨[6]？何故深思高举[7]，自令放为？"

屈原曰："吾闻之，新沐[8]者必弹冠，新浴[9]者必振衣；安能以身之察察[10]，受物之汶汶[11]者乎？宁赴湘流，葬于江鱼之腹中。安能以皓皓[12]之白，而蒙世俗之尘埃乎？"

渔父莞尔[13]而笑，鼓枻[14]而去，乃歌曰："沧浪[15]之水清兮，可以濯[16]吾缨[17]，沧浪之水浊兮，可以濯吾足。"遂去[18]，不复[19]与言。

注释

[1] 既：已经，引申为"（在）……之后"。

[2] 色：脸色。形容：形体容貌。

[3] 三闾（lú）大夫：掌管楚国王族屈、景、昭三姓事务的官。屈原曾任此职。

[4] 是：因此。以：能够。

[5] 淈（gǔ）：搅浑。

[6] 哺（bū）：吃，一作"餔"（bū）。糟：酒糟。歠（chuò）：饮。醨（lí）：薄酒。成语：哺糟歠醨。

[7] 高举：高出世俗的行为。在文中与"深思"都是渔父对屈原的批评，有贬意，故译为（在行为上）自命清高。举，举动。

[8] 沐：洗头。

[9] 浴：洗身，洗澡。

[10] 察察：洁净、皎洁的样子。

[11] 汶（wèn）汶：玷辱。

[12] 皓皓：洁白或高洁的样子。

[13] 莞尔：微笑的样子。

[14] 鼓枻（yì）：摇摆着船桨。鼓：拍打。枻：船桨。

[15] 沧浪：水名，汉水的支流，在湖北境内。或谓沧浪为水清澈的样子。

[16] 濯：洗。

[17] 缨：系帽的带子，在额下打结。

[18] 遂：于是。去：离开。

[19] 复：再。

导读

《渔父》是一篇可读性很强的优美散文。开头写屈原，结尾写渔父，都着墨不多，却十分传神；中间采用对话体，多用比喻、反问，生动形象而又富于哲理性。

全文采用对比的手法，主要通过问答体，表现了两种对立的人生态度和截然不同的思想性格。渔父是一个懂得与世推移、随遇而安、乐天知命的隐士形象。他看透了尘世的纷纷扰扰，但绝不回避，而是随遇而安，保持自我人格的节操。渔父是作为屈原的对立面存在的，面对社会的黑暗、污浊，屈原则显得执著，他始终坚守着人格之高标，追求清白高洁的人格精神，宁愿舍弃生命，也不与污浊的尘世同流合污，虽然理想破灭了，但至死不渝。

从全文的描写，尤其是从结尾中，似乎很难看出作者有专门褒美屈原、贬抑渔父的意思。《渔父》的价值在于相当准确地写出了屈原的思想性格，而与此同时，还成功地塑造了一位高蹈遁世的隐者形象。

作者介绍

屈原（公元前 339 年～公元前 278 年）战国末期楚国人，伟大的爱国诗人。名平，字原，出身楚国贵族。丹阳（今湖北秭归）人。一生经历了楚威王、楚怀王、楚襄王 3 个时期，主要活动于楚怀王时期。这个时期正是中国即将实现大一统的前夕，屈原因出身贵族，又明于治乱，娴于辞令，故而早年深受楚怀王的宠信，位列左徒、三闾大夫。屈原为实现楚国的统一大业，对内积极辅佐楚怀王变法图强，对外坚决主张联齐抗秦，使楚国一度出现了国富兵强、威震诸侯的局面。但是由于屈原与楚国腐朽贵族集团发生了尖锐的矛盾，受到上官大夫等人的嫉妒，后来遭到小人的诬陷和楚怀王的疏远，两次被逐出郢都，后被流放江南，辗转流离于沅、湘二水之间。公元前 278 年，秦将白起攻破郢都，屈原悲愤难捱，遂自沉汨罗江。有《史记》、《离骚》、《九歌》、《天问》、《九章》等不朽作品传世。

作品介绍

楚辞又称"楚词"，是战国时代的伟大诗人屈原创造的一种诗体。作品运用楚地（今两湖一带）的文学样式、方言声韵，叙写楚地的山川人物、历史风情，具有浓厚的地方特色。楚辞的创作手法是浪漫主义的，它感情奔放，想象奇特，且具有浓郁的楚国地方特色和神话色彩。汉代时，刘向把屈原的作品及宋玉等人"承袭屈赋"的作品编辑成集，名为《楚辞》，成为继《诗经》以后，对我国文学具有深远影响的一部诗歌总集。

《楚辞》是我国第一部浪漫主义诗歌总集。与《诗经》古朴的四言体诗相比，楚辞的句式较活泼，句中有时使用楚国方言，在节奏和韵律上独具特色，更适合表现丰富复杂的思想感情。

《楚辞》在中国诗史上占有重要的地位，它打破了《诗经》以后两三个世纪的沉寂，在诗坛上大放异彩。后人也因此将《诗经》与《楚辞》并称为风、骚。风指十五国风，代表《诗经》，充满着现实主义精神；骚指《离骚》，代表《楚辞》，充满着浪漫主义气息。风、骚成为中国古典诗歌现实主义和浪漫主义创作的两大流派。

思考与练习

1. 本文塑造了屈原怎样的一个形象？显示了屈原怎样的人格？
2. 在屈原的执著与渔父的旷达之间，你更欣赏哪一个？理由是什么？
3. 本文通过自设问答的形式表现内心矛盾，你认为这种方式与直抒胸臆相比，优点在哪里？
4. 你读过的文学作品中，还有哪篇是自设问答的？

楚辞·九歌·湘夫人[1]

屈原

原文

帝子[2]降兮北渚[3]，目眇眇[4]兮愁予[5]。

嫋嫋[6]兮秋风，洞庭波兮木叶下。

登白薠[7]兮骋望[8]，与佳[9]期[10]兮夕张[11]。

鸟何萃[12]兮蘋[13]中，罾[14]何为兮木上？

沅[15]有芷[16]兮澧[17]有兰，思公子[18]兮未敢言。

荒忽[19]兮远望，观流水兮潺湲[20]。

麋何食兮庭中？蛟何为兮水裔[21]？

朝驰余马兮江皋[22]，夕济[23]兮西澨[24]。

闻佳人兮召予，将腾驾兮偕逝[25]。

筑室兮水中，葺[26]之兮荷盖。

荪[27]壁兮紫[28]坛[29]，匊[30]芳椒[31]兮成堂。

桂栋[32]兮兰橑[33]，辛夷[34]楣[35]兮药[36]房。

罔[37]薜荔[38]兮为帷[39]，擗[40]蕙櫋[41]兮既张。

白玉兮为镇[42]，疏[43]石兰[44]兮为芳。

芷葺兮荷屋，缭[45]之兮杜衡[46]。

合百草兮实[47]庭，建芳馨[48]兮庑门[49]。

九嶷[50]缤[51]兮并迎，灵[52]之来兮如云。

捐余袂[53]兮江中，遗[54]余褋[55]兮醴浦。

搴[56]汀[57]洲兮杜若，将以遗兮远者。

时不可兮骤[58]得，聊逍遥兮容与[59]。

注释

[1] 出自《楚辞章句》，为《九歌》中的一篇。《九歌》是屈原 11 篇作品的总称，"九"是泛指，非实数，《九歌》本是古乐章名。此篇与《九歌》中另一篇《湘君》为姊妹篇。湘夫人：与湘君并称为楚地传说中的湘水配偶神。有人认为湘君、湘夫人与虞舜及其二妃娥皇、女英的传说有关，湘君即舜，湘夫人即娥皇、女英。

[2] 帝子：指湘夫人。舜妃为帝尧之女，故称帝子。

[3] 渚：水边的浅滩。

[4] 眇（miǎo）眇：极目远望的样子。

[5] 愁予：使我发愁。

[6] 嫋（niǎo）嫋：微风吹拂的样子。

[7] 蘋（fán）：草名，多生长在秋季沼泽地。

[8] 骋望：纵目远望。

[9] 佳：佳人，指湘夫人。下文"佳人"同。

[10] 期：期约，约会。

[11] 张：陈设，指陈设帷帐、祭品等。

[12] 萃：聚集。鸟本当集在木上，反说在水草中，比喻所愿不得，失其应处之所。

[13] 蘋：水草。

[14] 罾（zēng）：鱼网。罾原应在水中，反说在木上，比喻所愿不得，失其应处之所。

[15] 沅：即沅水，在今湖南省。

[16] 芷：香草名，即白芷。

[17] 澧（lǐ）：即澧水，在今湖南省，流入洞庭湖。

[18] 公子：指帝子，湘夫人。古代贵族称公族，公族子女不分性别，都可称"公子"。

[19] 荒忽：即"恍惚"，神志迷乱的样子。

[20] 潺湲：水流缓慢但不间断的样子。

[21] 水裔：水边。

[22] 江皋：江边。

[23] 济：渡水。

[24] 澨（shì）：水边。

[25] 偕逝：指与使者同往。

[26] 葺（qì）：修补，这里指用茅草盖屋。

[27] 苏：一种香草。

[28] 紫：紫贝。

[29] 坛：庭院。

[30] 匊：散布。

[31] 芳椒：芳香的椒树子。

[32] 栋：屋栋，屋脊柱。

[33] 橑（lǎo）：屋橡。

[34] 辛夷：香木名，初春升花，又叫木笔。

[35] 楣：门上横木。

[36] 药：香草名，即白芷。

[37] 罔：通"网"，作编织。

[38] 薜（bì）荔（lì）：一种香草，缘木而生。

[39] 帷：帐幔。

[40] 擗（pǐ）：剖。

[41] 橑（mián）：这里作"幔"讲，帐顶。

[42] 镇：坐席之物。

[43] 疏：散布，分成。

[44] 石兰：兰草的一种。

[45] 缭：缠绕。

[46] 杜衡：一种香草。

[47] 实：充实。

[48] 馨：散布很远的香气。

[49] 庑（wǔ）：厢房。

[50] 九嶷（yí）：山名，又名苍梧，传说中舜的葬地，在湘水南。

[51] 缤：盛多的样子。

[52] 灵：神。

[53] 袂（mèi）：衣袖。

[54] 遗（wèi）：赠送。

[55] 褋（dié）：汗衫。

[56] 搴（qiān）：采摘。

[57] 汀（tīng）：水中或水边的平地。

[58] 骤：轻易，一下子。

[59] 容与：从容自在的样子。

导读

《湘夫人》并称《楚辞·九歌》组诗十一首之一。一般认为，湘夫人是湘水女性之神，与湘水男性之神湘君并称配偶神。湘水是楚国境内所独有的最大河流。湘君、湘夫人这对神祇反映了原始初民崇拜自然神灵的一种意识形态和"神人恋爱"的构想。纵灌南楚的湘水与楚国人民有着血肉相连的关系，人们对湘水寄予深切的爱，把湘水视为爱之河、幸福之河，进而把湘水的描写人格化。神的形象也和人一样演出悲欢离合的故事，人民意念中的神，也就具体地罩上了历史传说人物的影子。湘君和湘夫人就是以舜与二妃（娥皇、女英）的传说为原型的。这样一来，神的形象不仅更为丰富生动，也更能与现实生活中的人在情感上靠近，使人感到亲切可近，富有人情味。

诗题虽为《湘夫人》，但诗中的主人公却是湘君。这首诗的主题主要是描写相恋者生死契阔、会合无缘。作品始终以候人不来为线索，在怅惘中向对方表示深长的怨望，但彼此对爱情的始终不渝则是一致的。

思考与练习

1. "以景现情，寓情于景"是本诗的一大特色，请结合原文作简要分析。

2. 本诗层次重叠交叉，又能一以贯之。请指出这首诗在结构上的中心线索，并说明其串联效果。

第二节　诸子散文

大学·大学之道

原文

大学之道[1]，在明明德[2]，在亲民[3]，在止于至善。知止[4]而后有定，定而后能静，静而后能安，安而后能虑，虑而后能得[5]。物有本末，事有终始。知所先后，则近道矣。古之欲明明德于天下者，先治其国；欲治其国者，先齐其家[6]；欲齐其家者，先修其身[7]；欲修其身者，先正其心；欲正其心者，先诚其意；欲诚其意者，先致其知[8]；致知在格物[9]。物格而后知至，知至而后意诚，意诚而后心正，心正而后身修，身修而后家齐，家齐而后国治，国治而后天下平。自天子以至于庶人[10]，壹是皆以修身为本[11]。其本乱而末[12]治者，否矣。其所厚者薄，而其所薄者厚[13]，未之有也[14]！

注释

[1] 大学之道：大学的宗旨。"大学"一词在古代有两种含义，一是"博学"的意思；二是相对于小学而言的"大人之学"。"道"的本义是道路，引申为规律、原则等，在中国古代哲学、政治学里，也指宇宙万物的本原、个体，一定的政治观点或思想体系等，在不同的上下文环境里有不同的意思。

[2] 明明德：前一个"明"作动词，有使动的意味，即"使彰明"，也就是发扬、弘扬的意思。后一个"明"作形容词，明德也就是光明正大的品德。

[3] 亲民：根据后面的"传"文，"亲"应为"新"，即革新、弃旧图新。亲民，也就是新民，使人弃旧图新、去恶从善。

[4] 知止：知道目标所在。

[5] 得：收获。

[6] 齐其家：管理好自己的家庭或家族，使家庭或家族和和美美、蒸蒸日上美、兴旺发达。

[7] 修其身：修养自身的品性。

[8] 致其知：使自己获得知识。

[9] 格物：认识、研究万事万物。

[10] 庶人：指平民百姓。

[11] 壹是：都是。本：根本。

[12] 末：相对于本而言，指枝末、枝节。

[13] 厚者薄：该重视的不重视。薄者厚：不该重视的却加以重视。

[14] 未之有也：即未有之也，没有这样的道理（事情、做法等）。

导读

《大学》原本是《礼记》中的一篇。宋代人把它从《礼记》中抽出来，与《论语》、《孟子》、《中庸》相配合，到朱熹撰《四书章句集注》时，便成了"四书"之一。

本文所展示的，是儒学三纲八目的追求。所谓三纲，是指明德、亲民、止于至善。它既是《大学》的纲领旨趣，也是儒学"垂世立教"的目标所在。所谓八目，是指格物、致知、诚意、正心、修身、齐家、治国、平天下。它既是为达到"三纲"而设计的条目工夫，也是儒学为我们所展示的人生进修阶梯。纵览四书五经，我们发现，儒家的全部学说实际上都是循着这三纲八目而展开的。

思考与练习

儒家的大学之道对我们今天确立学习目标有什么指导意义？

国语·叔向贺贫[1]

原文

叔向见韩宣子[2]，宣子忧贫，叔向贺之。宣子曰："吾有卿之名，而无其实[3]，无以从二三子[4]，吾是以忧，子贺我，何故？"

对曰："昔栾武子[5]无一卒之田[6]，其宫不备其宗器[7]，宣其德行，顺其宪则[8]，使越[9]于诸侯。诸侯亲之，戎、狄怀之，以正晋国。行刑[10]不疚[11]，以免于难[12]。及桓子[13]，骄泰[14]奢侈，贪欲无艺[15]，略则行志[16]，假货居贿[17]，宜及于难，而赖武之德[18]，以没其身[19]。及怀子[20]，改桓之行，而修[21]武之德，可以免于难，而离桓之罪[22]，以亡于楚[23]。夫郤昭子[24]，其富半公室[25]，其家半三军[26]，恃其富宠[27]，以泰于国[28]。其身尸于朝[29]，其宗灭于绛[30]。不然，夫八郤，五大夫三卿[31]，其宠大矣，一朝而灭，莫之哀也，唯无德也。

今吾子[32]有栾武子之贫，吾以为能其德矣[33]，是以贺。若不忧德之不建，而患货之不足，将吊[34]不暇，何贺之有？"

宣子拜稽首[35]焉，曰："起[36]也将亡，赖子存之，非起也敢专承[37]之，其自桓叔[38]以下，嘉吾子之赐。"

注释

[1] 选自《国语》。叔向，春秋晋国大夫羊舌肸（xī），字叔向。

[2] 韩宣子：名起，是晋国的卿。卿的爵位在公之下，大夫之上。

[3] 实：这里指财富。

[4] 无以从二三子：意思是家里贫穷，没有供给宾客往来的费用，不能跟晋国的卿大夫交往。二三子，指晋国的卿大夫。

[5] 栾武子：晋国的卿。

[6] 无一卒之田：没有 100 人所有的田亩。古代军队编制，100 人为"卒"。一卒之田，即 100 顷，是上大夫的俸禄。

[7] 宗器：祭器。

[8] 宪则：法制。

[9] 越：超过。

[10] 刑：法，就是前边的"宪则"。

[11] 行刑不疚（jiù）：指栾武子弑杀晋厉公而不被国人责难。

[12] 以免于难：因此避免了祸患，意思是没有遭到杀害或被迫逃亡。

[13] 桓子：栾武子的儿子。

[14] 骄泰：骄慢放纵。

[15] 艺：度，准则。

[16] 略则行志：忽略法制，任意行事。

[17] 假货居贿：把财货借给人家从而取利。贿，财。

[18] 而赖武之德：但是依靠栾武子的德望。

[19] 以没其身：终生没有遭到祸患。

[20] 怀子：桓子的儿子。

[21] 修：研究，学习。

[22] 离桓之罪：（怀子）因桓子的罪恶而遭罪。离，同"罹"，遭到。

[23] 以亡于楚：终于逃亡到楚国。

[24] 郤（xì）昭子：晋国的卿。

[25] 其富半公室：他的财富抵得过半个晋国。公室，公家，指国家。

[26] 其家半三军：他家里的佣人抵得过三军的一半。当时的兵制，诸侯大国三军，合三万七千五百人。一说郤家人占据了晋国三军中一半的职位。晋国有三军，三军主将与将佐，合称为"六卿"。

[27] 宠：尊贵荣华。

[28] 以泰于国：就在国内非常奢侈。泰，过分、过甚。

[29] 其身尸于朝：郤昭子（却）被晋厉公派人杀掉，他的尸体摆在朝堂（示众）。

[30] 其宗灭于绛：他的宗族在绛被灭掉了。绛，晋国的旧都，在现在山西省翼城县东南。

[31] 八郤，五大夫，三卿：郤氏八个人，其中五个大夫，三个卿。

[32] 吾子：您，古时对人的尊称。

[33] 能其德矣：能够行他的道德了。

[34] 吊：忧虑。

[35] 稽首：顿首，把头叩到地上。

[36] 起：韩宣子自称他自己的名字。

[37] 专承：独自一个人承受。

[38] 桓叔：韩氏的始祖。

导读

本文引用历史事实，阐明了贫不足忧，而应重视建德，没有德行，则越富有祸害越大，有德行则可转祸为福的道理。

全文通过人物对话的方式，先提出"宣子忧贫，叔向贺之"这个出人意料的问题，然后层层深入地展开论述。文章先不直接说明贺贫的原因，而是举出栾、郤两家的事例说明贫可贺、富可忧，可贺可忧的关键在于是否有德。继而将宣子与栾武子加以类比，点出可贺的原因，并进一步指出，如果不建德而忧贫，则不但不可贺，反而是可吊的，点出本文的中心论点。最后用韩宣子的拜服作结，再次说明论点。这样既把道理讲得清清楚楚，又使人感到亲切自然。

作品介绍

《国语》是中国最早的一部国别史著作，记录了周朝王室和鲁国、齐国、晋国、郑国、楚国、吴国、越国等诸侯国的历史。上起周穆王十二年（公元前 990 年）西征犬戎，下至智伯被灭（公元前 453 年）。其内容包括各国贵族间朝聘、宴飨、讽谏、辩说、应对之辞以及部分历史事件与传说。国语记录了春秋时期的经济、财政、军事、兵法、外交、教育、法律、婚姻等各种内容，对研究先秦时期的历史非常重要。

思考与练习

1. 叔向向韩宣子贺贫的意图是什么？
2. 叔向是怎样用事例说明自己的观点的？

道德经·四章

老子

原文

道冲[1]，而用之或不盈[2]。渊兮，似万物之宗。挫其锐，解其纷，和其光，同其尘[3]。湛兮[4]，似或存。吾不知谁之子，象帝之先[5]。

注释

[1] 道冲：冲，古字为"盅"，傅奕本作"盅"。这里冲引申为虚。道冲，指道是虚空而没有形体的，这是老子的基本观点。这个"道"是创造宇宙万物的根本，但它本身却是"视之不可见，听之不可闻"的，无形、无象、不可捉摸，因此老子用表示虚空的"冲"

来形容它。

[2] 用之或不盈：用之，指宇宙万物都在使用"道"（宇宙万物靠它生成、运动和变化）。或，语气词，用于否定句中加强否定的意义。盈，读为"逞"，穷尽的意思。用之或不盈，指"道"的作用是不可穷尽的。

[3] 挫其锐，解其纷，和其光，同其尘：此四句又见于五十六章，因而不少人怀疑是五十六章错简重出，马叙伦《老子校诂》、高亨《老子注译》、陈鼓应《老子注译及评价》均持此说。

[4] 湛兮：湛，深、沉，形容"道"无形无象、深透难测的状态。

[5] 象帝之先：象，好像、好似；帝，天帝。好像在天帝之前就出现了。

导读

本章首次提出了老子劝道五千言的最高行为楷模——道体，并且赋予它一系列理想的存在特性，从中我们可以大略地明了老子所要倡导的理想行为方式的基本特征。

除了"冲而有用"是对道的根本特性的非常精确的描述之外，老子对这个最高行为楷模的刻画基本上可以看成是对某一理想典范的虚构，而不是对某一实有存在的客观描写。老子指出道"不知其谁之子，象帝之先"，这就确立了道体的至高无上的独立地位，使道论超越了对神帝权威的依傍，使崇道不再是因为对天帝的屈服或对鬼神的恐惧，而完全取决于人本的理性自主。这是老子道本主义思想的精义之所在。

作者介绍

老子，中国古代最伟大的思想家、哲学家，具体姓名史料不全。专家经过大量考证及考古发掘，终于证实中国古代思想家老子的故里位于现在河南鹿邑县。

"无为"是老子思想中一个重要的理念，"无为"二字的意思不是不作为，而是不妄为，不违反自然规律而为。

作品介绍

《道德经》，又称《道德真经》、《老子》、《五千言》、《老子五千文》，是中国道学思想的经典。其以自然无为之说，解释了天地万物产生、发展、灭亡的自然规律，并相应地告诉人们如何认识自然、对待自然，成为许多思想流派的基石。

《道德经》，春秋末期周收藏室吏老子（老聃）著，汉高诱注释的《吕觉不二篇》称老子去国西游，函谷关尹喜请为著《上至经》五千言，即此书。

思考与练习

1. 在本章里，老子给"道"具体作了描述，请问他是运用哪些手法进行描述的？
2. 本章中作者描写了一种怎样的"道"的形象？
3. 论述老子的无为思想及其当代价值。

论语·樊迟、仲弓问仁

原文

仲弓[1]问仁。子曰:"出门如见大宾,使民如承大祭。己所不欲,勿施于人。在邦无怨,在家无怨。"仲弓曰:"雍虽不敏,请事斯语矣。"

樊迟[2]问仁。子曰:"爱人。"问智,子曰:"知人。"樊迟未达。子曰:"举直措诸枉,能使枉者直。"樊迟退,见子夏[3]曰:"向也吾见于夫子而问智,子曰:'举直措诸枉,能使枉者直',何谓也?"子夏曰:"富哉言乎!舜有天下,选于众,举皋陶,不仁者远矣。汤有天下,选于众,举伊尹,不仁者远矣。"

注释

[1] 仲弓:孔子学生冉雍(公元前 522 年~?)之字,春秋末年鲁国(今山东曲阜)人。小孔子 20 岁,早年拜师孔子,随孔子周游列国。回鲁后的第三年,41 岁的仲弓当上了季氏家族的总管,并向孔子问过政。

[2] 樊迟:姓樊名须,字子迟,亦称樊迟,比孔子小 36 岁,齐国人,一说是鲁国人。他是一个农民,在其未拜孔子为师之前,已在季氏宰冉求处任职,孔子回鲁后拜师。他求职心切,三次向孔子请教"仁"的学说,还问"知""崇德、修业、辩惑"等,他有谋略,并具有勇武精神。唐开元二十七年(739 年)被追封为"樊伯";宋大中祥符二年(1009 年),又被加封为"益都侯"。

[3] 子夏(约公元前 507 年~公元前 420 年),姓卜名商,字子夏,孔子的弟子,春秋时期晋国著名的教育家。公元前 476 年,受晋国卿大夫魏驹及其子魏斯(后来的魏文侯)之邀,来到龙门西河(今山西河津一带)创立学堂,终身讲学。

导读

第一段是孔子对他的学生仲弓说"仁"的一段话。他谈到了"仁"的两个内容:一是要他的学生事君使民都要严肃认真;二是要宽以待人,"己所不欲,勿施于人"。只要做到了这两点,就向仁德迈进了一大步。

第二段谈了两个问题,一是"仁",二是"智"。关于"仁",孔子说是"爱人",实际上孔子在各处对"仁"的解释都有内在的联系。他所说的"爱人",包含有古代的人文主义精神,"仁"是他全部学说的对象和中心。关于"智",孔子认为要了解人,选拔贤才,罢黜邪才。

第三段孔子对"仁"的解释,是以"恭"、"敬"、"忠"为基本内涵的。在家恭敬有礼,就是要符合"孝、悌"的道德要求;办事严肃谨慎,就是要符合"礼"的要求;待人忠厚诚实;则显示出"仁德"的本色。

作者介绍

孔子(公元前 551 年~公元前 479 年),名丘,子仲尼,鲁国诹邑(今山东曲阜东南)人。

春秋末期著名思想家、教育家，儒家学派的创始人。祖上是宋国贵族。早年贫而贱，做过委吏和乘田等小吏；后收徒讲学，参与政治活动。五十岁时任鲁国的司寇。又周游宋、卫、陈、蔡、齐、楚诸国，宣传其学说，终不为世用，晚年返回鲁国，倾力于教育事业与典籍整理。孔子思想的核心是"仁"，认为"仁"就是"爱人"，而"仁"的施行应以"礼"为规范，宣称"克己复礼为仁"。其学说自汉代以来成为中国传统思想的主导，影响极为广泛深远。

作品介绍

《论语》以记言为主，"论"是论纂的意思，"语"是话语、经典语句、箴言，"论语"即是论纂（先师孔子的）语言。《论语》成于众手，记述者有孔子的弟子，有孔子的再传弟子，也有孔门以外的人，但以孔门弟子为主。《论语》是研究孔子思想的重要文献。《论语》语句简洁，文辞闲雅，意蕴丰厚，是一部优秀的语录体散文集。

宋儒把《论语》、《大学》、《中庸》和《孟子》合称为"四书"。《论语》共20篇，每篇又分若干章，不相连属；言简意丰，含蓄凝练，包含了孔子渊博的学识和丰富的生活经验；在记言的同时，传达了人物的神情态度；在某些章节的记述中，还生动地反映了人物的性格特点；其中有不少精辟的言论成为人们习用的格言和成语，对后来的文学语言有很大影响。

思考与练习

1. 简述孔子仁学思想的主要内涵。
2. 从本文可以看出《论语》具有哪些语言特色？
3. 《论语》有哪些方面的学习价值？

论语·子路、曾皙、冉有、公西华侍坐章

原文

子路、曾皙、冉有、公西华侍坐[1]。子曰："以吾一日长乎尔，毋吾以也。居则曰：'不吾知也！'如或知尔，则何以哉？"

子路率尔[2]而对曰："千乘之国[3]，摄[4]乎大国之间，加之以师旅[5]，因之以饥馑[6]；由也为之，比及[7]三年，可使有勇，且知方[8]也。"

夫子哂[9]之。

"求，尔何如？"

对曰："方六七十，如五六十[10]，求也为之，比及三年，可使足民。如其礼乐，以俟君子。"

"赤，尔何如？"

对曰："非曰能之，愿学焉。宗庙之事[11]，如会同[12]，端章甫[13]，愿为小相焉。"

"点，尔何如？"

鼓瑟希[14]，铿尔[15]，舍瑟而作，对曰："异乎三子者之撰[16]。"

子曰："何伤乎？亦各言其志也。"

曰："莫春[17]者，春服既成[18]，冠者[19]五六人，童子[20]六七人，浴乎沂[21]，风乎舞雩[22]，咏而归[23]。"

夫子喟然[24]叹曰："吾与[25]点也。"

三子者出，曾皙后。曾皙曰："夫三子者之言何如？"

子曰："亦各言其志也已矣！"

曰："夫子何哂由也？"

曰："为国以礼，其言不让，是故哂之。唯求则非邦也与？安见方六七十，如五六十，而非邦也者？唯赤则非邦也与？宗庙、会同，非诸侯而何？赤也为之小，孰能为之大？"

注释

[1] 子路：姓仲，名由，字子路，又字季路，小孔子 9 岁。曾皙：姓曾，名点，字子皙。曾参的父亲，约小孔子 20 多岁。冉有：姓冉，名求，字子有，小孔子 29 岁。公西华：姓公西，名赤，字子华，小孔子 42 岁。以上 4 人都是孔子的学生。侍坐：卑者在尊者身旁陪伴叫"侍"。单用"侍"是陪伴者站着。用"侍坐"指双方都坐着，陪侍长者闲坐。

[2] 尔：轻率地、毫不思索的样子。

[3] 千乘（shèng）之国：拥有一千辆兵车的国家。古时一车四马为"一乘"。能出车千乘的国家，在当时是一个中等国家。

[4] 摄：迫近。进而作"夹"讲。

[5] 师旅：古时军队的编制。五百人为一"旅"，五旅为一"师"。后因以"师旅"为军队的通称。

[6] 饥馑：谷的不熟为"饥"，果蔬不熟为"馑"。

[7] 比（bì）及：等到。

[8] 方：正道。这里指辨别是非的道理。

[9] 哂（shěn）：笑。这里略含讥讽的意思。

[10] 方六七十，如五六十：一个纵横六七十里，或者五六十里的小国家。方：见方，方圆。计量面积或体积的一种单位。面积一方即一丈见方。方六七十，即国土边长为六七十里。如：或者，连词，表选择。

[11] 宗庙之事：指诸侯的祭祀活动。其中以祭祀祖宗为代表。祭祖必在宗庙（祖庙），故以"宗庙之事"泛指。

[12] 如会同：或者是诸侯会盟，朝见天子。如：或者，连词，表选择。会同：诸侯会盟。会，诸侯相见。同，诸侯共同朝见天子。

[13] 端章甫：穿着礼服，戴着礼帽。端，礼服；章甫，礼帽。在这里都是名词活用作动词。

[14] 希：通"稀"。指弹瑟的速度放慢，节奏逐渐稀疏。

[15] 铿（kēng）尔：铿的一声，琴瑟声止住了。铿，象声词。指弹瑟完毕时最后一声高音。

尔，"铿"的词尾。

[16] 撰：才能，指为政的才能。

[17] 莫（mù）春：指夏历三月，天气已转暖的时节。莫，通假"暮"。

[18] 春服既成：春天的衣服已经穿上了。春服，指夹衣或单衫。成，定。

[19] 冠者：古代男子 20 岁时要举行冠礼，束发、加帽，表示成人。"冠者"指成年人。

[20] 童子：未加冠以前的少年（不到 20 岁）。

[21] 浴乎沂（yí）：到沂河里去洗洗澡。乎，介词，用法同"于"，状语后置。沂，水名，在今山东曲阜县南。此水因有温泉流入，故暮春时即可入浴。

[22] 风乎舞雩（yú）：到舞雩台上吹吹风。风，吹风，乘凉，名词活用作动词。舞雩，鲁国祭天求雨的地方，设有坛，在今山东曲阜县南。"雩"是古代为求雨而举行的祭祀。古人行雩时要伴以音乐和舞蹈，故称"舞雩"。

[23] 归：通馈，进食，送食。

[24] 喟（kuì）然：长叹的样子。喟，叹息声。

[25] 与：赞许，同意。

导读

本章为《论语·先进》篇，记述孔子弟子子路等四人申述各人的人生理想以及孔子对他们的评价。这篇短文只有三百余字，但描写人物的语言动作却很传神。孔子与学生在一起时的和蔼可亲、循循善诱，子路的坦率而自负，冉有、公西华的谦逊，曾皙的志趣高远和性格洒脱，都一一地勾画了出来。而末尾的一段话更是非常形象地描绘出了阳光和煦、春回大地，一群性格活泼的青年，说说笑笑、融融乐乐、载歌载舞的春游图。曾子自况："莫春者，春服既成，冠者五六人，童子六七人，浴乎沂，风乎舞雩，咏而归。"表面上看来，这说的是暮春时节的曾子浪漫出游，是写实，但是"莫春者"是比喻壮年时期，整句话用以比喻一个人壮年时期的为学修身实践。本章最能体现孔子的进退观，为后世士大夫的忧患意识奠定了基础。

思考与练习

1. 孔子提出问题后所期盼的答案是什么？哪个弟子的回答最合他意？

2. 孔子对几位弟子回答的反应表现了他什么样的政治主张和教育方法？

孟子·梁惠王下（节选）

原文

齐宣王问曰："交邻国有道乎？"

孟子对曰："有。惟仁者为能以大事小，是故汤事葛[1]，文王事昆夷[2]；惟智者为能以小事大，故太王事獯鬻[3]，句践事吴[4]。以大事小者，乐天者也；以小事大者，畏天者也。

乐天者保天下，畏天者保其国。诗云：'畏天之威，于时保之[5]。'"

王曰："大哉言矣！寡人有疾，寡人好勇。"

对曰："王请无好小勇。夫抚剑疾视曰，'彼恶敢当我哉'！此匹夫之勇，敌一人者也。王请大之！

"诗云[6]：'王赫斯[7]怒，爰[8]整其旅，以遏徂莒[9]，以笃周祜[10]，以对于天下。'此文王之勇也。文王一怒而安天下之民。

"书曰[11]：'天降下民，作之君，作之师。惟曰其助上帝，宠之四方。有罪无罪惟我在，天下曷敢有越厥[12]志？'一人衡行[13]于天下，武王耻之。此武王之勇也。而武王亦一怒而安天下之民。今王亦一怒而安天下之民，民惟恐王之不好勇也。"

注释

[1] 汤事葛：汤，商汤，商朝的创建人。葛，葛伯，葛国的国君。葛国是商紧邻的小国，故城在今河南宁陵北十五里处。

[2] 文王事昆夷：文王，周文王。昆夷，也写作"混夷"，周朝初年的西戎国名。

[3] 太王事獯（xūn）鬻（yù）：太王，周文王的祖父，即古公父。獯鬻又称猃狁，当时北方的少数民族。

[4] 勾践：春秋时越国国君（公元前497年至前465年在位）。吴：指春秋时吴国国君夫差。

[5] 畏天之威，于时保之：引自《诗经·周颂·我将》。

[6] 诗云：以下诗句引自《诗经·大雅·皇矣》。

[7] 赫斯：发怒的样子。

[8] 爰：语首助词，无义。

[9] 遏：止。徂（cú）：往，到。莒：古国名，在今山东莒县，公元前431年被楚国消灭。

[10] 笃：厚。祜：福。

[11] 书曰：书，《尚书》，以下引文见诸《古文尚书·周书·泰誓》。

[12] 厥：用法同"其"。

[13] 衡行：即"横行"。

导读

本文涉及两个方面的问题，一是外交策略；二是匹夫之勇与大勇的问题。

在本文中，孟子作出了他的外交策略阐述。归结起来，就是大国要仁，不要搞大国沙文主义和霸权主义，而要和小国友好相处。另一方面，小国要智，不要闭关锁国，也不要夜郎自大，而是要和大国搞好外交关系。做到了这两方面，那么，就会出现大国安定天下、小国安定国家的世界和平格局。孟子在这里所阐述的外交策略并不深奥，其中大国、小国的做法，在后世乃至于今天也仍然是有参考意义的。

不过，齐宣王对孟子所说的这一套却感到有点不得要领。于是，他一方面赞扬孟子的话高深，有道理；另一方面却自我批评说自己有毛病，恐怕难以接受孟子的高论。齐宣王说自己好勇，孟子便说好勇也没有关系，只要不是好"小勇"就行了，接着便进行了关于"大勇"与"小勇"问题的阐述。"小勇"就是我们常说的匹夫之勇，而"大勇"是以理义相斗。"小勇"敌一人，"大勇"安天下。

思考与练习

1. 本文体现了孟子什么样的政治主张和外交策略？
2. 齐宣王接受了孟子的主张吗？

墨子·兼爱（上）

原文

圣人以治天下为事者也，必知乱之所自[1]起，焉[2]能治之；不知乱之所自起，则不能治。譬之如医之攻人之疾者然：必知疾之所自起，焉能攻[3]之；不知疾之所自起，则弗能攻。治乱者何独不然？必知乱之所自起，焉能治之；不知乱之所自起？则弗能治。

圣人以治天下为事者也，不可不察乱之所自起。当[4]察乱何自起？起不相爱。臣子之不孝君父，所谓乱也。子自爱，不爱父，故亏[5]父而自利；弟自爱，不爱兄，故亏兄而自利；臣自爱，不爱君，故亏君而自利，此所谓乱也。虽父之不慈子，兄之不慈弟，君之不慈臣，此亦天下之所谓乱也。父自爱也，不爱子，故亏子而自利；兄自爱也，不爱弟，故亏弟而自利；君自爱也，不爱臣，故亏臣而自利。是何也？皆起不相爱。

虽至天下之为盗贼者亦然：盗爱其室，不爱异室，故窃异室以利其室。贼爱其身，不爱人，故贼人[6]以利其身。此何也？皆起不相爱。虽至大夫之相乱家，诸侯之相攻国者亦然：大夫各爱其家，不爱异家，故乱异家以利其家。诸侯各爱其国，不爱异国，故攻异国以利其国。天下之乱物，具此而已矣。察此何自起？皆起不相爱。若使天下兼相爱，爱人若爱其身，犹有[7]不孝者乎？视父兄与君若其身，恶施不孝？犹有不慈者乎？视弟子与臣若其身，恶施不慈？故不孝不慈亡[8]有。犹有盗贼乎？视人之室若其室，谁窃？视人身若其身，谁贼？故盗贼亡有。犹有大夫之相乱家，诸侯之相攻国者乎？视人家若其家，谁乱？视人国若其国，谁攻？故大夫之相乱家，诸侯之相攻国者亡有。若使天下兼相爱，国与国不相攻，家与家不相乱，盗贼无有，君臣父子皆能孝慈，若此，则天下治。

故圣人以治天下为事者，恶得[9]不禁恶而劝爱？故天下兼相爱则治，交相恶则乱。故子墨子曰"不可以不劝爱人"者，此也[10]。

注释

[1] 自：从。

[2] 焉：才。

[3] 攻：医治。

[4] 当：尝试。

[5] 亏：损害。

[6] 贼人：残害别人。

[7] 犹有：还有。

[8] 亡：通"无"。

[9] 恶得：怎能。

[10] 此也：道理在这里。

导读

"兼爱"，是墨子的重要思想。墨子认为，天下混乱的根本原因在于人们不兼爱，君不爱臣，父不爱子，兄不爱弟和臣不忠君，子不孝父，弟不敬兄，于是家庭出现纷乱，国家之间互相攻打，从而天下大乱。提出"只有天下人普遍相爱，才会盗贼不兴，君臣父子之礼完备，社会安定，天下太平，民众得到治理"的观点主张。

墨子认为人类一切罪恶的根源是"不相爱"，提倡"兼相爱"。文章以一个"乱"字说明治的重要性，以一个"利"字说明乱的起因，以一个"爱"字指出治的方法，论述逻辑性强。文章善于用具体事例论证道理，由小及大，层层推理，正反对比，说理清楚，文字质朴，通俗易懂。行文抓住事物的内在联系，揭示相互间的利害关系（如君臣、父子、兄弟，大夫、诸侯之间的爱与不爱的关系）及其正反比对的结果，层层深入，使要表达的意思清楚明了，语言晓畅明白。

作品介绍

《墨子》就是记载墨翟言论和墨家学派思想资料的总集。

在先秦诸子百家中，儒、墨两家号称"显学"，墨子在当时的声望与孔子差不多。由于墨子倡导尚贤、尚同、兼爱、非攻、节用、节葬等主张，基本反映了广大劳动阶层的呼声，因此，墨子又被誉为劳动人民的哲学家。

思考与练习

1. 墨子兼爱学说的思想内涵是什么？对我们今天有什么指导意义？
2. 论述墨家思想与儒家思想的不同。

战国策·冯谖客[1]孟尝君[2]

原文

齐人有冯谖者，贫乏不能自存[3]，使人属[4]孟尝君，愿寄食门下[5]。孟尝君曰："客何好[6]？"曰："客无好也。"曰："客何能[7]？"曰："客无能也。"孟尝君笑而受之曰："诺[8]。"

左右以[9]君贱[10]之也，食[11]以草具[12]。居有顷[13]，倚柱弹其剑，歌曰："长铗[14]归来[15]乎！食无鱼。"左右以告。孟尝君曰："食之，比[16]门下之客。"居有顷，复弹其铗，歌曰："长铗归来乎！出无车。"左右皆笑之，以告。孟尝君曰："为之驾[17]，比门下之车客。"于是乘其车，揭[18]其剑，过[19]其友，曰："孟尝君客我[20]。"后有顷，复弹[21]其剑铗，歌曰："长铗归来[22]乎！无以为家[23]。"左右皆恶之，以为贪而不知足。孟尝君问："冯公有亲乎？"对曰："有老母。"孟尝君使人给[24]其食用，无使乏。于是冯谖不复歌。

后，孟尝君出记[25]，问门下诸客："谁习[26]计会[27]，能为文收责[28]于薛者乎？"冯谖署[29]曰："能。"孟尝君怪之，曰："此谁也？"左右曰："乃歌夫长铗归来者也。"孟尝君笑曰："客果有能也，吾负[30]之，未尝见也。"请而见之，谢[31]曰："文倦于事[32]，愦于忧[33]，而性懧愚[34]，沈[35]于国家之事，开罪[36]于先生。先生不羞[37]，乃有意欲为收责于薛乎？"冯谖曰："愿之。"于是约车治装[38]，载券契[39]而行，辞曰："责毕收，以何市[40]而反[41]？"孟尝君曰："视吾家所寡有[42]者。"

驱而之薛[43]，使吏召诸民当偿者[44]，悉来合券[45]。券遍合，起矫命[46]以责赐诸民，因烧其券，民称万岁。

长驱到齐，晨而求见。孟尝君怪其疾[47]也，衣冠而见之，曰："责毕收乎？来何疾也！"曰："收毕矣。""以何市而反？"冯谖曰："君之'视吾家所寡有者'。臣窃计，君宫中积珍宝，狗马实外厩，美人充下陈[48]。君家所寡有者，以义耳！窃以为君市义。"孟尝君曰："市义奈何？"曰："今君有区区[49]之薛，不拊爱[50]子其民[51]，因而贾利之[52]。臣窃矫君命，以责赐诸民，因烧其券，民称万岁。乃臣所以为君市义也。"孟尝君不说[53]，曰："诺，先生休矣[54]！"

后期年[55]，齐王[56]谓孟尝君曰："寡人不敢以先王之臣为臣。"孟尝君就国[57]于薛，未至百里，民扶老携幼，迎君道中。孟尝君顾[58]谓冯谖："先生所为文市义者，乃今日见之。"

冯谖曰："狡兔有三窟[59]，仅得免其死耳；今君有一窟，未得高枕而卧也。请为君复凿二窟。"孟尝君予车五十乘[60]，金五百斤，西游于梁[61]，谓惠王曰："齐放[62]其大臣孟尝君于诸侯，诸侯先迎之者，富而兵强。"于是梁王虚上位[63]，以故相为上将军，遣使者黄金千斤，车百乘，往聘孟尝君。冯谖先驱[64]，诫孟尝君曰："千金，重币[65]也；百乘，显使[66]也。齐其闻之矣。"梁使三反[67]，孟尝君固辞[68]不往也。

齐王闻之，君臣恐惧，遣太傅[69]赍[70]黄金千斤、文车[71]二驷[72]，服剑一[73]，封书[74]，谢[75]孟尝君曰："寡人不祥[76]，被于宗庙之祟[77]，沈于谄谀之臣[78]，开罪于君。寡人不足为[79]也；愿君顾[80]先王之宗庙，姑[81]反国统万人乎！"冯谖诫孟尝君曰："愿请先王之祭器，立宗庙于薛。"庙成，还报孟尝君曰："三窟已就，君姑高枕为乐矣。"

孟尝君为相数十年，无纤介[82]之祸者，冯谖之计也。

注释

[1] 冯谖（xuān）：齐国游说之士。谖，一作"煖"，《史记》又作"驩"，音皆同。客：做门客。

[2] 孟尝君：齐国贵族，姓田名文，齐闵王时为相。孟尝君好养士，据说有门客三千，成为以养士而著称的"战国四公子"之一。

[3] 存：生存，生活。

[4] 属（zhǔ）：通嘱，嘱咐。

[5] 寄食门下：在孟尝君门下作食客。

[6] 好（hào）：爱好，擅长，喜好。

[7] 能：才能，本事。

[8] 诺：答应声。

[9] 以：因为，因为孟尝君的态度而轻视冯谖。

[10] 贱：轻视，看不起。

[11] 食（sì）：通饲，给人吃。

[12] 草具：粗劣的饭菜。具，供置，也能作酒肴。

[13] 居有顷：过了不久。

[14] 铗（jiá）：剑。

[15] 归来：离开，回来。来，语气词。

[16] 比：和……一样，等同于。

[17] 为之驾：为他配车。

[18] 揭：举。

[19] 过：拜访。

[20] 客我：待我以客，厚待我，即把我当上等门客看待。

[21] 弹：敲打。

[22] 归来：回去。

[23] 无以为家：没有能力养家。

[24] 给（jǐ）：供给。

[25] 出记：出了一个文告。记，账册，古代一种公文文种。

[26] 习：熟悉。

[27] 计会（kuài）：会计。

[28] 责：同债，债的本字。

[29] 署：署名，签名。可见"记"不能作账册，而当作告示。

[30] 负：辜负，对不住。实际意思是没有发现他的才干。

[31] 谢：道歉。

[32] 倦于事：忙于事务，疲劳不堪。

[33] 愦（kuì）于忧：忧愁思虑太多，心思烦乱。愦，同"溃"，乱。

[34] 懧愚：懦弱无能。懧（nuò），同"懦"。

[35] 沈：通"沉"，沉浸，埋头于。

[36] 开罪：得罪。

[37] 不羞：不以为羞。

[38] 约车治装：准备车马、整理行装。约，缠束，约车即套车。

[39] 券契：债契。债务关系人双方各持一半为凭。古时契约写在竹简或木简上，分两半，验证时，合起来查对，故后有合券之说。

22

[40] 市：买。

[41] 反：同"返"，返回。

[42] 寡有：没有。

[43] 驱：赶着车。之：往。

[44] 当偿者：应当还债的人。

[45] 合券：验合债券。可知前面应解为"债务契约"。古代契约分为两半，立约双方各执其一。

[46] 矫命：假托（孟尝君）命令。

[47] 疾：迅速。

[48] 下陈：堂下，后室。

[49] 区区：少，小，此亦隐指放债之利。

[50] 拊爱：爱抚。拊，同"抚"，抚育，抚慰。

[51] 子其民：视民如子。

[52] 贾：做买卖。贾（gǔ）利之，做买卖获利。

[53] 说：通"悦"。

[54] 休矣：算了吧。

[55] 后期年：一整年之后。期（jī）年，整整一年。

[56] 齐王：齐湣王。

[57] 就国：回自己的封地。国，指孟尝君的封地薛。

[58] 顾：回顾，旁顾。

[59] 窟：洞。

[60] 乘（shèng）：古代四马一车为一乘，亦可泛指车。

[61] 梁：大梁，魏的国都。惠王，梁惠王，魏武侯之子。

[62] 放：放逐。

[63] 虚上位：把上位（宰相之位）空出来。

[64] 先驱：驱车在前。

[65] 重币：贵重的财物礼品。

[66] 显使：地位显要的使臣。

[67] 三反：先后多次往返。反，同"返"。

[68] 固辞：坚决辞谢。

[69] 太傅：官名，为辅弼国君之官，掌制定、颁行礼法之职。

[70] 赍（jī）：带着，抱着。

[71] 文车：文饰华美的车辆。

[72] 驷：四马驾的车。乘不一定是四马，驷一定是四马。

[73] 服剑：佩剑。

[74] 封书：写信，古代书信用封泥加印，故曰封书。

[75] 谢：赔礼道歉。

[76] 不祥：意为糊涂。一说不善，没有福气。

[77] 被（pī）于宗庙之祟：遭受祖宗神灵降下的灾祸。被，同"披"，遭受。

[78] 沈于谄（chǎn）谀（yú）之臣：被阿谀奉承的奸臣所迷惑。沈，同"沉"。

[79] 不足为：不值得你看重并辅助。一说无所作为。

[80] 顾：顾念。

[81] 姑：姑且。万人，指全国百姓。

[82] 纤介：介，同"芥"，纤丝与草籽，比喻极微小。

导读

本文记叙冯谖为巩固孟尝君的政治地位而进行的种种政治外交活动（焚券市义，谋复相位，在薛建立宗庙），表现冯谖的政治识见和多方面的才能，反映出齐国统治集团内部和齐、魏等诸侯国之间的矛盾。冯谖善于利用矛盾解决矛盾，他为孟尝君出谋划策，是基于"士为知己者用"的观念。他为孟尝君焚券市义，说明他认识到争取民心对巩固贵族统治具有的极其重大的意义，这也是当时颇为流行的民本思想的反映。

作品介绍

《战国策》是一部国别体史书，全书按东周、西周、秦国、齐国、楚国、赵国、魏国、韩国、燕国、宋国、卫国、中山国依次分国编写，分为 12 策，33 卷，共 497 篇。其所记载的历史，上起公元前 490 年智伯灭范氏，下至公元前 221 年高渐离以筑击秦始皇，约 12 万字，是先秦历史散文成就最高、影响最大的著作之一。

《战国策》实际上是当时纵横家（即策士）游说之辞的汇编，而当时七国的风云变幻、合纵连横、战争绵延、政权更迭，都与谋士献策、智士论辩有关，因而该书具有重要的史料价值。

思考与练习

1. 联系冯谖作门客的表现，请你谈谈形成他这种自信的主客观原因。

2. 简析冯谖、孟尝君、"左右"的性格特征，指出孟尝君、"左右"的性格特点与中心人物冯谖的关系。

3. 举例分析本文通过对话和动作来刻画人物形象的艺术特色。

战国策·乐毅报燕王书

原文

昌国君乐毅，为燕昭王合五国之兵[1]而攻齐，下七十馀城，尽郡县之以属燕。三城[2]

未下，而燕昭王死。惠王即位，用齐人反间[3]，疑乐毅，而使骑劫[4]代之将。乐毅奔赵，赵封以为望诸君[5]。齐田单诈骑劫[6]，卒败燕军，复收七十余城以复齐。

燕王悔，惧赵用乐毅乘燕之弊以伐燕。燕王乃使人让[7]乐毅，且谢之曰："先王[8]举国而委将军，将军为燕破齐，报先王之仇，天下莫不振动。寡人岂敢一日而忘将军之功哉！会先王弃群臣，寡人新即位，左右误寡人[9]。寡人之使骑劫代将军，为将军久暴露于外，故召将军，且休计事。将军过听，以与寡人有隙，遂捐燕而归赵[10]。将军自为计则可矣，而亦何以报先王之所以遇将军之意乎？"

望诸君乃使人献书报燕王曰："臣不佞[11]，不能奉承先王之教，以顺左右之心，恐抵斧质之罪[12]，以伤先王之明，而又害于足下[13]之义，故遁逃奔赵。自负以不肖之罪，故不敢为辞说[14]。今王使使者数之罪，臣恐侍御者之不察先王之所以畜幸臣之理[15]，而又不白于臣之所以事先王之心，故敢以书对。"

"臣闻贤圣之君不以禄私其亲，功多者授之；不以官随其爱，能当者处之。故察能而授官者，成功之君也；论行而结交者，立名之士也。臣以所学者观之，先王之举错，有高世之心，故假节[16]于魏王，而以身得察于燕。先王过举，擢之乎[17]宾客之中，而立之乎群臣之上，不谋于父兄，而使臣为亚卿[18]。臣自以为奉令承教，可以幸无罪矣，故受命而不辞。

"先王命之曰：'我有积怨深怒于齐，不量轻弱，而欲以齐为事。'臣对曰：'夫齐，霸国之余教而骤胜之遗事也[19]，闲于甲兵[20]，习于战攻。王若欲伐之，则必举天下而图之。举天下而图之，莫径[21]于结赵矣。且又淮北、宋地[22]，楚、魏之所同愿也。赵若许约，楚、赵、宋尽力，四国攻之，齐可大破也。'先王曰：'善。'臣乃口受令，具符节，南使臣于赵。顾反命，起兵随而攻齐，以天之道，先王之灵，河北之地，随先王举而有之于济上[23]。济上之军奉令击齐，大胜之。轻卒锐兵，长驱至国。齐王逃遁走莒[24]，仅以身免。珠玉财宝，车甲珍器，尽收入燕。大吕陈于元英[25]，故鼎反乎历室[26]，齐器设于宁台[27]。蓟丘之植，植于汶篁[28]。自五伯以来，功未有及先王者也。先王以为顺于其志，以臣为不顿命[29]，故裂地而封之，使之得比乎小国诸侯。臣不佞，自以为奉令承教，可以幸无罪矣，故受命而弗辞。"

"臣闻贤明之君，功立而不废，故著于《春秋》[30]，蚤[31]知之士，名成而不毁，故称于后世。若先王之报怨雪耻，夷万乘之强国，收八百岁[32]之蓄积，及至弃群臣之日，遗令诏后嗣之馀义，执政任事之臣，所以能循法令，顺庶孽[33]者，施及萌隶[34]，皆可以教于后世。"

"臣闻善作者不必善成[35]，善始者不必善终。昔者伍子胥说听乎[36]阖闾，故吴王远迹至于郢[37]；夫差弗是也，赐之鸱夷[38]而浮之江。故吴王夫差不悟先论[39]之可以立功，故沉子胥而弗悔；子胥不蚤见主之不同量[40]，故入江而不改。"

"夫免身功，以明先王之迹者，臣之上计也。离[41]毁辱之非，堕[42]先王之名者，臣之所大恐也。临不测之罪，以幸为利者，义之所不敢出也。"

"臣闻古之君子，交绝不出恶声；忠臣之去也，不洁其名。

注释

[1] 五国之兵：赵、楚、韩、燕、魏五国联军。

[2] 三城：指齐国的聊、莒、即墨三城，都在今山东省。

[3] 用齐人反间：齐将田单放出谣言，说乐毅想反叛燕国，自己做齐王。燕惠王信以为真。

[4] 骑劫：燕国将领。

[5] 望诸君：赵国给乐毅的封号。

[6] 田单：战国时齐国大将，屡立战功，封安平君，被齐襄王任为国相。诈骑劫：田单派人向燕军诈降，骑劫被蒙蔽；又用千余头牛，角上缚兵刃，尾上扎苇草灌油，夜间点燃牛尾，猛冲燕军营帐，并以数千勇士随后冲杀，大败燕军，杀死骑劫。

[7] 让：责备。

[8] 先王：燕惠王之父燕昭王。

[9] 左右误寡人：指燕惠王左右亲近的人造谣。

[10] 过听：误信流言。隙：隔阂。捐：抛弃。

[11] 不佞：没有才智。谦词。

[12] 奉承：秉承，领受。左右：书信中对对方的尊称，表不敢直接称对方，而称呼对方的左右执事者。抵：遭受。斧质：刀斧与砧板，杀人的刑具。

[13] 足下：对对方的尊称。古时用于尊者，后代只用于同辈。

[14] 不肖：不贤。自谦之词。为辞说：用言辞辩解。

[15] 侍御者：侍候国君的人，实指惠王。畜幸：畜养宠信。

[16] 假节：凭借符节。节，外交使臣所持之凭证。

[17] 擢：提拔。之：我。乎：同"于"，从。

[18] 亚卿：官名，地位仅次于上卿。

[19] 霸国：齐桓公曾称霸诸侯，故称齐国为霸国。余教：留下的功绩。骤胜：多次战胜。遗事：往事。

[20] 闲：同"娴"，娴熟，熟练。甲兵：铠甲兵器，借指军事。

[21] 径：直接。

[22] 淮北：淮河以北地区，是齐国属地。宋地：今江苏铜山、河南商丘、山东曲阜之间的地区，为齐所吞并。

[23] 河北：黄河以北。济上：济水旁边。

[24] 莒：今山东莒县。

[25] 大吕：钟名。元英：燕国宫殿名。

[26] 故鼎：指齐国掠夺的燕鼎，复归燕国。历室：燕国宫殿名。

[27] 宁台：燕国宫殿名。

[28] 蓟丘：燕国都城，今北京市西南。汶篁：齐国汶水边的竹田。

[29] 不顿命：不辜负使命。

[30] 《春秋》：指一般史书。古代编年史都叫春秋。

[31]　蚤：通“早”。

[32]　八百岁：从姜太公建国到这次战争约八百年。

[33]　庶孽：妾生的儿子。

[34]　施：延续普及。萌隶：指百姓。

[35]　善作者：善于开创事业的人。善成：善于守业。

[36]　乎：同“于”，被。

[37]　远迹：在远处留下足迹，指长途伐楚。郢：楚国都城，今湖北江陵西北。

[38]　鸱夷：皮革制的口袋。

[39]　先论：预见。

[40]　量：气量。

[41]　离：通“罹”，遭受。

[42]　堕：败坏。

❧❧　导读

　　燕王哙时，齐湣王因燕乱起兵攻燕，掳掠燕国宝器运回齐国。燕人共立太子平为燕昭王。昭王用乐毅为上将军，联合五国的军队攻破齐国。后来燕国中了齐国的反间计，乐毅被迫出逃，齐人大破燕军。燕惠王因而写信给乐毅，乐毅写这封信来回答。

　　乐毅针对燕惠王的来信，从两方面予以回答：第一，写他为了报先王知遇之恩，作了详尽规划，再率军队彻底报了积怨。第二，考虑到“善作者不必善成，善始者不必善终”，所以“负身全功，以明先王之迹”，从而保留先王知人之明。最后再说明“君子交绝不出恶声，忠臣之去也不洁其名”。这封信，回答燕惠王的责问，措辞极为婉转得体，又恰到好处地显示出乐毅善于谋划用兵，以及善于全身保名。靠君臣知遇来建功立业，是古代不少有才能的人的愿望，所以这封信成为历代所传诵的名篇。

❧❧　思考与练习

1．本文反映了战国时期哪些独特的社会风貌？
2．分析燕齐大战胜败原因，谈谈你从中得到的启示。
3．阅读本篇课文，描述出燕惠王的形象。

庄子·逍遥游（节选）

❧❧　原文

　　北冥有鱼[1]，其名为鲲。鲲之大，不知其几千里也[2]。化而为鸟，其名为鹏[3]。鹏之背，不知其几千里也；怒而飞[4]，其翼若垂[5]天之云。是鸟也，海运则将徙于南冥[6]。南冥者，天池[7]也。

《齐谐》[8]者，志怪[9]者也。《谐》之言曰："鹏之徙于南冥也，水击[10]三千里，抟扶摇而上者九万里[11]，去以六月息者也[12]。"野马也[13]，尘埃也[14]，生物之以息相吹也[15]。天之苍苍，其正色邪？其远而无所至极邪？其视下也，亦若是则已矣[16]。且夫水之积也不厚，则其负大舟也无力。覆杯水于坳堂之上[17]，则芥为之舟，置杯焉则胶[18]，水浅而舟大也。风之积也不厚，则其负大翼也无力。故九万里，则风斯[19]在下矣，而后乃今培风[20]；背负青天，而莫之夭阏者，而后乃今将图南[21]。

蜩与学鸠[22]笑之曰："我决[23]起而飞，抢榆枋[24]而止，时则不至，而控[25]于地而已矣，奚以之九万里而南为[26]？"适莽苍[27]者，三餐而反[28]，腹犹果然[29]；适百里者，宿[30]舂粮；适千里者，三月聚粮。之二虫[31]又何知！

小知不及大知[32]，小年不及大年。奚以知其然也？朝菌不知晦朔[33]，蟪蛄[34]不知春秋，此小年也。楚之南有冥灵[35]者，以五百岁为春，五百岁为秋；上古有大椿[36]者，以八千岁为春，八千岁为秋，此大年也。而彭祖乃今以久特闻[37]，众人匹之[38]，不亦悲乎！汤之问棘也是已[39]。穷发[40]之北，有冥海者，天池也。有鱼焉，其广数千里，未有知其修[41]者，其名为鲲。有鸟焉，其名为鹏，背若太山[42]，翼若垂天之云，抟扶摇羊角[43]而上者九万里，绝[44]云气，负青天，然后图南，且适南冥也。斥鴳[45]笑之曰："彼且奚适也？我腾跃而上，不过数仞[46]而下，翱翔蓬蒿之间，此亦飞之至[47]也。而彼且奚适也？"此小大之辩[48]也。

故夫知效一官[49]，行比[50]一乡，德合一君，而征一国者[51]，其自视也亦若此矣。而宋荣子犹然笑之[52]。且举世誉之而不加劝[53]，举世而非之而不加沮[54]，定乎内外之分[55]，辩乎荣辱之境[56]，斯已矣。彼其于世，未数数然也[57]。虽然，犹有未树也。夫列子御风而行[58]，泠然[59]善也，旬有五日而后反[60]。彼于致福[61]者，未数数然也。此虽免乎行，犹有所待者[62]也。若夫乘天地之正[63]，而御六气之辩[64]，以游无穷者，彼且恶乎待哉[65]！故曰：至人无己[66]，神人无功[67]，圣人无名[68]。

注释

[1] 冥（míng）：一作"溟"，指海色深黑。"北冥"，北海。传说北海无边无际，水深而黑。下文"南冥"，指南海。

[2] 鲲（kūn）：传说中的大鱼。之：用于主谓之间，取消句子独立性。其：表推测。

[3] 鹏：本为古"凤"字，这里指传说中的大鸟。

[4] 怒：奋起的样子，这里指鼓起翅膀。

[5] 垂：同"陲"，边际。

[6] 海运：海动。古有"六月海动"之说。海运之时必有大风，因此大鹏可以乘风南行。徙（xǐ）：迁移。

[7] 天池：天然形成的大海。

[8] 《齐谐》：书名。出于齐国，多载诙谐怪异之事，故名"齐谐"。一说人名。

[9] 志怪：记载怪异的事物。志，记载。

[10] 水击：指鹏鸟的翅膀拍击水面。击，拍打。

[11] 抟（tuán）：回旋而上。一作"搏"（bó），拍。扶摇：一种旋风，又名飙，由地面急剧盘旋而上的暴风。九：表虚数，不是实指。

[12] 去：离，这里指离开北海。"去以六月息者也"指大鹏飞行六个月才止息于南冥。一说息为大风，大鹏乘着六月间的大风飞往南冥。以：凭借。息：风。

[13] 野马：指游动的雾气。古人认为春天万物生机萌发，大地之上游气奔涌如野马一般。

[14] 尘埃：扬在空中的土叫"尘"，细碎的尘粒叫"埃"。

[15] 生物：概指各种有生命的东西。息：这里指有生命的东西呼吸所产生的气息。相：互相。吹：吹拂。

[16] 苍苍：深蓝。其正色邪：或许是上天真正的颜色？其：抑，或许。正色：真正的颜色。邪：同"耶"，疑问语气词。极：尽。下：向下。亦：也。是：这样。已：罢了。

[17] 覆：倾倒。坳（ào）：凹陷不平，"坳堂"指堂中低凹处。

[18] 芥：小草。置杯焉则胶：将杯子放于其中则胶着搁浅。置：放。焉：于此。胶，指着地。

[19] 斯：则，就。

[20] 而后乃今："今而后乃"的倒文，意为"这样，然后才……"。培：凭。

[21] 莫之夭（yāo）阏（è）：无所滞碍。夭：挫折。阏：遏制，阻止。"莫之夭阏"即"莫夭阏之"的倒装。图南：计划向南飞。

[22] 蜩（tiáo）：蝉。学鸠：斑鸠之类的小鸟名。

[23] 决（xuè）：疾速的样子。

[24] 抢（qiāng）：触，碰。"抢"也作"枪"。榆枋（fāng）：两种树名。榆，榆树；枋，檀木。

[25] 控：投，落下。

[26] 奚以：何以。之：去到。为：句末语气词，表反问，相当于"呢"。"奚以……为"，即"哪里用得着……呢"。

[27] 适：去，往。莽苍：色彩朦胧，遥远不可辨析，本指郊野的颜色，这里引申为近郊。

[28] 三餐：指一日。意思是只需一日之粮。反：同"返"，返回。

[29] 犹：还。果然：吃饱的样子。

[30] 宿（xiǔ）：这里指一夜。

[31] 之：此，这。二虫：指蜩与学鸠。

[32] 知（zhì）：通"智"，智慧。

[33] 朝菌：一种大芝，朝生暮死的菌类植物。晦朔（shuò）：晦，农历每月的最后一天；朔，农历每月的第一天。一说"晦"指黑夜，"朔"指清晨。

[34] 蟪（huì）蛄（gū）：寒蝉，春生夏死或夏生秋死。

[35] 冥灵：大树名。一说为大龟名。

[36] 大椿：传说中的大树名。一说为巨大的香椿。

[37] 彭祖：传说中尧的臣子，名铿，封于彭，活了约八百岁。乃今：而今。以：凭。特：

独。闻：闻名于世。

[38] 众人：一般人。匹：配，比。

[39] 汤：商汤。棘：汤时的贤大夫，《列子汤问》篇作"夏革（jí）"。已：矣。

[40] 穷发（fà）：传说中极荒远的不生草木之地。发，指草木植被。

[41] 修：长。

[42] 太山：即泰山，在今山东泰安北。

[43] 羊角：一种旋风，回旋向上如羊角状。

[44] 绝：穿过。

[45] 斥鴳（yàn）：池沼中的小雀。斥，池，小泽。

[46] 仞：古代长度单位，周制为八尺，汉制为七尺，这里应从周制。

[47] 至：极点。

[48] 小大之辩：小和大的区别。辩，同"辨"，分辨，分别。

[49] 效：效力，尽力。官：官职。

[50] 行（xíng）：品行。比：合。

[51] 合：使……满意。而（nài）：通"耐"，能耐。征：征服。

[52] 宋荣子：一名宋钘，宋国人，战国时期的思想家。犹然：喜笑的样子；犹，通"繇"，喜。

[53] 举：全。劝：勉励。

[54] 非：责难，批评。沮（jǔ）：沮丧。

[55] 定：认清。内外：这里分别指自身和身外之物。在庄子看来，自主的精神是内在的，荣誉和非难都是外在的，而只有自主的精神才是重要的、可贵的。

[56] 境：界。

[57] 数数（shuò）然：汲汲然，指急迫用世、谋求名利、拼命追求的样子。

[58] 列子：郑国人，名叫列御寇，战国时代思想家。御：驾驭。

[59] 泠（líng）然：轻渺飘然的样子。

[60] 旬：十天。有：又。

[61] 致福：求福。

[62] 虽：虽然。待：凭借，依靠。

[63] 乘：遵循，凭借。天地：这里指万物，指整个自然界。正：本，这里指自然的本性。

[64] 御六气之辩：驾驭六气的变化。御，驾驭、把握。六气，指阴、阳、风、雨、晦、明。辩，通"变"，变化的意思。

[65] 彼：他。且：将要。恶（wū）：何，什么。

[66] 至人：庄子认为修养最高的人。下文"神人"、"圣人"义相近。无己：清除外物与自我的界限，达到忘掉自己的境界，即物我不分。

[67] 神人：这里指精神世界完全能超脱于物外的人。无功：无作为，故无功利。

[68] 圣人：这里指思想修养臻于完美的人。无名：不追求名誉地位，不立名。

导读

　　本篇是《庄子》的代表篇目之一，也是诸子百家中的名篇，充满奇特的想象和浪漫的色彩，寓说理于寓言和生动的比喻中，形成独特的风格。"逍遥游"也是庄子哲学思想的一个重要方面。全篇一再阐述无所依凭的主张，追求精神世界的绝对自由。在庄子眼里，客观现实中的一事一物，包括人类本身都是对立而又相互依存的，这就没有绝对的自由，要想无所依凭就得无己。因而他希望一切顺乎自然，超脱于现实，否定人在社会生活中的一切作用，把人类的生活与万物的生存混为一体；提倡不滞于物，追求无条件的精神自由。

作者介绍

　　庄子（公元前约 369 年～公元前 286 年），名周，字子休（亦说子沐），战国时代宋国蒙（今安徽省蒙城县，另一说河南省商丘市东北）人。著名思想家、哲学家、文学家，是道家学派的代表人物，老子哲学思想的继承者和发展者，先秦庄子学派的创始人。他的学说涵盖着当时社会生活的方方面面，但根本精神还是归依于老子的哲学。后世将他与老子并称为"老庄"，他们的哲学为"老庄哲学"。

作者介绍

　　《庄子》在哲学、文学上都有较高的研究价值。名篇有《逍遥游》、《齐物论》、《养生主》，《养生主》中的"庖丁解牛"尤为后世传诵。

思考与练习

1．庄子所说的逍遥是什么？
2．第一段中写了哪几种事物？第三段写了哪些人？
3．作者为了说明"小知不及大知，小年不及大年"这个道理，举了哪些例子？

左传·晋公子重耳之亡

原文

　　晋公子重耳之及于难也[1]。晋人伐诸蒲城，蒲城人欲战，重耳不可，曰："保[2]君父之命而享其生禄，于是乎得人。有人而校[3]，罪莫大焉。吾其奔也。"遂奔狄。从者狐偃、赵衰、颠颉、魏武子、司空季子[4]。

　　狄人伐廧咎[5]如，获其二女叔隗、季隗，纳诸公子，公子取季隗，生伯儵[6]、叔刘。以叔隗妻赵衰[7]，生盾。将适齐[8]，谓季隗曰："待我二十五年，不来而后嫁。"对曰："我二十五年矣，又如是而嫁，则就木[9]焉。请待子。"处狄[10]十二年而行。

　　过卫，卫文公不礼焉。出于五鹿[11]，乞食于野人[12]，野人与之块。公子怒，欲鞭之。

子犯曰："天赐也！"稽首，受而载之。

及齐，齐桓公妻之，有马二十乘[13]。公子安之。从者以为不可，将行，谋于桑下。蚕妾[14]在其上，以告姜氏[15]。姜氏杀之，而谓公子曰："子有四方之志，其闻之者，吾杀之矣。"公子曰："无之。"姜曰："行也！怀与安，实败名。"公子不可。姜与子犯谋，醉而遣[16]之。醒，以戈逐子犯。

及曹[17]，曹共公闻其骈胁[18]，欲观其裸。浴，薄[19]而观之。僖负羁[20]之妻曰："吾观晋公子之从者，皆足以相国。若以相，夫子必反其国。反其国，必得志于诸侯。得志于诸侯，而诛无礼，曹其首也。子盍蚤自贰焉！[21]"乃馈盘飧，寘璧焉[22]。公子受飧反璧。

及宋[23]，宋襄公赠之以马二十乘。

及郑，郑文公亦不礼焉。叔詹[24]谏曰："臣闻天之所启，人弗及也，晋公子有三焉，天其或者将建诸，君其礼焉！男女同姓，其生不蕃。晋公子，姬出[25]也，而至于今，一也。离[26]外之患，而天不靖[27]晋国，殆将启之，二也。有三士[28]，足以上人，而从之，三也。晋、郑同侪[29]，其过子弟，固将礼焉，而况天之所启乎？"弗听。

及楚，楚子飨之[30]，曰："公子若反晋国，则何以报不谷？"对曰："子女玉帛，则君有之；羽毛齿革，则君地生焉。其波及[31]晋国者，君之余也。其何以报君？"曰："虽然，何以报我？"对曰："若以君之灵，得反晋国，晋、楚治兵[32]，遇于中原，其辟君三舍[33]。若不获命，其左执鞭弭[34]，右属櫜鞬[35]，以与君周旋。"子玉[36]请杀之。楚子曰："晋公子广而俭，文而有礼。其从者肃而宽，忠而能力。晋侯[37]无亲，外内恶之。吾闻姬姓，唐叔之后，其后衰[38]者也，其将由晋公子乎！天将兴之，谁能废之？违天，必有大咎。"乃送诸秦。

秦伯纳女五人[39]，怀嬴[40]与焉。奉匜沃盥[41]，既而挥之。怒，曰："秦晋，匹也，何以卑我？"公子惧，降服[42]而囚。

他日，公享[43]之，子犯曰："吾不如衰之文也[44]，请使衰从。"公子赋《河水》，公赋《六月》[45]。赵衰曰："重耳拜赐！"

公子降，拜，稽首。公降一级而辞焉。衰曰："君称所以佐天子者命重耳，重耳敢不拜？"

注释

[1] 及于难：遇到危难。

[2] 保：依仗。

[3] 校（jiào）：同"较"，较量。

[4] 狐偃：重耳的舅父，又称子犯、舅犯。赵衰：晋国大夫，字子余，重耳的主要谋士。颠颉：晋国大夫。魏武子：魏犨，晋国大夫。司空季子：名胥臣，晋国大夫。

[5] 廧（qiáng）咎如：部族名，狄族的别种，隗（wěi）姓。

[6] 儵：读 yóu，伯儵，公子与季隗所生的长子。

[7] 妻：嫁给。

[8] 适：去，往。

[9] 就木：进棺材。

[10] 处狄：住在狄国。

[11] 五鹿：卫国地名，在今河南濮阳县南。

[12] 野人，指农夫。

[13] 乘：古时用四匹马驾一乘车，二十乘即八十匹马。

[14] 蚕妾：养蚕的女奴。

[15] 姜氏：重耳在齐国娶的妻子。齐是姜姓国，所以称姜氏。

[16] 遣：送。

[17] 曹：诸侯国名，姬姓，在今山东定陶县西南。

[18] 骈（pián）：并排。胁：胸部的两侧。

[19] 薄：逼近。

[20] 僖负羁：曹国大夫。

[21] 蚤：同"早"。贰：不一致。

[22] 盘飧（sūn）：一盘饭。寘（zhì）璧焉：将宝玉藏在饭中。寘，同"置"，放置。

[23] 宋：诸侯国名，子姓，在今河南商丘。

[24] 叔詹：郑国大夫。

[25] 姬出：姬姓父母所生，因重耳父母都姓姬。

[26] 离（lí）：同"罹"，遭受。

[27] 靖：安定。

[28] 三士：指狐偃、赵衰、贾佗。

[29] 侪（chái）：类，等。

[30] 楚子：指楚成王。飨（xiǎng）：设酒宴款待。

[31] 波及：流散到。

[32] 治兵：演练军队。

[33] 辟：同"避"。舍：古时行军走三十里就休息，所以一舍为三十里。

[34] 弭：弓梢。

[35] 属（zhǔ）：佩带。櫜（gāo）：箭袋。鞬：（jiàn）：弓套。

[36] 子玉：楚国令尹。

[37] 晋侯：指晋惠公夷吾。

[38] 后衰：衰落得最迟。

[39] 秦伯：指秦穆公。纳女五人：送给重耳五个女子为姬妾。

[40] 怀嬴：秦穆公的女儿。

[41] 奉：同"捧"。匜（yí）：洗手注水的用具。沃：淋水。盥（guàn）：洗手。

[42] 降服：解去衣冠。

[43] 享：用酒食宴请。

[44] 文：言辞的文彩，指擅长辞令。

[45] 《河水》：诗名，已失传。《六月》：《诗经·小雅》中的一篇。

导读

《晋公子重耳之亡》选自《左传》，前半部分写晋文公即位前流亡各国的情形，后半部分写晋文公夺取政权和平定局势的经过。《晋公子重耳之亡》不但生动地反映了春秋时期诸侯家族内部的矛盾和各诸侯国之间的复杂关系，而且形象地表现出重耳如何由一个平庸稚嫩、贪图安逸的贵族公子，历尽磨难成为具有雄才大略的政治家的曲折过程。

《晋公子重耳之亡》的语言精练传神，不但表现出人物的独特性格及其发展变化，而且常常反映出复杂的人物关系和微妙的心理活动。同时，也是了解春秋时期的政治、军事、外交等不可多得的史料。

作者介绍

左丘明，姓左，名丘明（一说姓丘，名明，左乃尊称），春秋末期鲁国人。左丘明知识渊博、品德高尚。太史司马迁称其为"鲁之君子"。

左丘明出身的家族世代为史官，曾与孔子一起"乘如周，观书于周史"，是中国古代第一部记事详细、议论精辟的编年史，和现存最早的一部国别史《国语》，成为史家的开山鼻祖。《左传》重记事，《国语》重记言。

作品介绍

《左传》是我国现存第一部叙事详细的编年体史书。《左传》原名为《左氏春秋》，汉代改称《春秋左氏传》，简称《左传》。它起自鲁隐公元年（公元前722年），迄于鲁悼公十四年（公元前453年），是记录春秋时期社会状况的重要典籍，取材于王室档案、鲁史策书、诸侯国史等。记事基本以《春秋》鲁十二公为次序，内容包括诸侯国之间的聘问、会盟、征伐、婚丧、篡弒等，对后世史学、文学都有重要影响；主要记录了周王室的衰微，诸侯争霸的历史，对各类礼仪规范、典章制度、社会风俗、民族关系、道德观念、天文地理、历法时令、古代文献、神话传说、歌谣言语均有记述和评论。

《左传》代表了先秦史学和文学的最高成就，是研究先秦历史和春秋时期历史的重要文献，对后世的史学产生了很大影响，特别是对确立编年体史书的地位起了很大作用。

思考与练习

1. 在流亡途中重耳是怎样与各国君主交往的？在这一过程中重耳的性格心理有何变化？
2. 概括晋公子重耳的形象。

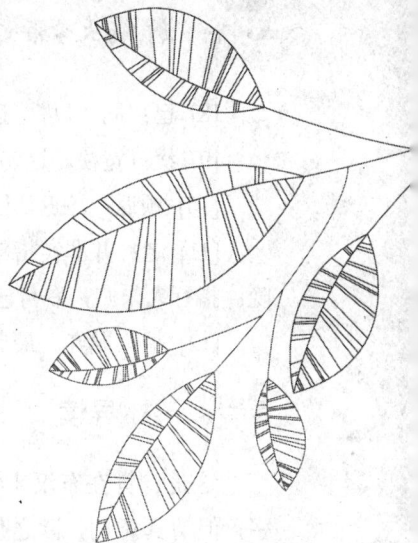

第二章 秦汉文学

古诗十九首·行行重行行

原文

行行重行行[1]，与君生别离[2]。

相去万余里[3]，各在天一涯[4]；

道路阻且长[5]，会面安可知？

胡马依北风[6]，越鸟巢南枝[7]。

相去日已远[8]，衣带日已缓[9]；

浮云蔽白日，游子不顾返[10]。

思君令人老，岁月忽已晚[11]。

弃捐勿复道，努力加餐饭[12]。

注释

[1] 重（chóng）：又。这句是说行而不止。

[2] 生别离：是"生离死别"的意思。屈原《九歌·少司命》："悲莫悲兮生别离。"

[3] 相去：相距，相离。

[4] 涯：方。

[5] 阻：艰险。

[6] 胡马：北方所产的马。

[7] 越鸟：南方所产的鸟。"胡马依北风，越鸟巢南枝"，是当时习用的比喻，借喻眷恋故乡的意思。

[8] 已：同"以"。远：久。

[9] 缓：宽松。这句意思是说，人因相思而躯体一天天消瘦。

[10] 顾返：还返，回家。顾，返也。反，同返。

[11] 老：并非实指年龄，而指消瘦的体貌和忧伤的心情，是说心身憔悴，有似衰老而已。
晚：指行人未归，岁月已晚，表明春秋忽代谢，相思又一年，暗喻青春易逝。

[12] 捐：抛弃。最后两句是说这些都丢开不必再说了，只希望你在外保重。

导读

这是一首在东汉末年动荡岁月中的相思乱离之歌。尽管在流传过程中失去了作者的名字，但情真意切，读之使人悲感无端，反复低徊，为女主人公真挚痛苦的爱情呼唤所感动。

诗中淳朴清新的民歌风格，内在节奏上重叠反复的形式（同一相思别离用或显、或寓、或直、或曲、或托物比兴的方法层层深入），单纯优美的语言，是这首诗具有永恒艺术魅力的所在。

作品介绍

《古诗十九首》，最早见于《文选》，为南朝梁萧统从传世无名氏《古诗》中选录十九首编入，编者把这些作者已经无法考证的五言诗汇集起来，冠以此名，列在"杂诗"类之首，后世遂作为组诗看待。

《古诗十九首》习惯上以句首标题，依次为《行行重行行》、《青青河畔草》、《青青陵上柏》、《今日良宴会》、《西北有高楼》、《涉江采芙蓉》、《明月皎夜光》、《冉冉孤生竹》、《庭中有奇树》、《迢迢牵牛星》、《回车驾言迈》、《东城高且长》、《驱车上东门》、《去者日以疏》、《生年不满百》、《凛凛岁云暮》、《孟冬寒气至》、《客从远方来》、《明月何皎皎》。

《古诗十九首》在五言诗的发展上有重要地位，在中国诗史上也有相当重要的意义，它的题材内容和表现手法为后人师法，几至形成模式。

思考与练习

1. 首句五字，连叠四个"行"字，并加一"重"字，刻画了什么样的氛围？
2. 作者通过哪些事物做了恰切的比喻，以表达其悲苦的心情？
3. 本诗歌表现了汉末文人思想和生活上的哪些特点？

汉乐府·陌上桑[1]

原文

日出东南隅[2]，照我秦氏楼。秦氏有好女，自名为罗敷。
罗敷喜蚕桑[3]，采桑城南隅；青丝为笼系[4]，桂枝为笼钩[5]。

头上倭堕髻[6]，耳中明月珠[7]；缃绮[8]为下裙，紫绮为上襦[9]。

行者见罗敷，下担捋髭须[10]；少年[11]见罗敷，脱帽著帩头[12]。

耕者忘其犁，锄者忘其锄；来归相怒怨，但[13]坐[14]观罗敷。

使君[15]从南来，五马[16]立踟蹰[17]。使君遣吏往，问是谁家姝[18]。

"秦氏有好女，自名为罗敷。"

"罗敷年几何？""二十尚不足，十五颇[19]有余。"

使君谢[20]罗敷："宁可[21]共载不[22]？"

罗敷前致辞："使君一何[23]愚！使君自有妇，罗敷自有夫。

东方[24]千余骑[25]，夫婿居上头[26]。何用[27]识夫婿？白马从骊驹[28]；

青丝系马尾，黄金络马头[29]；腰中鹿卢剑[30]，可直千万余[31]。

十五府小吏[32]，二十朝大夫[33]，三十侍中郎[34]，四十专城居[35]。

为人洁白皙[36]，鬑鬑颇有须[37]；盈盈[38]公府步[39]，冉冉[40]府中趋。

坐中数千人，皆言夫婿殊[41]。"

❀ 注释

[1] 陌上桑：陌，田间的路。桑，桑林。

[2] 东南隅：指东方偏南。隅，方位、角落。我国在北半球，夏至以后日渐偏南，所以说日出东南隅。

[3] 喜蚕桑：喜欢采桑。喜，有的本子作"善"。

[4] 青丝为笼系：用黑色的丝做篮子上的络绳。笼，篮子。系，络绳，缠绕篮子的绳子。

[5] 笼钩：一种工具。采桑用来钩桑枝，行时用来挑竹筐。

[6] 倭（wǎ）堕髻：即堕马髻，发髻偏在一边，呈坠落状。倭堕，叠韵字。

[7] 耳中明月珠：耳朵上戴着宝珠做的耳环。明月珠，一种大个儿的宝珠。

[8] 缃绮：浅黄色有花纹的丝织品。

[9] 襦：短袄。

[10] 下担捋（lǚ）髭须：放下担子，抚摸胡子。和下接诗句都是形容看得出神。捋，抚摸。髭，嘴唇上方的胡须。须，下巴上长的胡子。

[11] 少年：古义10～15岁的男子。

[12] 脱帽著帩头：把帽子脱下，只戴着纱巾。古代男子戴帽，先用头巾把发束好，然后戴帽。著，戴。帩头，古代男子束发的头巾。

[13] 但：只是。

[14] 坐：因为，由于。

[15] 使君：汉代对太守、刺史的通称。

[16] 五马：指（使君）所乘的五匹马拉的车。汉朝太守出行用五匹马拉车。

[17] 踟蹰：徘徊不前的样子。又作"踟躇"。

[18] 姝：美丽的女子。

[19] 颇：稍微。

[20] 谢：这里是"请问"的意思。

[21] 宁可：愿意。

[22] 不：通假字，通"否"。

[23] 一何：何其，多么。

[24] 东方：指夫婿当官的地方。

[25] 千余骑：泛指跟随夫婿的人。

[26] 居上头：在行列的前端。意思是地位高，受人尊重。

[27] 何用：用什么（标记）。

[28] 骊（lí）驹（jū）：黑色的小马。这里指马。骊，纯黑色。

[29] 黄金络马头：马头上戴着金黄色的笼头。络，这里指用网状物兜住。

[30] 鹿卢剑：剑把用丝绦缠绕起来，像鹿卢的样子。鹿卢，即辘轳，井上汲水的用具。

[31] 千万余：上千上万（钱）。

[32] 小吏：太守府的小官。有的本子作"小史"。

[33] 朝大（dà）夫：朝廷上的一种高等文官。汉代官名

[34] 侍中郎：出入宫禁的侍卫官。

[35] 专城居：作为一城的长官（如太守等）。专，独占。

[36] 白皙：指皮肤洁白。

[37] 鬑鬑（lián）颇有须：胡须稀疏而长，须发疏薄的样子。白面有须是古时候美男子的标准。颇，稍微。

[38] 盈盈：仪态端庄美好。

[39] 公府步：摆官派，踱方步。

[40] 冉冉：走路缓慢。

[41] 殊：出色，与众不同，非同一般。

导读

全诗共分三解。解为乐歌的段落，本诗的乐歌段落与歌词内容的段落大致相合。第一解从开始至"但坐观罗敷"，主要叙述罗敷的美貌。第二解从"使君从南来"至"罗敷自有夫"，写太守觊觎罗敷容姿，要跟她"共载"而归，遭到罗敷严辞拒绝。第三解从"东方千余骑"至结束，写罗敷在太守面前夸赞自己丈夫，用意在于彻底打消太守的邪念，并让他对自己轻佻的举止感到羞愧。通过《陌上桑》，诗人成功地塑造了一个貌美品端、机智活泼、亲切可爱的女性形象。

思考与练习

1. 课文是怎样刻画罗敷形象的？
2. 罗敷的美丽体现在哪些方面？
3. 罗敷的故事反映了汉代怎样的现实？

史记·项羽本纪（节选）

司马迁

原文

于是项王乃欲东渡乌江。乌江亭长舣[1]船待，谓项王曰："江东虽小，地方千里，众数十万人，亦足王也。愿大王急渡。今独臣有船，汉军至，无以渡。"项王笑曰："天之亡我，我何渡为[2]！且籍与江东子弟八千人渡江而西，今无一人还，纵江东父兄怜而王我，我何面目见之？纵彼不言，籍独不愧于心乎？"乃谓亭长曰："吾知公长者。吾骑此马五岁，所当无敌，尝一日行千里，不忍杀之，以赐公。"乃令骑皆下马步行，持短兵接战。独籍所杀汉军数百人。项王身亦被[3]十余创。顾见汉骑司马吕马童，曰："若非吾故人乎[4]？"马童面之[5]，指王翳曰："此项王也。"项王乃曰："吾闻汉购我头千金[6]，邑万户，吾为若德[7]。"乃自刎而死。王翳取其头，余骑相蹂践争项王，相杀者数十人。最其后，郎中骑杨喜，骑司马吕马童，郎中吕胜、杨武，各得其一体[8]。五人共会其体，皆是。故分其地为五：封吕马童为中水侯，封王翳为杜衍侯，封杨喜为赤泉侯，封杨武为吴防侯，封吕胜为涅阳侯。

项王已死，楚地皆降汉，独鲁不下。汉乃引天下兵欲屠之，为其守礼义，为主死节，乃持项王头示鲁，鲁父兄乃降。始，楚怀王初封项籍为鲁公，及其死，鲁最后下，故以鲁公礼葬项王谷城。汉王为发哀，泣之而去。

诸项氏枝属，汉王皆不诛。乃封项伯为射阳侯。桃侯、平皋侯、玄武侯皆项氏，赐姓刘。

太史公曰：吾闻之周生曰"舜目盖重瞳子"，又闻项羽亦重瞳子。羽岂其苗裔邪？何兴之暴也！夫秦失其政，陈涉首难，豪杰蜂起，相与并争，不可胜数。然羽非有尺寸，乘势起陇亩之中，三年，遂将五诸侯灭秦，分裂天下，而封王侯，政由羽出，号为"霸王"，位虽不终，近古以来未尝有也。及羽背关怀楚，放逐义帝而自立，怨王侯叛己，难矣。自矜功伐，奋其私智而不师古，谓霸王之业，欲以力征经营天下，五年卒亡其国，身死东城，尚不觉寤而不自责，过矣。乃引"天亡我，非用兵之罪也"，岂不谬哉！

注释

[1] 舣（yǐ）：整船靠岸。

[2] 何渡为：还渡江干什么。

[3] 被：遭受。

[4] 故人：旧友。

[5] 面之：跟项王面对面。吕马童原在后面追赶项王，项王回过头来看见他，二人才正面相对。

[6] 购：悬赏征求。

[7] 为若德：意思是送给你点儿好处。德，恩德。

[8] 体：身体的部分，四肢加头合称五体。

导读

《项羽本纪》通过秦末农民大起义和楚汉之争的宏阔历史场面，生动而又深刻地描述了项羽一生。他既是一个力拔山、气盖世、"近古以来未尝有"的英雄，又是一个性情暴戾、优柔寡断、只知用武不谙机谋的匹夫。司马迁巧妙地把项羽性格中矛盾的各个侧面，有机地统一于这一鸿篇巨制之中，虽然不乏深刻的挞伐，但更多的却是由衷的惋惜和同情。

作者介绍

司马迁（公元前145年～公元前90年），字子长，西汉夏阳（今陕西韩城，一说山西河津）人，中国西汉时期史学家、文学家和思想家，被后人尊称为"史圣"。他最大的贡献是创作了中国第一部纪传体通史《史记》（原名《太史公书》）。《史记》记载了从上古传说中的黄帝时期到汉武帝元狩元年（公元前122年）长达3 000多年的历史。《史记》成为中国历史上第一部纪传体通史，被鲁迅誉为"史家之绝唱，无韵之《离骚》，对后世影响巨大。

思考与练习

1. 婉约派一代词宗李清照有一首风格迥异的诗，也是来评价项羽的，你记得是哪首吗？
2. 本文描述了项羽怎样的性格特点？这与其一生功业的成败有何联系？

谏逐客书

李 斯

原文

臣闻吏议逐客，窃以为过矣。昔穆公求士，西取由余于戎[1]，东得百里奚于宛[2]，迎蹇叔于宋[3]，求邳豹、公孙支于晋[4]。此五子者，不产于秦[5]，而穆公用之，并国二十，遂霸西戎[6]。孝公用商鞅之法[7]，移风易俗，民以殷盛[8]，国以富强，百姓乐用，诸侯亲服，获楚、魏之师[9]，举地千里，至今治强。惠王用张仪之计[10]，拔三川之地[11]，西并巴、蜀[12]，北收上郡[13]，南取汉中[14]，包九夷[15]，制鄢、郢[16]，东据成皋[17]之险，割膏腴之壤，遂散六国之众，使之西面事秦，功施到今[18]。昭王得范雎[19]，废穰侯[20]，逐华阳[21]，强公室，杜私门，蚕食[22]诸侯，使秦成帝业。此四君者，皆以客之功。由此观之，客何负于秦哉！向使四君却客而不内[23]，疏士而不用，是使国无富利之实，而秦无强大之名也。

今陛下致昆山之玉[24]，有随、和之宝[25]，垂明月[26]之珠，服太阿[27]之剑，乘纤离[28]之马，建翠凤之旗[29]，树灵鼍[30]之鼓。此数宝者，秦不生一焉，而陛下说[31]之，何也？必秦国之所生然后可，则是夜光之璧，不饰朝廷；犀象之器[32]，不为玩好；郑、卫之女不充后宫[33]，而骏良駃騠不实外厩[34]，江南[35]金锡不为用，西蜀丹青不为采[36]。所以饰后宫、充下陈[37]、娱心意、说耳目者，必出于秦然后可，则是宛珠之簪[38]、傅玑之珥[39]、阿缟之衣、[40]锦绣之饰不进于前；而随俗雅化佳冶窈窕赵女不立于侧也[41]。夫击瓮叩缶弹筝搏髀[42]，而歌呼呜呜快耳者，真秦之声也；《郑》、《卫》、《桑间》，《韶》、《虞》、《武》、《象》者[43]，异国之乐也。今弃击瓮叩缶而就《郑》、《卫》，退弹筝而取《昭》、《虞》，若是者何也？快意当前，适观而已矣。今取人则不然。不问可否，不论曲直，非秦者去，为客者逐。然则是所重者在乎色乐珠玉，而所轻者在乎人民也。此非所以跨海内、制诸侯之术也。

臣闻地广者粟多，国大者人众，兵强则士勇。是以泰山不让土壤[44]，故能成其大；河海不择细流[45]，故能就其深；王者不却[46]众庶，故能明其德。是以地无四方，民无异国，四时充美，鬼神降福，此五帝三王[47]之所以无敌也。今乃弃黔首以资敌国[48]，却宾客以业[49]诸侯，使天下之士退而不敢西向，裹足不入秦，此所谓"借寇兵而赍盗粮"者也[50]。

夫物不产于秦，可宝者多；士不产于秦，而愿忠者众。今逐客以资敌国，损民以益雠[51]，内自虚而外树怨于诸侯[52]，求国无危，不可得也。

注释

[1] 由余：亦作"繇余"，戎王的臣子，是晋人的后裔。入秦后，受到秦穆公重用，帮助秦国攻灭西戎众多小国，称霸西戎。戎：古代中原人多称西方少数部族为戎。此指秦国西北部的西戎，活动范围约在今陕西西南、甘肃东部、宁夏南部一带。

[2] 百里奚：原为虞国大夫。晋灭虞被俘，后作为秦穆公夫人的陪嫁臣妾之一送往秦国。逃亡到宛，被楚人所执。秦穆公用五张黑公羊皮赎出，用为上大夫，故称"五羖大夫"，是辅佐秦穆公称霸的重臣。"宛"（yuān），楚国邑名，在今河南南阳市。

[3] 蹇（jiǎn）叔：百里奚的好友，经百里奚推荐，秦穆公把他从宋国请来，委任为上大夫。宋：国名，或称"商"、"殷"，都于商丘（今河南商丘县南），约在今河南东南部及所邻山东、江苏、安徽接界之地。

[4] 邳豹：晋国大夫邳郑之子，邳郑被晋惠公杀死后，邳豹投奔秦国，秦穆公任为大夫。公孙支："支"或作"枝"，字子桑，秦人，曾游晋，后返秦任大夫。

[5] 产：生，出生。并：吞并。

[6] 开国二十，遂霸西戎：《秦本纪》云秦缪公"益国十二，开地千里，遂霸西戎"。这里的"二十"当是约数。

[7] 孝公：即秦孝公。商鞅：卫国公族，氏公孙，亦称公孙鞅，于公元前 356 年和公元前 350 年两次实行变法，奠定秦国富强的基础。

[8] 殷：多，众多。殷盛，指百姓众多而且富裕。

[9] 魏：国名获楚、魏之师：指战胜楚国、魏国的军队。

[10] 惠王：即秦惠王，名驷，秦孝公之子，公元前 337 年至公元前 311 年在位，于公元前 325 年称王。张仪：魏人，秦惠王时数次任秦相，辅佐秦惠文君称王，封武信君。

[11] 三川之地：指黄河、雒水、伊水三川之地，在今河南西北部黄河以南的洛水、伊水流

域。韩宣王在此设三川郡。

[12] 巴：国名，周武王灭商后被封为子国，称巴子国，在今四川东部、湖北西部一带。蜀：国名，周武王时曾参加灭商的盟会，在今四川中部偏西地区。

[13] 上郡：郡名，本来是楚地，在现在的陕西榆林。

[14] 汉中：郡名，在现在的陕西汉中。

[15] 包：这里有并吞的意思。九夷：此指楚国境内西北部的少数部族，在今陕西、湖北、四川三省交界地区。

[16] 鄢（yān）：楚国别都，在今湖北宜城县东南。郢（yǐng）：楚国都城，在今湖北江陵市西北纪南城。

[17] 成皋：邑名，在今河南荥阳县汜水镇，地势险要，是著名的军事重地。

[18] 六国：韩、魏、燕、赵、齐、楚。施（yì）：蔓延，延续。

[19] 昭王：即秦昭王，名稷，一作侧或则，秦惠王之子，秦武王异母弟，公元前306年至前251年在位。范雎（jū）：一作"范且"，亦称范叔，魏人，入秦后改名张禄，受到秦昭王信任，为秦相。

[20] 穰（ráng）：即魏冉，楚人后裔，秦昭王母宣太后之异父弟，秦武王去世，拥立秦昭王，任将军，多次为相，受封于穰（今河南邓县），故称穰侯，后又加封陶（今山东定陶县西北）。因秦昭王听用范雎之言，被免去相职，终老于陶。

[21] 华阳：即华阳君芈戎，楚昭王母宣太后之同父弟，曾任将军等职，与魏冉同掌国政，先受封于华阳（今河南新郑县北），故称华阳君，后封于新城（今河南密县东南），故又称新城君。

[22] 蚕食：比喻像蚕吃桑叶那样逐渐吞食侵占。

[23] 向使：假使，倘若。内：同"纳"，接纳。

[24] 陛下：对帝王的尊称。致：求得，收罗。昆山：即昆仑山。

[25] 随、和之宝：即所谓"随侯珠"和"和氏璧"，传说中春秋时随侯所得的夜明珠和楚人卞和得的美玉。

[26] 明月：宝珠名。

[27] 太阿（ē）：亦称"泰阿"，宝剑名，相传为春秋著名工匠欧冶子、干将所铸。

[28] 纤离：骏马名。

[29] 翠凤之旗：用翠凤羽毛作为装饰的旗帜。

[30] 鼍（tuó）：亦称扬子鳄，俗称猪婆龙，皮可蒙鼓。

[31] 说：通"悦"，喜悦，喜爱。

[32] 犀象之器：指用犀牛角和象牙制成的器具。

[33] 郑：国名，春秋时建都新郑（今河南新郑县），在今河南中部之地，公元前375年被韩国所灭。卫：国名，在今河南北部、山东西部之地。公元前254年被魏国所灭。郑、卫之女：此时郑、卫已亡，当指郑、卫故地的女子。后宫：嫔妃所居的宫室，也可用作嫔妃的代称。

[34] 駃（jué）騠（tí）：骏马名。外厩（jiù）：宫外的马圈。

[35] 江南：长江以南地区。此指长江以南的楚地，素以出产金、锡著名。

[36] 丹：丹砂，可以制成红色颜料。青：可以制成青黑色颜料。西蜀丹青：蜀地素以出产丹青矿石出名。采：彩色，彩绘。

[37] 下陈：殿堂下陈放礼器、站立侯从的地方。充下陈：此泛指将财物、美女充实府库后宫。

[38] 宛：宛转，缠绕。宛珠之簪：缀绕珍珠的发簪。或以"宛"为地名，指用宛（今河南南阳市）地出产的珍珠所作装饰的发簪。

[39] 傅：附着，镶嵌。玑：不圆的珠子。此泛指珠子。珥（er）：耳饰。

[40] 阿：细缯，一种轻细的丝织物。或以"阿"为地名，指齐国东阿（今山东东阿县）。缟（gǎo）：未经染色的绢。

[41] 随俗雅化：随合时俗而雅致不凡。佳：美好，美丽。冶：妖冶，艳丽。窈（yǎo）窕（tiǎo）：美好的样子。赵：国名，建都晋阳（今山西太原市东南），在今山西中部、陕西东北角、河北西南部。公元前286年迁都邯郸（今河北邯郸市）。公元前222年被秦国所灭。古人多以燕、赵为出美女之地。

[42] 瓮（wèng）：陶制的容器，古人用来打水。缶（fǒu）：一种口小腹大的陶器。秦人将瓮、缶作为打击乐器。搏：击打，拍打。髀（bì）：大腿。搏髀：拍打大腿，以此掌握音乐唱歌的节奏。

[43] 《郑》：指郑国故地的音乐。《卫》：指卫国故地的音乐。《桑间》：桑间为卫国濮水边上地名，在今河南濮阳县南，有男女聚会唱歌的风俗。此指桑间的音乐。《昭》：通"韶"，歌颂虞舜的舞乐。《虞》：按《史记会注考证校补》引南化本、枫山本、三条本等作"护"，当为歌颂商汤的舞乐。《武》：歌颂周武王的舞乐。《象》：歌颂周文王的舞乐。

[44] 太山：即泰山。让：辞让，拒绝。

[45] 择：舍弃，抛弃。细流：小水。

[46] 却：推却，拒绝。

[47] 五帝：指黄帝、颛顼、帝喾、尧、舜。三王：指夏、商、周三代开国君主，即夏禹、商汤、周文王和周武王。

[48] 黔首：无爵平民不能服冠，只能以黑巾裹头，故称黔首。此泛指百姓。秦始皇统一六国后正式称百姓为黔首。资：资助，供给。

[49] 业：从业，从事。

[50] 赍（jī）：送，送给。这句是说，把武器粮食供给寇盗。

[51] 益：增益，增多。雠：通"仇"，仇敌。减少该国的人口而增加敌国的人力。

[52] 外树怨于诸侯：指宾客被驱逐出外必投奔其他诸侯，从而构树新怨。

🌸 导读

据《史记·李斯列传》记载，韩国派水工郑国到秦修建三百余里的渠道，以实施"疲秦计划"。后事泄被发现，秦王政听信宗室大臣的进言，认为来秦的客卿大抵都想游间于秦，就下令驱逐客卿。李斯也在被驱逐之列，尽管惶恐不安，但主动上书，写下千古流传的《谏逐客书》。其立意高深，始终围绕"大一统"的目标，正反论证，利害并举，说明用客卿强国的重要性。

作者介绍

　　李斯，秦朝丞相，著名的政治家、文学家和书法家，协助秦始皇统一天下。秦统一之后，参与制定了法律，统一了车轨、文字、度量衡等制度。

　　李斯早年为郡小吏，后从荀子学帝王之术，学成入秦。初被吕不韦任以为郎，后劝说秦王政灭诸侯、成帝业，被任为长史。秦王采纳其计谋，遣谋士持金玉游说关东六国，离间各国君臣，又任其为客卿。秦王政十年（公元前 237 年）下令驱逐六国客卿。李斯上《谏逐客书》阻止，被秦王所采纳，不久官廷尉，在秦王政灭六国的事业中起了较大作用。秦统一天下后，与王绾、冯劫议定尊秦王政为皇帝，并制定有关的礼仪制度，被任为丞相。他建议拆除郡县城墙，销毁民间的兵器；反对分封制，坚持郡县制；又主张焚烧民间收藏的《诗》、《书》等百家语，禁止私学，以加强中央集权的统治。

思考与练习

　　1．李斯写这篇奏议的目的是什么？　他是如何成功达到目的的？

　　2．文章列举了哪些历史事实来说明君王任用客卿而取得巨大成就的？

　　3．本文综合运用了比喻、铺陈、排比、对偶的修辞方法，请在文中分别找出。

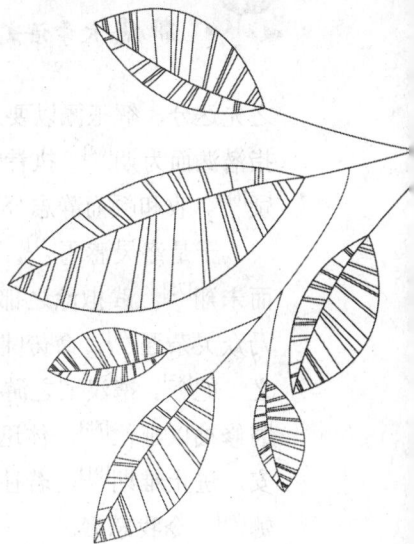

第三章　魏晋南北朝文学

洛神赋

曹植

🌿 原文

　　黄初[1]三年，余朝京师[2]，还济洛川[3]。古人有言，斯水之神，名曰宓妃[4]。感宋玉对楚王神女之事[5]，遂作斯赋，其辞曰：

　　余从京域[6]，言归东藩[7]，背伊阙[8]，越轘辕[9]，经通谷[10]，陵景山[11]。日既西倾，车殆马烦[12]。尔乃税驾乎蘅皋[13]，秣驷乎芝田[14]，容与乎阳林[15]，流眄[16]乎洛川。于是精移神骇[17]，忽焉[18]思散。俯则未察，仰以殊观[19]。睹一丽人，于岩之畔。乃援御者[20]而告之曰："尔有觌[21]于彼者乎？彼何人斯，若此之艳也！"御者对曰："臣闻河洛之神，名曰宓妃。然则君王所见，无乃是乎[22]？其状若何，臣愿闻之。"

　　余告之曰：其形也，翩若惊鸿[23]，婉若游龙[24]，荣曜秋菊，华茂春松[25]。髣髴兮若轻云之蔽月，飘飖兮若流风之回雪[26]。远而望之，皎[27]若太阳升朝霞。迫而察之，灼若芙蕖出渌波[28]。秾纤得衷[29]，修短合度[30]。肩若削成，腰如约素[31]。延颈秀项[32]，皓质呈露[33]，芳泽无加，铅华弗御[34]。云髻峨峨[35]，修眉联娟[36]，丹唇外朗[37]，皓齿内鲜。明眸善睐[38]，靥辅承权[39]，瑰姿艳逸[40]，仪静体闲[41]。柔情绰态[42]，媚于语言。奇服旷世[43]，骨象应图[44]。披罗衣之璀粲[45]兮，珥瑶碧之华琚[46]。戴金翠之首饰[47]，缀明珠以耀躯。践远游之文履[48]，曳雾绡之轻裾[49]。微幽兰之芳蔼兮[50]，步踟蹰于山隅[51]。于是忽焉纵体[52]，以遨以嬉。左倚采旄[53]，右荫桂旗[54]。攘皓腕于神浒兮[55]，采湍濑之玄芝[56]。

　　余情悦其淑美兮，心振荡而不怡[57]。无良媒以接欢兮，托微波[58]而通辞。愿诚素[59]

之先达兮，解玉佩以要之[60]。嗟佳人之信修兮[61]，羌习礼而明诗[62]。抗琼珶以和予兮[63]，指潜渊而为期[64]。执眷眷之款识兮[65]，惧斯灵之我欺[66]。感交甫之弃言兮[67]，怅犹豫而狐疑[68]。收和颜而静志兮[69]，申礼防以自持[70]。

于是洛灵感焉[71]，徙倚彷徨。神光离合[72]，乍阴乍阳[73]。竦轻躯以鹤立[74]，若将飞而未翔[75]。践椒涂之郁烈[76]，步蘅薄而流芳。超长吟以永慕兮[77]，声哀厉而弥长[78]。尔乃众灵杂遝[79]，命俦啸侣[80]。或戏清流，或翔神渚[81]。或采明珠，或拾翠羽[82]。从南湘之二妃[83]，携汉滨之游女[84]。叹匏瓜[85]之无匹兮，咏牵牛[86]之独处。扬轻袿之猗靡兮[87]，翳修袖以延伫[88]。体迅飞凫[89]，飘忽若神。凌波微步，罗袜生尘[90]。动无常则，若危若安。进止难期[91]，若往若还。转眄流精[92]，光润玉颜。含辞未吐，气若幽兰[93]。华容婀娜[94]，令我忘餐。

于是屏翳收风[95]，川后静波[96]。冯夷鸣鼓[97]，女娲清歌[98]。腾文鱼以警乘[99]，鸣玉鸾以偕逝[100]。六龙俨其齐首[101]，载云车之容裔[102]。鲸鲵踊而夹毂[103]，水禽翔而为卫[104]。于是越北沚[105]，过南冈，纡素领，回清阳[106]，动朱唇以徐言，陈交接之大纲[107]。恨人神之道殊兮，怨盛年之莫当[108]。抗罗袂以掩涕兮[109]，泪流襟之浪浪[110]。悼良会之永绝兮，哀一逝而异乡。无微情以效爱兮[111]，献江南之明珰[112]。虽潜处于太阴[113]，长寄心于君王。忽不悟其所舍[114]，怅神宵而蔽光[115]。

于是背下陵高[116]，足往神留。遗情想像，顾望怀愁。冀灵体之复形[117]，御轻舟而上溯[118]。浮长川而忘返，思绵绵而增慕[119]。夜耿耿而不寐[120]，沾繁霜至至曙。命仆夫而就驾，吾将归乎东路[121]。揽騑辔以抗策[122]，怅盘桓而不能去[123]。

记曰：植初求甄逸女不遂，后太祖因与五官中郎将，植昼思夜想，废寝与食。黄初中入朝，帝示植甄后玉镂金带枕，植见之，不觉泣下。时已为郭后谗死。帝仍以枕赍植，植还。度辕辕，息洛水上，因思甄氏，忽若有见，遂述其事，作《感甄赋》。后明帝见之，改为《洛神赋》。燮按：植在黄初，猜嫌方剧，安敢于帝前思甄泣下，帝又何至以甄枕赐植？此国章家典所无也。若事因感甄而名托洛神，间有之耳，岂待明帝始改？皆傅会者之过矣。

注释

[1] 黄初：魏文帝曹丕年号，公元220年～公元226年。

[2] 京师：京城，指魏都洛阳。朝京师，即到京都洛阳朝见魏文帝。

[3] 济：渡。洛川：即洛水，源出陕西，东南入河南，经洛阳。

[4] 斯水：指洛川。宓妃：相传为宓羲氏之女，溺死于洛水为神。

[5] "感宋玉"：宋玉有《高唐》、《神女》二赋，皆言与楚襄王对答梦遇巫山神女事。

[6] 京域：京都（指洛阳）地区。

[7] 言：发语词。东藩：指在洛阳东北的曹植封地鄄城。藩，古代天子封建诸侯，如藩篱之卫皇室，因称诸侯国为藩国。鄄城（即今山东鄄城县）在洛阳东北，故称东藩。

[8] 伊阙：山名，即阙塞山、龙门山。山在洛阳南，曹植东北行，故曰背。

[9] 辕辕：山名，在今河南偃师县东南。

[10] 通谷：山谷名。

[11] 陵：登。景山：山名，在今河南偃师县南。

[12] 殆：通"怠"，懈怠。烦：疲乏。

[13] 尔乃：承接连词，犹言"于是就"。税驾：犹停车。税，舍、置；驾，车乘总称。蘅皋：生着杜蘅（香草）的河岸。皋，河边高地。

[14] 秣驷：喂马。驷，一车四马，此泛指驾车之马。芝田：一说为地名，即河南巩县西南的芝田镇。

[15] 容与：悠然安闲貌。阳林：地名，一作"杨林"，因多生杨树而名。

[16] 流眄：目光流转顾盼。一作"盼"，旁视。

[17] 精移神骇：指神情恍惚。移，变。骇，散。

[18] 忽焉：急速貌。

[19] 以：而。殊观：所见殊异。

[20] 援：以手牵引。御者：车夫。

[21] 觌（dí）：看见。

[22] 无乃：犹言莫非。

[23] 翩：鸟疾飞貌，此引申为飘忽摇曳。惊鸿：惊飞的鸿雁。

[24] 婉：蜿蜒曲折。此句出自宋玉《神女赋》："婉若游龙乘云翔。"

[25] 荣：丰盛。华：华美。二句形容洛神容光焕发，肌体丰盈。

[26] 飘飖：动荡不定。回：旋转。

[27] 皎：洁白光亮。

[28] 迫：靠近。灼：鲜明灿烂。芙蓉：一作"芙蕖"，荷花。渌（lù）：水清貌。

[29] 秾：花木繁盛。此指人体丰腴。纤：细小，此指人体苗条。

[30] 修：长。度：标准。此句出自宋玉《登徒子好色赋》所谓"增之一分则太长，减之一分则太短"之意。

[31] 素：白细丝织品。

[32] 延、秀：均指长。项：后颈。

[33] 皓：洁白。

[34] 铅华：粉。古代烧铅成粉，故称铅华。弗御：不施。御，进。

[35] 云髻：发髻如云。峨峨：高耸貌。

[36] 联娟：又作"连娟"，微曲貌。

[37] 朗：明润。鲜：光洁。

[38] 眸：目瞳子。睐：顾盼。

[39] 靥（yè）辅：一作"辅靥"，即今所谓酒窝。权：颧骨。

[40] 瑰：奇妙。宋玉《神女赋》："瑰姿玮态。"艳逸：艳丽飘逸。

[41] 仪：仪态。闲：娴雅。宋玉《神女赋》："志解泰而体闲。"

[42] 绰：宽缓。

[43] 奇服：奇丽的服饰。屈原《九章·涉江》："余幼好此奇服兮，年既老而不衰。"旷世：犹言举世无匹。旷，空。

[44] 骨象：骨格形貌。应图：指与画中人相当。

[45] 璀粲：鲜明貌。一说为衣动声。

[46] 珥：珠玉耳饰。此用作动词，作佩戴解。瑶碧：美玉。华琚：刻有花纹的佩玉。

[47] 翠：翡翠。首饰：指钗簪一类饰物。

[48] 践：穿，着。远游：鞋名。繁钦《定情诗》："何以消滞忧，足下双远游。"文履：饰有花纹图案的鞋。刘桢《鲁都赋》："纤纤丝履，灿烂鲜新；表以文组，缀以朱蠙。"疑即咏此。

[49] 曳：拖。雾绡：轻薄如丝的绡。绡：生丝。裾：裙边。

[50] 微：隐。芳蔼：芳香浓郁。

[51] 踟蹰：徘徊。隅：角。

[52] 纵体：轻举貌。遨：游。

[53] 采旄：采旗。旄，旗竿上旄牛尾饰物。

[54] 桂旗：以桂木为竿之旗。屈原《九歌·山鬼》："辛夷车兮结桂旗。"

[55] 攘：此指揎袖伸出。神浒：为神所游之水边地。浒，水边泽畔。

[56] 湍濑：石上急流。玄芝：黑芝草。《抱朴子·仙药》："芝生于海隅名山及岛屿之涯……

黑者如泽漆。"

[57] 振荡：形容心动荡不安。怡：悦。

[58] 微波：一说指目光，亦通。

[59] 诚素：真诚的情意。素，同"愫"。

[60] 要（yāo）：同"邀"，约请。

[61] 信修：确实美好。张衡《思玄赋》："伊中情之信修兮，慕古人之贞节。"

[62] 羌：发语词。习礼：懂得礼法。明诗：善于言辞。

[63] 抗：举起。琼珶：美玉。和：应答。

[64] 潜渊：深渊，指洛神所居之地。期：会。

[65] 眷眷：通"睠睠"，依恋貌。款识：诚实。

[66] 斯灵：此神，指宓妃。我欺：即欺我。

[67] 交甫：郑交甫。弃言：背弃信言。

[68] 狐疑：疑虑不定。相传狐生性多疑，渡水时且听且过，因称狐疑。

[69] 收和颜：收敛笑容。静志：镇定情志。

[70] 申：施展。礼防：防，障。自持：自我约束。

[71] 徙倚：犹低回。

[72] 神光：围绕于神四周的光芒。

[73] 乍阴乍阳：忽暗忽明。此承上句而言，离则阴，合则阳。

[74] 竦（sǒng）：耸。鹤立：形容身躯轻盈飘举，如鹤之立。

[75] 椒涂：涂有椒泥的道路。椒，花椒，有浓香。

[76] 蘅薄：杜蘅丛生地。

[77] 超：惆怅。永慕：长久思慕。

[78] 厉：疾。弥：久。

[79] 杂沓：众多貌。

[80] 命俦啸侣：犹呼朋唤友。俦，伙伴、同类。

[81] 渚：水中高地。

[82] 翠羽：翠鸟的羽毛。古人多用以为饰。

[83] 南湘之二妃：指娥皇和女英。据刘向《列女传》载，尧以长女娥皇和次女女英嫁舜，后舜南巡，死于苍梧。二妃往寻，死江湘间，为湘水之神。

[84] 汉滨之游女：汉水之神。《诗·周南·汉广》："汉有游女，不可求思。"薛君《韩诗章句》："游女，汉神也。"

[85] 匏瓜：星名，又名天鸡，在河鼓星东。无匹：无偶。阮瑀《止欲赋》："伤匏瓜之无偶，悲织女之独勤。"

[86] 牵牛：星名，又名天鼓，与织女星各处河鼓之旁。相传每年七月七日乃得一会。

[87] 袿：今作褂。刘熙《释名》："妇人上服曰袿。其下垂者，上广下狭如刀圭也。"猗靡：随风飘动貌。

[88] 翳：遮蔽。延伫：久立。

[89] 凫：野鸭。

[90] 凌：踏。尘：指细微四散的水沫。

[91] 难期：难料。

[92] 眄：斜视。流精：形容目光流转而有光彩。

[93] 幽兰：形容气息香馨如兰。

[94] 婀娜：轻盈柔美貌。

[95] 屏翳：传说中的众神之一，司职说法不一，或以为是云师（《吕氏春秋》），或以为是雷师（韦昭），或以为是雨师（《山海经》、王逸等）。而曹植认为是风神，其《诘洛文》云"河伯典泽，屏翳司风"。

[96] 川后：旧说即河伯，似有误，俟考。

[97] 冯夷：河伯名。《青令传》："河伯，华阴潼乡人也，姓冯名夷。"

[98] 女娲：传说中的女神，《世本》谓其始作笙簧，故此曰"女娲清歌"。

[99] 惊：作"警"。

[100] 玉鸾：鸾鸟形玉制车铃，动则发声。偕逝：俱往。

[101] 六龙：相传神出游多驾六龙。俨：矜持庄重貌。齐首：谓六龙齐头并进。

[102] 云车：相传神以云为车。容裔：舒缓安详貌。

[103] 鲸鲵（ní）：即鲸鱼。水栖哺乳动物，雄曰鲸，雌曰鲵。毂（gǔ）：车轮中用以贯轴的圆木。此指车。

[104] 为卫：作为护卫。

[105] 汜：水中小块陆地。

[106] 纡：回。素领：白皙的颈项。清扬：形容女性清秀的眉目。扬一作"阳"。《诗·郑风·野有蔓草》："有美一人，清阳婉兮。"

[107] 交接：结交往来。

[108] 莫当：无匹，无偶。《汉书·司马相如传》颜师古注："当，对偶也。"

[109] 抗：举。袂：袖。曹植《叙愁赋》："扬罗袖而掩涕"，与此句同义。

[110] 浪浪：水流不断貌。

[111] 效爱：致爱慕之意。

[112] 明珰：以明月珠作的耳珰。

[113] 太阴：众神所居之处，与上文"潜渊"义近。

[114] 不悟：不知。舍：止。

[115] 宵：通"消"，消失。一作"霄"。蔽光：隐去光彩。

[116] 背下：离开低地。陵高：登上高处。

[117] 灵体：指洛神。

[118] 上溯：逆流而上。

[119] 绵绵：连续不断貌。

[120] 耿耿：心绪不安貌。

[121] 东路：回归东藩之路。

[122] 骓（fēi）：车旁之马。古代驾车称辕外之马为骓或骖，此泛指驾车之马。辔：马缰绳。抗策：犹举鞭。

[123] 桓：徘徊不前。

导读

《洛神赋》，原名《感甄赋》，为曹植辞赋中的杰出作品。作者以浪漫主义的手法，通过梦幻的境界，描写人神之间的真挚爱情，但终因"人神殊道"无从结合而惆怅分离。

《洛神赋》全篇大致可分为六个段落，第一段写作者从洛阳回封地时，看到"丽人"宓妃伫立山崖，这段类话本的"入话"。第二段写"宓妃"容仪服饰之美。第三段写"我"非常爱慕洛神，虽已向她表达了真情，赠以信物，有了约会，却担心受欺骗，极言爱慕之深。第四段写洛神为"君王"之诚所感后的情状。第五段"恨人神之道殊"以下二句，是此赋的寄意之所在。第六段，写别后"我"对洛神的思念。

前人对《洛神赋》的思想、艺术成就都曾给予极高的评价，最明显的是常把它与屈原的《九歌》和宋玉的《神女》诸赋相提并论。其实，曹植此赋兼二者而有之，它既有《湘君》、《湘夫人》那种浓厚的抒情成分，同时又具宋玉诸赋对女性美的精妙刻画。

作者介绍

曹植（192年~232年），三国时魏国诗人，字子建，沛国谯（今安徽亳州）人。他是曹操之妻卞氏所生第三子。曹植自幼颖慧，年十岁余，便诵读诗、文、辞赋数十万言，出言为论，下笔成章，深得曹操的宠信。曹操曾想要立他为太子。然而曹植行为放任，屡犯法禁，引起曹操的震怒，而他的兄长曹丕得立为太子。建安二十五年，曹操病逝，曹丕继魏王位，不久又称帝。曹植的生活从此发生了根本性的改变。他从一个过着优游宴乐生活的贵公子，变成处处受限制和打击的对象。曹植曾被迁封过多次，最后的封地在陈郡，卒谥思，故后人称之为"陈王"或"陈思王"。

思考与练习

1.《洛神赋》有着极高的艺术成就，你能阐述一下它的突出特点吗？

2. 此赋辞藻华丽，但同时格调凄艳哀伤，你能试着阐述作者产生苦闷之情的原因所在吗？

归去来兮辞并序

陶渊明

余家贫，耕植不足以自给。幼稚盈室[1]，瓶无储粟[2]，生生所资[3]，未见其术[4]。亲故多劝余为长吏[5]，脱然有怀[6]，求之靡途[7]。会有四方之事[8]，诸侯以惠爱为德[9]，家叔以余贫苦[10]，遂见用于小邑。于时风波未静[11]，心惮远役。彭泽去家百里[12]，公田之利，足以为酒，故便求之。及少日，眷然有归欤之情[13]。何则？质性自然[14]，非矫厉所得；饥冻虽切，违己交病[15]。尝从人事[16]，皆口腹自役[17]；于是怅然慷慨，深愧平生之志。犹望一稔[18]，当敛裳宵逝[19]。寻程氏妹丧于武昌[20]，情在骏奔[21]，自免去职。仲秋至冬[22]，在官八十余日。因事顺心，命篇曰《归去来兮》。乙巳岁十一月也[23]。

归去来兮[24]！田园将芜胡不归[25]？既自以心为形役[26]，奚惆怅而独悲[27]？悟已往之不谏[28]，知来者之可追[29]；实迷途其未远[30]，觉今是而昨非[31]。舟遥遥以轻飏[32]，风飘飘而吹衣。问征夫以前路[33]，恨晨光之熹微[34]。

乃瞻衡宇，载欣载奔[35]。僮仆欢迎，稚子[36]候门。三径就荒，松菊犹存[37]。携幼入室，有酒盈樽[38]。引壶觞以自酌，眄庭柯以怡颜[39]。倚南窗以寄傲[40]，审容膝之易安[41]。园日涉以成趣[42]，门虽设而常关。策扶老以流憩[43]，时矫首而遐观[44]。云无心以出岫[45]，鸟倦飞而知还。景翳翳以将入[46]，抚孤松而盘桓[47]。

归去来兮！请息交以绝游[48]。世与我而相违，复驾言兮焉求[49]？悦亲戚之情话[50]，乐琴书以消忧。农人告余以春及[51]，将有事于西畴[52]。或命巾车[53]，或棹孤舟[54]。既窈窕以寻壑[55]，亦崎岖而经丘[56]。木欣欣以向荣[57]，泉涓涓[58]而始流。善万物之得时，感吾生之行休[59]。

已矣乎[60]！寓形宇内复几时，曷不委心任去留[61]？胡为乎遑遑欲何之[62]？富贵非吾愿，帝乡不可期[63]。怀良辰以孤往[64]，或植杖而耘耔[65]。登东皋以舒啸[66]，临清流而赋诗。聊乘化以归尽[67]，乐夫天命复奚疑[68]！

注释

[1] 幼稚：指孩童。

[2] 瓶：指盛米用的陶制容器，如罂、瓮之类。

[3] 生生：犹言维持生计。前一"生"字为动词，后一"生"字为名词。

[4] 术：方法。

[5] 长吏：较高职位的县吏，此处指小官。

[6] 脱然：犹言豁然。有怀：有做官的念头。

[7] 靡途：没有门路。

[8] 四方之事：指出使外地的事情。

[9] 诸侯：指州郡长官。

[10] 家叔：指陶夔，曾任太常卿。

[11] 风波：指军阀混战。

[12] 彭泽：县名。在今江西省湖口县东。

[13] 眷然：依恋的样子。归欤之情：回去的心情。

[14] 质性：本性。

[15] 违己：违反自己本心。交病：指思想上遭受痛苦。

[16] 从人事：从事于仕途中的人事交往，指做官。

[17] 口腹自役：为了满足口腹的需要而驱使自己。

[18] 一稔（rěn）：公田收获一次。稔，谷物成熟。

[19] 敛裳：收拾行装。

[20] 寻：不久。程氏妹：嫁给程家的妹妹。武昌：今湖北省鄂城县。

[21] 骏奔：急着前去奔丧。

[22] 仲秋：农历八月。

[23] 乙巳岁：晋安帝义熙元年（405）。

[24] 归去来兮：意思是"回去吧"。来，助词，无义。兮，语气词。

[25] 田园将芜胡不归：田园将要荒芜了，为什么不回去？胡，同"何"。

[26] 以心为形役：让心神为形体所役使。意思是本心不愿出仕，但为了免于饥寒，违背本意做了官。心，意愿。形，形体，指身体。役，奴役。

[27] 奚惆怅而独悲：为什么悲愁失意。惆怅，失意的样子。

[28] 悟已往之不谏：觉悟到过去做错了的事（指出仕）已经不能改正。谏，谏止，劝止。

[29] 知来者之可追：知道未来的事（指归隐）还可以挽救。追，挽救，补救。

[30] 实：确实。迷途：做官。其：大概。

[31] 是：正确。非：错误。

[32] 舟遥遥以轻飏（yáng）：船在水面上轻轻地飘荡着前进。遥遥，摇摆不定的样子。以，而。飏，飞扬，形容船行驶轻快的样子。

[33] 征夫：行人而非征兵之人。以：拿（以前路问征夫）。后文中"农人告余以春及"的"以"的用法也是这样的。前：前面的。

[34] 恨晨光之熹微：遗憾的是天刚刚放亮。恨：遗憾。熹微：微明，天未大亮。

[35] 乃瞻衡宇，载欣载奔：看见自己家的房子，心中欣喜，奔跑过去。瞻，远望。衡宇，简陋的房子。

[36] 稚子：幼儿。

[37] 三径就荒，松菊犹存：院子里的小路快要荒芜了，松菊还长在那里。三径，院中小路。汉朝蒋诩（xǔ）隐居之后，在院里竹下开辟三径，只与少数友人来往。后人以"三径"代指隐士所居。就，近于。

[38] 盈樽：满杯。

[39] 引：拿来。眄（miǎn）庭柯以怡颜：看看院子里的树木，觉得很愉快。眄，斜看，这里是随便看看的意思。柯，树枝。以，为了。怡颜，使面容现出愉快神色。

[40] 寄傲：寄托傲然自得的心情。傲，指傲世。

[41] 审容膝之易安：觉得住在简陋的小屋里也非常舒服。审，觉察。容膝，只能容下双膝的小屋，极言其狭小。

[42] 园日涉以成趣：天天到园里行走，自成一种乐趣。涉，涉足，走到。

[43] 策扶老以流憩（qì）：拄着拐杖出去走走，随时随地休息。策，拄着。扶老，手杖。憩，休息。流憩，游息，就是没有固定的地方，到处走走歇歇。

[44] 时矫首而遐观：时时抬起头向远处望望。矫，举。遐，远。

[45] 云无心以出岫（xiù）：云气自然而然地从山里冒出。无心，无意地。岫，山穴，此处泛指山峰。

[46] 景（yǐng）翳（yì）翳以将入：阳光暗淡，太阳快落下去了。景，同"影"，日光。翳翳，阴暗的样子。

[47] 扶孤松而盘桓：手扶孤松徘徊。盘桓，盘旋，徘徊，留恋不去。

[48] 请息交以绝游：息交，停止与人交往，断绝交游，意思是不再同官场有任何瓜葛。

[49] 世与我而相违，复驾言兮焉求：世事与我所想的相违背，还能努力探求什么呢？驾，驾车，这里指驾车出游去追求想要的东西。言，助词。

[50] 情话：知心话。

[51] 春及：春天到了。

[52] 将有事于西畴：西边田野里要开始耕种了。有事，指耕种之事。事，这里指农事。畴，田地。

[53] 或命巾车：有时叫上一辆有帷的小车。巾车，有车帷的小车。

[54] 或棹（zhào）孤舟：有时划一艘小船。棹，本义船桨，这里名词作动词，意为划桨。

[55] 既窈窕以寻壑：经过幽深曲折的山谷。窈窕，幽深曲折的样子。壑，山沟。

[56] 亦崎岖而经丘：走过高低不平的山路。

[57] 木欣欣以向荣：草木茂盛。欣欣、向荣，都是草木滋长茂盛的意思。

[58] 涓涓：水流细微的样子。

[59] 善万物之得时，感吾生之行休：羡慕自然界万物一到春天便及时生长茂盛，感叹自己的一生行将结束。善，欢喜，羡慕。行休，行将结束。

[60] 已矣乎：算了吧！助词"矣"与"乎"连用，加强感叹语气。

[61] 寓形宇内复几时，曷（hé）不委心任去留：活在世上能有多久，何不顺从自己的心愿，管它什么生与死呢？寓形，寄生。宇内，天地之间。曷，何。委心，随心所欲。去留，指生死。

[62] 胡为乎遑遑欲何之：为什么心神不定，想到哪里去呢？遑遑，不安的样子。之，往。

[63] 帝乡不可期：仙境到不了。帝乡，仙乡，神仙居住的地方。期，希望，企及。

[64] 怀良辰以孤往：趁着春天的美好时光，独自出去。怀，怀着，趁。良辰，好时光。

[65] 或植杖而耘耔：有时放下手杖，拿起农具除草培土。植，置。耘，除草。耔，以土培苗根。

[66] 登东皋（gāo）以舒啸：登上东面的高地放声长啸。皋，高地。啸，撮口发出的长而清越的一种声音。

[67] 聊乘化以归尽：姑且顺其自然走完生命的路程。聊，姑且。乘化，随顺大自然的运转变化。归尽，到死。尽，指死亡。

[68] 夫天命复奚疑：复，还有。疑，疑虑。

导读

晋安帝义熙元年（405 年），陶渊明弃官归田，作《归去来兮辞》。这篇辞体抒情诗，不仅是渊明一生转折点的标志，亦是中国文学史上表现归隐意识的创作之高峰。

辞前有序，也是一篇优秀的小品文。其中，序是对前半生道路的省思；辞则是陶渊明在脱离官场之际，对新生活的想象和向往。

《归去来兮辞》是辞体抒情诗。辞体源头是《楚辞》，尤其是《离骚》。中国传统士人受到儒家思想教育，以积极用世为人生理想。在政治极端黑暗的历史时代，士人理想无从实现，甚至生命亦无保障，这时，弃仕归隐就有了其真实意义。其意义是拒绝与黑暗势力合作，提起独立自由之精神。陶渊明，是以诗歌将这种归隐意识作了真实、深刻、全面表达的第一人。

作者介绍

陶渊明（约 365 年～427 年），浔阳柴桑（今江西九江西南）人，字元亮（一说名潜，字渊明），死谥靖节，世称"靖节先生"，又称"五柳先生"，曾任职祭酒、参军、彭泽县令，故又称"陶彭泽"。

思考与练习

1．陶潜辞官归田的原因是什么？
2．陶潜隐居乡村的生活乐趣，从哪些方面可以看出？
3．分析作者在文中所含的对山水自然的情感。

西洲曲[1]

原文

忆梅下[2]西洲，折梅寄江北。
单衫杏子红，双鬓鸦雏色[3]。

西洲在何处？两桨桥头渡。

日暮伯劳[4]飞，风吹乌臼树。

树下即门前，门中露翠钿[5]。

开门郎不至，出门采红莲。

采莲南塘秋，莲花过人头。

低头弄莲子[6]，莲子清如水。

置莲怀袖中，莲心[7]彻底红[8]。

忆郎郎不至，仰首望飞鸿[9]。

鸿飞满西洲，望郎上青楼。

楼高望不见，尽日栏杆头。

栏杆十二曲，垂手明如玉。

卷帘天自高，海水摇空绿。

海水梦悠悠[10]，君愁我亦愁。

南风知我意，吹梦到西洲。

注释

[1] 西洲：地名，未详所在。它是本篇中男女共同纪念的地方。

[2] 下：落。落梅时节是本诗中男女共同纪念的时节。

[3] 鸦雏色：形容头发乌黑发亮。鸦雏，小鸦。

[4] 伯劳：鸣禽，仲夏始鸣。

[5] 翠钿：用翠玉做成或镶嵌的首饰。

[6] 莲子：谐音"怜子"，就是"爱你"的意思。

[7] 莲心：和"怜心"双关，就是相爱之心。

[8] 彻底红：就是红得通透彻底。

[9] 望飞鸿：有望书信的意思，古人有鸿雁传书的传说。

[10] 悠：渺远。天海辽阔无边，所以说它"悠悠"，天海的"悠悠"正如梦的"悠悠"。

导读

《西洲曲》，南朝乐府民歌名，最早著录于徐陵所编《玉台新咏》。《西洲曲》是南朝乐府民歌中最长的抒情诗篇，历来被视为南朝乐府民歌的代表作。诗中描写了一位少女从初春到深秋，从现实到梦境，对钟爱之人的苦苦思念，洋溢着浓厚的生活气息和鲜明的感情色彩，表现出鲜明的民族特色和纯熟的表现技巧。

全诗三十二句，四句一解，用蝉联而下的接字法，顶真勾连。"日暮伯劳飞，风吹乌臼树。树下即门前，门中露翠钿"，"低头弄莲子，莲子清如水"，"忆郎郎不至，仰首望飞鸿。鸿飞满西洲，望郎上青楼"等诗句，如此环环相扣，接字成篇，不仅声情摇曳、情味无穷，而且节奏和谐、优美动听。

作品介绍

《玉台新咏》是继《诗经》、《楚辞》之后中国古代的第三部诗歌总集，收录作品上至西汉、下迄南朝梁代，历来被认为是南朝徐陵在梁中叶时所编。其收诗 769 篇，计有五言诗 8 卷，歌行 1 卷，五言四句诗 1 卷，共为 10 卷；除第 9 卷中的《越人歌》相传作于春秋战国之间外，其余都是自汉迄梁的作品。《玉台新咏》在流传过程中，曾经一些人窜乱，所以有人怀疑此书非徐陵所编，而出于稍后的人之手，但此说尚不足以成为定论。

思考与练习

试分析《西洲曲》的艺术特色。

典论·论文[1]

曹丕

原文

文人相轻，自古而然。傅毅[2]之于班固[3]，伯仲之间耳；而固小[4]之，与弟超[5]书曰：武仲以能属[6]文为兰台令史，下笔不能自休。夫[7]人善于自见[8]，而文非一体[9]，鲜能备善[10]，是以各以所长，相轻所短。里语[11]曰：家有敝帚，享之千金[12]。斯不自见[13]之患[14]也。

今之文人：鲁国孔融文举[15]，广陵陈琳孔璋[16]，山阳王粲仲宣[17]，北海徐干伟长[18]，陈留阮瑀元瑜[19]，汝南应玚德琏[20]，东平刘桢公干[21]，斯七子者[22]，于学无所遗，于辞无所假[23]，咸[24]以自骋骥騄[25]千里，仰齐足而并驰[26]。以此相服，亦良难[27]矣！君子审己以度人[28]，故能免于斯累[29]，而作《论文》。

王粲长于辞赋，徐干时有齐气[30]，然粲之匹[31]也。如粲之《初征》，《登楼》，《槐赋》，《征思》，干之《玄猿》，《漏卮》，《圆扇》，《橘赋》，虽张蔡[32]不过也。然于他文，未能称是[33]。琳，瑀之章表书记[34]，今之隽[35]也。应玚和而不壮[36]；刘桢壮而不密[37]。孔融体气[38]高妙，有过人者；然不能持论[39]，理不胜辞[40]；以至乎杂以嘲戏[41]；及[42]其所善，扬、班俦[43]也。

常人贵远贱近[44]，向声背实[45]，又患暗于自见[46]，谓己为贤[47]。夫文本同而末异[48]，盖奏议[49]宜雅，书论[50]宜理，铭诔[51]尚实，诗赋欲丽。此四科[52]不同，故能之者偏[53]也；唯通才能备其体。

文以气[54]为主，气之清浊有体[55]，不可力强而致[56]。譬诸音乐，曲度虽均[57]，节奏同检[58]，至于[59]引气[60]不齐，巧拙有素，虽在父兄，不能以移[61]子弟。

盖文章，经国[62]之大业，不朽之盛事。年寿有时而尽，荣乐止乎其身，二者必至之常期[63]，未若文章之无穷。是以古之作者，寄身于翰墨[64]，见意[65]于篇籍，不假良史之辞[66]，不托飞驰之势[67]，而声名自传于后。故西伯幽而演易[68]，周旦显[69]而制礼，不以隐约[70]而弗务[71]，不以康乐而加思[72]。夫然[73]，则古人贱尺璧而重寸阴，惧乎时之过已。而人多不强力[74]；贫贱则慑[75]于饥寒，富贵则流于逸乐，遂营目前之务[76]，而遗千载之功。日月逝于上，体貌衰于下，忽然与万物迁化[77]，斯志士之大痛也！融等已逝，唯干着论[78]，成一家言。

注释

[1] 《典论·论文》是中国文学批评史上第一篇文学理论专论，对文章的价值、作家才性气质与作品之关系、文章体裁及文学批评的态度等问题进行了深入剖析。虽然简短概括，但所论及的问题对后世文学理论研究具有开启意义。

[2] 傅毅（？～90年），字武仲，东汉辞赋家。

[3] 班固（32年～92年），字孟坚，《汉书》的作者。

[4] 小：轻视，看不起。

[5] 超：班超（33年～103年），字仲升，班固的弟弟。汉明帝时出使西域，封定远侯。

[6] 属：缀辑、写作。属文，连缀字句而成文，指写文章。

[7] 夫：发语词，表提示作用。

[8] 善于自见：喜欢自我炫耀、表现。善，喜爱；见，表现。

[9] 体：体裁，指文学的类别。依作品所表现的结构与性质上之差异加以区分，如诗、散文、小说、戏剧等。

[10] 备善：都很好。善，好的、美妙的。备，尽、皆，完全的意思。

[11] 里语：俗语。

[12] 家有敝帚，享之千金：自家的破扫帚，却视如千金之宝。比喻极为珍惜自己的东西。享，当。

[13] 自见：自己看见自己的缺点。

[14] 患：弊病。

[15] 鲁国：汉代的封国，在今山东曲阜。孔融（153年～208年），字文举，曾任北海相，后为曹操所杀。有《孔北海集》。籍贯加姓名加字是古代指称人物常用的表达法。名和字连起来称呼是表示尊敬。先秦是先字后名，汉代以后是先名后字。

[16] 广陵：汉代郡名，在今江苏江都县。陈琳（?～217年），字孔璋，曾为曹操记室。有《陈记室集》。

[17] 山阳：汉代郡名，在今山东金乡县。王粲（177年～217年），字仲宣，曾任魏国侍中，有《王侍中集》。

[18] 北海：汉代郡名，在今山东寿光县一带。徐干（171年～218年），字伟长。著有《中论》。有《徐伟长集》。

[19] 陈留：汉代郡名，在今河南开封东南。阮瑀（?～212年），字元瑜，曾为曹操司空军谋祭酒。有《阮元瑜集》。

[20] 汝南：汉代郡名，在今河南汝南县。应场（?～217年），字德琏，曾为曹操丞相

掾属。有《应德琏集》。

[21] 东平：汉代郡名，在今山东东平县。刘桢（？～217 年），字公干，曾为曹操丞相掾属。有《刘公干集》。

[22] 斯七子者：这七个人。子，对男子的尊称。孔融等七人被后人合称为建安七子。

[23] 辞：文字，引申为文章。假：借用、抄袭。

[24] 咸：都、皆。

[25] 骥騄：古代二骏马名，并为周穆王八骏之一。

[26] 仰齐足而并驰：他们各自像驰骋着骏马，在文坛上并驾齐驱。仰，依仗。

[27] 良难：实在很不容易。

[28] 审己以度人：先省察自己，再度量他人。

[29] 斯累：文人相轻的弊病。累：弊病、过失。

[30] 齐气：指文章风格舒缓。"气"指作家的气质，表现于文学作品就是作品的风格。曹丕崇尚遒劲之气。

[31] 匹：比较、相比。实力相当的。

[32] 张：张衡。蔡：蔡邕。都是东汉的辞赋家。

[33] 称是：与此相称。是，此，指辞赋。

[34] 章表书记：四种文体。

[35] 隽：通"俊"，才智出众。

[36] 和而不壮：文章风格柔和而不雄壮。

[37] 壮而不密：文章气势雄壮但有些粗疏。

[38] 体气：天性、才气。

[39] 持论：立论、说理。

[40] 理不胜辞：文辞优美，而说理较弱。

[41] 杂以嘲戏：夹杂着嘲谑之辞。

[42] 及：至于。

[43] 俦：辈、类。

[44] 贵远贱近：推崇古代的，而轻贱当今的。贵，重视。远，本指时间的距离大，故引申为古代。贱，轻视、看不起。近，本指时间的距离小，故引申为现代。

[45] 向声背实：注重名声而不看实际情况。向，崇尚、景仰。

[46] 患闇于自见：易犯看不见自己短处的毛病。患，得病。闇，不了解。

[47] 贤：良好、美丽而完善的。

[48] 夫文本同而末异：文章都有共同的特点，但不同文体又各有不同。末，本指非根本、基础的事物，这里指写作方式。

[49] 奏议：古代臣子向君王进奏的章疏。

[50] 书：书信，这里特指用以说理的书信。论：论说文。

[51] 铭：文体名。刻在器物或石碑上，警惕自己或赞颂他人的文字。诔：文体名。一种哀祭文，是叙述死者生前德行、功业的韵文。

[52] 科：类别、项目。

[53] 能之者偏：写文章的人各有所长。能，做，这里指写文章。

[54] 气：贯串于文章中的气韵。

[55] 清浊：本指音乐上清亮或重浊的声音。引申为作品有阴柔阳刚不同风格。有体：有素。意思是说作家平素的气质所决定的。

[56] 力强而致：勉强达到。

[57] 均：一样。

[58] 检：法度、法式。

[59] 至于：由于。

[60] 引气：吹的力气。

[61] 移：移动、搬迁，引申为传授、传承。

[62] 经国：治理国家。

[63] 常期：一定规律的时间、期限。

[64] 翰墨：本指笔墨，比喻文章。

[65] 见意：表现思想。

[66] 假良史之辞：借着优秀的史官的好评。假，借。

[67] 托飞驰之势：依靠权贵的势力。飞驰，本指飞快奔驰，引申为富贵人家。

[68] 西伯：本指西方诸侯之长。因商王任命周文王为西伯，后专指周文王。幽：囚禁。演易：据说周文王把《易》从八卦推演为六十四卦。

[69] 周旦：就是周公。显：显贵。周公辅佐成王为摄政，作《周礼》六篇。

[70] 隐约：穷困不得志。

[71] 弗务：不努力。弗，不；务，致力从事。

[72] 加思：更改[著述的]想法。加，本意把本来没有的添上去，引申为转移、更动。

[73] 夫然：正因为如此。

[74] 强力：努力。强，竭力、勉力。

[75] 慑：害怕、恐惧。

[76] 遂营目前之务：只图眼前的事务。遂，顺应。营，谋虑、料理。

[77] 迁化：迁移和变化，指死亡。

[78] 干着论：徐干写了《中论》一书。

🌸 🌿 导读

文章包括四部分内容。第一，它批评了"文人相轻"的陋习，提出只有"审己以度人"，才能避免此累。第二，评论了"今之文人"亦即建安"七子"在文学上的才力及不足，分析了不同文体的不同写作要求，说唯有"通才"才能兼备各体。第三，提出"文以气为主"的命题，这里的"气"，实际上指的是作家的气质和个性。曹丕的这一观点，表明他对创作个性的重要性已有比较充分的认识。第四，论述了文学事业的社会功能，将它提到"经国之大业，不朽之盛事"的高度，又说"年寿有时而尽，荣乐止乎其身"，都不如文章能传诸无穷。

《典论·论文》是一篇非常重要的文论著作，在它之前还没有精心撰写的严格意义上的文学理论专著。因此，《典论·论文》在中国文学理论批评史上具有划时代的意义，它的产生是中国古代文论开始步入自觉期的一个标志。

作者介绍

曹丕（公元 187 年～226 年），字子桓，出于东汉灵帝中平四年（公元 187 年），卒于魏文帝黄初七年（公元 226 年）。沛国谯（今安徽亳州）人，曹操次子。三国时期著名的政治家、文学家、文学理论批评家，魏朝的开国皇帝。公元 220 年到公元 226 年在位，庙号高祖（《资治通鉴》作世祖），谥为文皇帝（魏文帝），葬于首阳陵。魏武帝曹操与武宣卞皇后的长子，因文学方面的成就而与其父曹操、其弟曹植并称为"三曹"。

他撰写的文论著作流传于世的有两篇，一篇是《与吴质书》，另一篇本篇。

思考与练习

1. 《典论·论文》主要涉及了哪些方面的文学理论？

2. 本文着重论述了哪些问题？对后来文学理论和文学发展有何影响？

3. "家有弊帚，享之千金"，在文中是什么意思？在现代汉语中是什么意思？它还有什么形式？

兰亭集序

王羲之

原文

永和[1]九年，岁在癸丑，暮春[2]之初，会于会稽[3]山阴之兰亭，修禊[4]事也。群贤[5]毕至[6]，少长[7]咸[8]集。此地有崇山峻岭[9]，茂林修竹[10]，又有清流激湍[11]，映带左右[12]，引以为流觞曲水[13]，列坐其次[14]。虽无丝竹管弦之盛[15]，一觞一咏[16]，亦足以畅叙幽情[17]。是日也[18]，天朗气清，惠风和畅[19]。仰观宇宙之大，俯察品类之盛[20]，所以[21]游目骋[22]怀，足以极[23]视听之娱，信[24]可乐也。

夫人之相与，俯仰一世[25]。或取诸[26]怀抱，悟言[27]一室之内；或因寄所托，放浪形骸之外[28]。虽取舍万殊[29]，静躁[30]不同，当其欣于所遇，暂得于己，快然[31]自足，（曾）不知老之将至[32]；及其所之既倦[33]，情随事迁[34]，感慨系之[35]矣。向[36]之所欣，俯仰之间，已为陈迹[37]，犹不能不以之兴怀[38]，况修短随化[39]，终期[40]于尽！古人云："死生亦大矣[41]。"岂不痛哉！

每览昔人兴感之由，若合一契[42]，未尝不临文嗟悼[43]，不能喻[44]之于怀。固知一死生为虚诞，齐彭殇为妄作[45]。后之视今，亦犹今之视昔，悲夫！故列叙时人[46]，录其所述[47]，虽世殊事异[48]，所以兴怀，其致一也[49]。后之览者[50]，亦将有感于斯文[51]。

[1] 永和：东晋皇帝司马聃（晋穆帝）的年号，从公元 345 年～356 年，共 12 年。永和九年上巳节，王羲之与谢安、孙绰、支遁等名士在兰亭集会，举行禊礼，饮酒赋诗，事后将作品结为一集，由王羲之写了这篇序总述其事。

[2] 暮春：阴历三月。暮，晚。

[3] 会（kuài）稽：郡名，今浙江绍兴。山阴：今绍兴越城区。

[4] 修禊（xì）事也：（为了做）禊礼这件事。古代习俗，于阴历三月上旬的巳日（魏以后定为三月三日），人们群聚于水滨嬉戏洗濯，以祓除不祥和求福。实际上这是古人的一种游春活动。

[5] 群贤：诸多贤士能人。指谢安等 32 位社会名流。贤，形容词用作名词。

[6] 毕至：全到。

[7] 少长（chǎng）：年少的和年长的，指不同年龄的社会名流。如王羲之的儿子王凝之、王徽之是少；谢安、王羲之是长。少长，形容词用作名词。

[8] 咸：都。

[9] 崇山峻岭：高峻的山岭。

[10] 修竹：高高的竹子。

[11] 激湍：流势很急的水。

[12] 映带左右：辉映点缀在亭子的周围。映带，映衬、围绕。

[13] 流觞（shāng）曲水：用漆制的酒杯盛酒，放入弯曲的水道中任其飘流，杯停在某人面前，某人就引杯饮酒。这是古人一种劝酒取乐的方式。流，使动用法。

[14] 列坐其次：列坐在曲水之旁。列坐，排列而坐。次，旁边，水边。

[15] 丝竹管弦之盛：演奏音乐的盛况。盛，盛大。

[16] 一觞一咏：喝点酒，作点诗。

[17] 幽情：幽深内藏的感情。

[18] 是日也：这一天。

[19] 惠风：和风。和畅：缓和。

[20] 品类之盛（shèng）：万物的繁多。品类，指自然界的万物。

[21] 所以：用来。

[22] 骋：使……奔驰。

[23] 极：穷尽。

[24] 信：实在。

[25] 夫（fú）人之相与，俯仰一世：人与人相交往，很快便度过一生。夫，引起下文的助词。相与，相处、相交往。俯仰，一俯一仰之间，表示时间的短暂。

[26] 取诸：从……中取得。

[27] 悟言：坦诚交谈。亦通。一说，对面交谈。

[28] 因寄所托，放浪形骸之外：就着自己所爱好的事物，寄托自己的情怀，不受约束，放纵无羁的生活。因，依、随着。寄，寄托。所托，所爱好的事物。放浪，放纵、无拘束。形骸，

身体、形体。

[29] 趣舍万殊：各有各的爱好。趣，趋向，取向。舍，舍弃。万殊，千差万别。

[30] 静躁：安静与躁动。

[31] 快然自足：感到高兴和满足。

[32] 不知老之将至：竟不知道衰老将要到来。语出《论语·述而》："其为人也，发愤忘食，乐以忘忧，不知老之将至云尔。"

[33] 所之既倦：（对于）所喜爱或得到的事物已经厌倦。之，往、到达。

[34] 情随事迁：感情随着事物的变化而变化。

[35] 感慨系之：感慨随着产生。系，附着。

[36] 向：过去、以前。

[37] 陈迹：旧迹。

[38] 以之兴怀：因它而引起心中的感触。以，因。之，指"向之所欣……以为陈迹"。兴，发生、引起。

[39] 修短随化：寿命长短听凭造化。化，自然。

[40] 期：至，及。

[41] 死生亦大矣：死生毕竟是件大事啊。语出《庄子·德充符》，判断句。

[42] 契：符契，古代的一种信物。在符契上刻上字，剖而为二，各执一半，作为凭证。

[43] 临文嗟悼：读古人文章时叹息哀伤。临，面对。

[44] 喻：明白。

[45] 固知一死生为虚诞，齐彭殇（shāng）为妄作：本来知道把死和生等同起来的说法是不真实的，把长寿和短命等同起来的说法是妄造的。固，本来、当然。一，把……看作一样。齐，把……看作相等，都用作动词。虚诞，虚妄荒诞的话。殇，未成年死去的人。妄作，妄造、胡说。一生死、齐彭殇，都是庄子的看法。

[46] 列叙时人：一个一个记下当时与会的人。

[47] 录其所述：录下他们作的诗。

[48] 虽世殊事异：纵使时代变了，事情不同了。虽，纵使。

[49] 其致一也：人们的思想情趣是一样的。

[50] 后之览者：后世的读者。

[51] 文：这次集会的诗文。

导读

《兰亭集序》又名《兰亭宴集序》《兰亭序》《临河序》《禊序》和《禊贴》行书法帖。东晋穆帝永和九年（公元 353 年）三月三日，王羲之与谢安、孙绰等 41 人，在山阴（今浙江绍兴）兰亭"修禊"，会上各人作诗，王羲之为他们的诗作序，即《兰亭集序》。《兰亭序》中记叙兰亭周围山水之美和聚会的欢乐之情，抒发作者好景不长、生死无常的感慨。法帖相传之本，共二十八行，三百二十四字，章法、结构、笔法都很完美，是王羲之中年时的得意之作，为历代书法家所敬仰，被称作"天下第一行书"。

本文是一篇书序。同时，作者善于借题发挥，从一次普通的游宴活动谈到了他的生死观，并以此批判了当时士大夫阶层中崇尚虚无的思想倾向，使全篇在立意上显得不同凡响。这篇文章具有清新朴实、不事雕饰的风格。语言流畅，清丽动人，句式整齐而富于变化，以短句为主，在散句中参以偶句，韵律和谐，悦耳动听。

作者介绍

王羲之（公元 303 年～361 年）汉族，字逸少，号澹斋，身长七尺有余（约为 1.83 米），原籍琅琊临沂（今属山东临沂），后迁居山阴（今浙江绍兴），官至右军将军，会稽内史，故世称"王右军"、"王会稽"。王羲之是东晋伟大的书法家，被后人尊为"书圣"，他所写的字被称为"天下第一行书"。他的儿子王献之书法也很好，人们称他们俩为"二王"；另一个儿子王凝之官至左将军。

王羲之兼善隶、草、楷、行各体，广采众长，摆脱了汉魏笔风，自成一家，创造出"天质自然，丰神盖代"的行书，影响深远，被后人誉为"书圣"。代表作品有楷书《乐毅论》、《黄庭经》，草书《十七帖》，行书《姨母帖》、《快雪时晴帖》、《丧乱帖》，行楷《兰亭集序》等。

思考与练习

1. 本文第二段段末说"岂不痛哉"，作者为什么感到"痛"？
2. 本文表达了作者怎样的思想感情？

颜氏家训·教子第二

颜之推

原文

上智不教而成，下愚虽教无益，中庸之人[1]，不教不知也。古者，圣王有胎教之法：怀子三月，出居别宫，目不邪视，耳不妄听，音声滋味，以礼节[2]之。书之玉版，藏诸金匮[3]。生子咳嬥，师保固明，孝仁礼义，导习之矣。凡庶纵不能尔，当及婴稚[4]，识人颜色，知人喜怒，便加教诲，使为则为，使止则止。比及数岁，可省笞罚[5]。父母威严而有慈，则子女畏慎而生孝矣。吾见世间，无教而有爱，每不能然；饮食运为，恣[6]其所欲，宜诫翻奖，应诃[7]反笑，至有识知，谓法当尔。骄慢已习，方复制之，捶挞至死而无威，忿怒日隆而增怨，逮于成长，终为败德。孔子云："少成若天性，习惯如自然"是也。俗谚曰："教妇初来，教儿婴孩。"诚哉斯语[8]！

凡人不能教子女者，亦非欲陷其罪恶；但重于呵怒[9]，伤其颜色[10]，不忍楚[11]挞惨其肌肤耳。当以疾病为谕，安得不用汤药针艾[12]救之哉？又宜思勤督训者，可愿苛虐于骨肉乎？诚不得已也。

王大司马[13]母魏夫人，性甚严正；王在湓城时，为三千人将，年逾四十，少不如意，犹捶挞之，故能成其勋业。梁元帝[14]时，有一学士，聪敏有才，为父所宠，失于教义：一言之是[15]，遍于行路[16]，终年誉之；一行[17]之非，揜[18]藏文饰，冀其自改。年登婚宦[19]，暴慢日滋[20]，竟以言语不择，为周逖[21]抽肠衅鼓云。

父子之严[22]，不可以狎[23]；骨肉之爱，不可以简[24]。简则慈孝不接[25]，狎则怠慢[26]生焉。由命士以上，父子异宫，此不狎[27]之道也；抑搔痒痛，悬衾箧枕，此不简之教也[28]。或问曰："陈亢[29]喜闻君子之远其子，何谓也？"对曰："有是也。盖君子之不亲教其子也。《诗》[30]有讽刺之辞，《礼》有嫌疑之诫，《书》[31]有悖乱之事，《春秋》[32]有邪僻之讥，《易》[33]有备物之象：皆非父子之可通言[34]，故不亲授耳[35]。"

人之爱子，罕亦能均[36]；自古及今，此弊多矣。贤俊者自可赏爱，顽鲁者亦当矜怜[37]，有偏宠者，虽欲以厚之，更所以祸之。共叔之死，母实为之。赵王[38]之戮，父实使之。刘表[39]之倾宗覆族，袁绍[40]之地裂兵亡，可为灵龟[41]明鉴也。

齐朝有一士大夫，尝谓吾曰："我有一儿，年已十七，颇晓书疏[42]，教其鲜卑语及弹琵琶，稍欲通解，以此伏[43]事公卿，无不宠爱，亦要事也。"吾时俯而不答。异哉，此人之教子也！若由此业，自致[44]卿相，亦不愿汝曹为之。

注释

[1] 中庸之人：中等智力的人，普通人。

[2] 节：约束，限制。

[3] 匮：柜子。这个意义后来写作"柜"。

[4] 稚：儿童。

[5] 笞（chī）：用竹杖、荆条打。

[6] 恣：放纵。

[7] 诃：同"呵"。怒斥、喝斥。

[8] 诚哉斯语：主谓倒置。

[9] 但：只，仅仅。重：难，不愿意。

[10] 颜色：脸色，神色。

[11] 楚：荆条，古时用作刑杖，引申为用刑杖打人。

[12] 针艾：针灸。有中医用针具刺，用艾熏灼。

[13] 王大司马：即王僧辩，字君才，南朝梁人。

[14] 梁元帝：即萧绎（公元508年～554年），字世诚，南朝梁皇帝，武帝第七子。

[15] 是：正确。

[16] 行路：路人。

[17] 行：做，执行。

[18] 揜：通"掩"。掩盖，遮蔽。

[19] 婚宦：结婚和做官。这里指成年。

[20] 滋：滋长。

[21] 周逖：据《陈书》记载，"其人强暴无信义"。

[22] 严：威严。

[23] 狎：亲近而不庄重。

[24] 简：简慢。

[25] 慈孝不接：是说慈和孝不能接触，就是慈和孝都做不好。

[26] 怠慢：懈怠轻忽。

[27] 狎（xiá）：狎昵，亲昵。

[28] 抑搔痒痛，悬衾箧枕，此不简之教也：是说为父母按摩止痛止痒，铺床叠被，这是不简慢礼节的办法。

[29] 陈亢：孔子的学生。

[30] 《诗》：《诗经》的简称，儒家经典之一。

[31] 《书》：《尚书》的简称，儒家经典之一。

[32] 《春秋》：即编年体《春秋》史，儒家经典之一。相传系孔子依据鲁国史官所编《春秋》整理修订而成。

[33] 《易》：《周易》的简称，也称《易经》，儒家重要经典之一。相传为周朝人所作。

[34] 通言：互相谈论。

[35] 授：传授。

[36] 均：同样，此处有一视同仁之意。

[37] 矜怜：怜悯，同情。

[38] 赵王：即赵隐王如意，汉高祖与戚姬所生之子。

[39] 刘表：公元 142 年～208 年，字景升，东汉末山阳高平（位于今山东鱼台东北）人，东汉远支皇族。

[40] 袁绍：？～202 年，字本初，东汉末汝南汝阳（位于今河南商水西南）人。在与各地势力的混战中，据有冀、青、幽、并四州，成为当时地广兵多的割据势力。

[41] 灵龟：龟名，旧时用以占卜。

[42] 书疏：奏疏、信札之类。

[43] 伏：通"服"。

[44] 致：到。

❀ 导读

《颜氏家训》是我国历史上第一部内容丰富、体系宏大的家训，也是一部学术著作。《颜氏家训》阐述立身治家的方法，其内容涉及许多领域，强调教育体系应以儒学为核心，尤其注重对孩子的早期教育，并对儒学、文学、佛学、历史、文字、民俗、社会、伦理等方面提出了自己独到的见解。文章内容切实，语言流畅，具有一种独特的朴实风格，对后世的影响颇为深远。

《教子》篇主要阐述了对士大夫子弟的教育问题，认为儿童的早期教育非常重要。但是，在对幼儿教育中，必须处理好教育和爱护的关系：父母对幼儿时期的孩子是非常疼爱的，而过分地溺爱则是有害而无益的。教育孩子必须要有正确的立场、恰当的方法，其中孩子早期的品德教育尤为重要，因为良好的品德是成人的基础。

作者介绍

颜之推是南北朝时期我国著名的思想家、教育家、诗人、文学家，是当时最博通、最有思想的学者。他经历了南北两朝，深知南北政治、俗尚的弊病，洞悉南学北学的短长，他的理论和实践对于后人颇有影响。《颜氏家训》是他对自己一生有关立身、处世、为学经验的总结，被后人誉为家教典范，影响很大。

思考与练习

1. 作者认为对士大夫子弟首要的和最基础的教育是什么？
2. 作者的观点在当今社会是否适用？对现在有何借鉴作用？

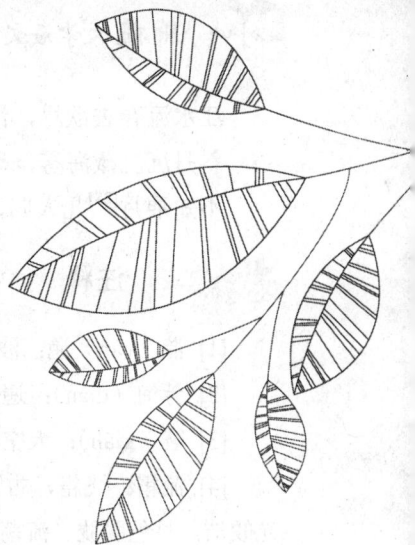

第四章 唐代文学

第一节 唐 诗

春江花月夜

张若虚

🌿 **原文**

春江潮水连海平，海上明月共潮生。

滟滟[1]随波千万里，何处春江无月明。

江流宛转绕芳甸[2]，月照花林皆似霰[3]。

空里流霜[4]不觉飞，汀[5]上白沙看不见。

江天一色无纤尘[6]，皎皎空中孤月轮[7]。

江畔何人初见月，江月何年初照人？

人生代代无穷已[8]，江月年年只相似[9]。

不知江月待何人，但见[10]长江送流水。

白云一片去悠悠[11]，青枫浦上[12]不胜愁。

谁家今夜扁舟子[13]，何处相思明月楼[14]？

可怜楼上月徘徊[15]，应照离人[16]妆镜台[17]。

玉户[18]帘中卷不去，捣衣砧[19]上拂还来。

此时相望不相闻[20]，愿逐[21]月华[22]流照君。

鸿雁长飞光不度，鱼龙潜跃水成文[23]。

昨夜闲潭[24]梦落花，可怜春半不还家。

江水流春去欲尽，江潭落月复西斜[25]。

斜月沉沉藏海雾，碣石潇湘[26]无限路[27]。

不知乘月[28]几人归，落月摇情[29]满江树。

注释

[1] 滟（yàn）滟：波光闪动的光彩。

[2] 芳甸（diàn）：遍生花草的原野。

[3] 霰（xiàn）：天空中降落的白色不透明的小冰粒。

[4] 流霜：飞霜，古人以为霜和雪一样，是从空中落下来的，所以叫流霜。在这里比喻月光皎洁，月色朦胧、流荡，所以不觉得有霜霰飞扬。

[5] 汀（tīng）：水边的平地。

[6] 纤尘：微细的灰尘。

[7] 月轮：指月亮，因为月圆时像车轮，所以称为月轮。

[8] 穷已：穷尽。

[9] 江月年年只相似：另一种版本为"江月年年望相似"。

[10] 但见：只见、仅见。

[11] 悠悠：渺茫、深远。

[12] 青枫浦上：青枫浦，地名。今湖南浏阳县境内有青枫浦。这里泛指游子所在的地方。浦上，水边。

[13] 扁舟：孤舟，小船。

[14] 明月楼：月夜下的闺楼。这里指闺中思妇。

[15] 月徘徊：指月光移动。

[16] 离人：此处指思妇。

[17] 妆镜台：梳妆台。

[18] 玉户：形容楼阁华丽，以玉石镶嵌。

[19] 捣衣砧（zhēn）：捣衣石、捶布石。

[20] 相闻：互通音信。

[21] 逐：追随。

[22] 月华：月光。

[23] 文：同"纹"。

[24] 闲潭：幽静的水潭。

[25] 复西斜：此中"斜"应为押韵，读作"xiá"。

[26] 碣石、潇湘，泛指天南地北。潇湘，湘江与潇水。

[27] 无限路：极言离人相距之远。

[28] 乘月：趁着月光。

[29] 摇情：激荡情思，犹言牵情。

导读

《春江花月夜》整篇诗由景、情、理依次展开：第一部分写春江的美景；第二部分写面对江月由此产生的感慨；第三部分写人间思妇游子的离愁别绪。作者写本文时抓住了扬州南郊曲江或更南扬子江一带月下夜景中最动人的五种事物：春、江、花、月、夜，在描写中透露出对美好生活的向往。

全诗章法结构以整齐为基调，以错杂显变化。文章在句式上大量使用排比句、对偶句和流水对，起承转合皆妙，气韵无穷。全诗紧扣春、江、花、月、夜的背景来写，而又以月为主体。"月"是诗中情景兼融之物，它跳动着诗人的脉搏，在全诗中犹如一条生命纽带，通贯上下，触处生神，诗情随着月轮的生落而起伏曲折。

作者介绍

张若虚（约660年~约720年），初唐著名诗人，扬州（今江苏省扬州市）人，曾任兖州兵曹，生卒年、字号均不详，事迹略见于《旧唐书·贺知章传》。中宗神龙（705年~707年）间，与贺知章、贺朝、万齐融、邢巨、包融俱以文词俊秀驰名于京都，与贺知章、张旭、包融并称"吴中四士"。张若虚的诗仅存两首于《全唐诗》中：《春江花月夜》、《代答闺梦还》。其中《春江花月夜》是一篇脍炙人口的名作，它沿用陈隋乐府旧题，抒写真挚动人的离情别绪及富有哲理意味的人生感慨，语言清新优美，韵律婉转悠扬，洗去了宫体诗的浓脂艳粉，给人以澄澈空明、清丽自然的感觉。

思考与练习

1. 这首诗表达了作者什么样的情感基调？
2. 举例说明本诗哪些地方用了暗示手法。
3. 在对这美好夜色的描写中，哪个事物是全诗的灵魂？

梦游天姥吟留别

李 白

原文

海客谈瀛洲，烟涛微茫信难求[1]；

越人[2]语天姥，云霞明灭[3]或可睹。

天姥连天向天横[4]，势拔五岳掩赤城[5]。

天台一万八千丈，对此欲倒东南倾[6]。

我欲因之[7]梦吴越，一夜飞度镜湖[8]月。

湖月照我影，送我至剡溪[9]。

谢公[10]宿处今尚在，渌[11]水荡漾清[12]猿啼。

脚著谢公屐[13]，身登青云梯[14]。

半壁见海日[15]，空中闻天鸡[16]。

千岩万转路不定，迷花倚石忽已暝[17]。

熊咆龙吟殷岩泉[18]，栗深林兮惊层巅[19]。

云青青[20]兮欲雨，水澹澹兮生烟。

列缺[21]霹雳，丘峦崩摧。

洞天石扉，訇然中开[22]。

青冥[23]浩荡不见底，日月照耀金银台[24]。

霓为衣兮风为马，云之君[25]兮纷纷而来下。

虎鼓瑟兮鸾回车[26]，仙之人兮列如麻。

忽魂悸以魄动，恍[27]惊起而长嗟。

惟觉[28]时之枕席，失向来之烟霞[29]。

世间行乐亦如此，古来万事东流水[30]。

别君去兮何时还？

且放白鹿青崖间，须行即骑访名山[31]。

安能摧眉折腰[32]事权贵，使我不得开心颜！

注释

[1] 海客：浪迹海上之人。瀛洲：传说中的东海仙山。烟涛：波涛渺茫，远看像烟雾笼罩的样子。微茫：景象模糊不清。信：实在。难求：难以寻访。

[2] 越人：指浙江一带的人。

[3] 云霞明灭：云霞忽明忽暗。

[4] 向天横：遮住天空。横，遮断。

[5] 势拔五岳掩赤城：山势超过五岳，遮掩住了赤城。拔，超出。天台（tāi）：山名，在今浙江天台县北。一万八千丈：形容天台山很高，是一种夸张的说法，并非实数。

[6] 对此欲倒东南倾：对着（天姥）这座山，（天台山）就好像要拜倒在它的东面一样。意思是天台山和天姥山相比，就显得更低了。

[7] 因之：因，依据。之，代指前段越人的话。

[8] 镜湖：即鉴湖，在浙江绍兴。

[9] 剡（shàn）溪：水名，在今浙江绍兴嵊州市南，曹娥江上游。

[10] 谢公：指南朝诗人谢灵运。谢灵运喜欢游山，他游天姥山时，曾在剡溪居住。

[11] 渌：清澈。

[12] 清：这里是凄清的意思。

[13] 谢公屐：指谢灵运游山时穿的一种特制木鞋，鞋底下安着活动的锯齿，上山时抽去前齿，下山时抽去后齿。

[14] 青云梯：指直上云霄的山路。

[15] 半壁见海日：上到半山腰就见到从海上升起的太阳。

[16] 天鸡：古代传说，东南有桃都山，山上有棵大树，树枝绵延三千里，树上栖有天鸡，每当太阳初升，照到这棵树上，天鸡就叫起来，天下的鸡也都跟着它叫。

[17] 迷花倚石忽已暝：迷恋着花，依靠着石，不觉得天色已经晚了。暝，天黑、夜晚。

[18] 熊咆龙吟殷岩泉：熊咆龙吟，震荡着山山水水，岩中的泉水在震响。"殷源泉"即"源泉殷"。殷，这里作动词用，震响。

[19] 栗深林兮惊层巅：使深林战栗，使层巅震惊。

[20] 青青：黑沉沉的。

[21] 列缺：闪电。

[22] 洞天石扉，訇然中开：仙府的石门，訇的一声从中间打开。洞天，神仙所居的洞府，意谓洞中别有天地。石扉，即石门。訇（hōng）然，形容声音很大。

[23] 青冥：青天。

[24] 金银台：金银筑成的宫阙，指神仙居住的地方。郭璞《游仙诗》载："神仙排云出，但见金银台。"

[25] 云之君：云里的神仙。

[26] 鸾回车：鸾鸟驾着车。鸾，传说中凤凰一类的鸟。回，回旋。

[27] 恍：恍然。

[28] 觉时：醒时。

[29] 失向来之烟霞：刚才梦中所见的烟雾云霞都不见了。向来，原来。烟霞，指前面所写的仙境。

[30] 东流水：（像）东流水一样（一去不复返）。

[31] 且放白鹿青崖间，须行即骑（qí）访名山：暂且把白鹿放在青青的山崖间，等到要走的时候就骑上它去访问名山。

[32] 摧眉折腰：摧眉，即低眉，折腰，弯腰。低头弯腰，即卑躬屈膝。

❧ 导读

　　天姥山，在今绍兴新昌县东五十里，东接天台山，传说曾有登此山者听到天姥歌谣之声，故名。唐玄宗天宝三年（公元 744 年），李白在长安受到权贵的排挤，被放出京。第二年，他将由东鲁（现在山东）南游越州时，写了这首描绘梦中游历天姥山的诗留给在东鲁的朋友，所以本诗也题作《梦游天姥山别鲁东诸公》。

　　这首诗，在构思和表现手法方面都富有浪漫主义色彩，它完全突破了一般送别诗、留别诗惜别伤离的套路，而是借留别来表明自己不事权贵的政治态度。在叙述的时候，作者没有采取平铺直叙的办法，而是围绕着一场游仙的梦幻构思，直到最后才落到不事权贵的主旨上。

❧ 作者介绍

　　李白（701 年～762 年），生于公元 701 年 2 月 28 日，出生地是现今吉尔吉斯斯坦，祖籍是陇西成纪（今甘肃省静宁县成纪乡），汉族，身高六尺六，字太白，号青莲居士，又号

"谪仙人"，唐代伟大的浪漫主义诗人，有"诗仙"、"诗侠"之称。李白是个多产的诗人，有《李太白集》传世，诗作多是醉时所作，代表作有《望庐山瀑布》、《行路难》、《蜀道难》、《将进酒》、《梁甫吟》、《早发白帝城》等。

思考与练习

1. 通过对梦境的描绘，反映了作者什么样的愿望和精神？
2. 作者为何在本诗中提到"谢公"？

北 征

杜 甫

原文

北归至凤翔，墨制放往鄜州作[1]。
皇帝二载秋[2]，闰八月初吉[3]。杜子将北征[4]，苍茫问家室[5]。
维时遭艰虞[6]，朝野无暇日。顾惭恩私被[7]，诏许归蓬荜[8]。
拜辞诣阙下[9]，怵惕[10]久末出。虽乏谏诤[11]姿，恐君有遗失。
君诚中兴[12]主，经纬固密勿[13]。东胡[14]反未已，臣甫愤所切[15]。
挥涕恋行在[16]，道途犹恍惚。乾坤含疮痍[17]，忧虞[18]何时毕？
靡靡逾阡陌[19]，人烟眇[20]萧瑟。所遇多被伤，呻吟更流血。
回首凤翔县，旌旗晚明灭[21]。前登寒山重，屡得[22]饮马窟。
邠郊[23]入地底，泾水中荡潏[24]。猛虎[25]立我前，苍崖吼时裂。
菊垂今秋花，石戴古车辙[26]。青云动高兴[27]，幽事亦可悦。
山果多琐细，罗生[28]杂橡栗。或红如丹砂，或黑如点漆。
雨露之所濡[29]，甘苦齐结实。缅思桃源内[30]，益叹身世拙[31]。
坡陀望鄜畤[32]，岩谷互出没。我行已水滨，我仆犹木末[33]。
鸱鸮[34]鸣黄桑，野鼠拱乱穴。夜深经战场，寒月照白骨。
潼关百万师，住者散何卒[35]？遂令半秦民，残害为异物[36]。
况我堕胡尘[37]，及归尽华发。经年至茅屋[38]，妻子衣百结[39]。
恸哭松声回，悲泉共幽咽。平生所娇儿，颜色白胜雪。
见耶背面啼[40]，垢腻脚不袜[41]。床前两小女，补缀才过膝[42]。
海图坼波涛，旧绣移曲折。天吴及紫凤[43]，颠倒在短褐。
老夫情怀恶[44]，呕泄卧数日。那无囊中帛，救汝寒凛栗[45]。
粉黛亦解包[46]，衾绸稍罗列。瘦妻面复光，痴女头自栉[47]。
学母无不为，晓妆随手抹。移时施朱铅[48]，狼藉画眉阔[49]。
生还对童稚，似欲忘饥渴。问事竞挽须，谁能即嗔喝[50]？
翻思在贼愁[51]，甘受杂乱聒[52]。新归且慰意，生理焉得说[53]？

至尊尚蒙尘[54]，几日休练卒[55]？仰观天色改，坐觉妖氛豁[56]。
阴风西北来，惨淡随回纥[57]。其王愿助顺[58]，其俗善驰突[59]。
送兵五千人，驱马一万匹。此辈少为贵[60]，四方服勇决[61]。
所用皆鹰腾[62]，破敌过箭疾。圣心颇虚伫[63]，时议气欲夺[64]。
伊洛指掌收[65]，西京不足拔[66]。官军请深入，蓄锐可俱发[67]。
此举开青徐[68]，旋瞻略恒碣[69]。昊天积霜露[70]，正气有肃杀[71]。
祸转亡胡岁[72]，势成擒胡月。胡命其能久？皇纲未宜绝[73]。
忆昨狼狈初[74]，事与古先别：奸臣竟菹醢[75]，同恶随荡析[76]。
不闻夏殷衰[77]，中自诛褒妲。周汉获再兴，宣光果明哲[78]。
桓桓陈将军[79]，仗钺奋忠烈[80]。微尔人尽非[81]，于今国犹活。
凄凉大同殿[82]，寂寞白兽闼[83]。都人望翠华[84]，佳气向金阙[85]。
园陵固有神[86]，洒扫数不缺。煌煌太宗业[87]，树立甚宏达[88]！

注释

[1] 墨制：指用墨笔书写的诏敕，亦称墨敕。这里指唐肃宗命杜甫探家的敕命。

[3] 皇帝二载：即唐肃宗至德二年（公元757年）。

[3] 初吉：朔日，即初一。

[4] 杜子：杜甫自称。

[5] 苍茫：指战乱纷扰，家中情况不明。问：探望。

[6] 维：发语词。维时：即这个时候。艰虞：艰难和忧患。

[7] 恩私被：指诗人自己独受皇恩允许探家。

[8] 蓬荜：指穷人住的草房。

[9] 诣：赴、到。阙下：朝廷。

[10] 怵惕：惶恐不安。

[11] 谏诤：臣下对君上直言规劝。杜甫时任左拾遗，职属谏官，谏诤是他的职守。

[12] 中兴：国家衰败后重新复兴。

[13] 经纬：织布时的纵线叫经，横线叫纬。这里用作动词，比喻有条不紊地处理国家大事。固密勿：本来就谨慎周到。

[14] 东胡：指安史叛军。安禄山是突厥族和东北少数民族的混血儿，其部下又有大量奚族和契丹族人，故称东胡。

[15] 愤所切：深切的愤怒。

[16] 行在：皇帝在外临时居住的处所。

[17] 疮痍：创伤。

[18] 忧虞：忧虑。

[19] 靡靡：行步迟缓。阡陌：田间小路。

[20] 眇：稀少，少见。

[21] 明灭：忽明忽暗。

[22] 屡得：多次碰到。

[23] 邠郊：邠，邠州（今陕西省彬县）。郊，郊原，即平原。

[24] 荡潏：水流动的样子。

[25] 猛虎：比喻山上怪石状如猛虎。李白诗句："石惊虎伏起。"薛能诗句："鸟径恶时应立虎。"

[26] 石戴古车辙：石上印着古代的车辙。

[27] "青云"两句：耸入青云的高山引起诗人很高的兴致，他觉得山中幽静的景物也很可爱。

[28] 罗生：罗列丛生。

[29] 濡：滋润。

[30] 桃源：即东晋陶渊明笔下的桃花源。

[31] 拙：笨拙，指不擅长处世。

[32] 坡陀：山岗起伏不平。鄜畤：鄜，即鄜州。春秋时，秦文公在鄜地设祭坛祀神；畤，即祭坛。

[33] 木末：树梢。这两句是说杜甫归家心切，行走迅速，已到了山下水边，而仆人却落在后边的山上，远望像在树梢上一样。

[34] 鸱鸮：猫头鹰。

[35] 卒：仓促。这里指的是至德元年（公元756年）安禄山攻陷洛阳，哥舒翰率三十万（诗中说"百万"是夸张的写法）大军据守潼关，杨国忠迫其匆促迎战，结果全军覆没。

[36] 为异物：指死亡。

[37] 堕胡尘：指至德元年（公元756年）8月，杜甫被叛军所俘。

[38] 经年：一整年。

[39] 衣百结：衣服打满了补丁。

[40] 耶：爷。

[41] 垢腻脚不袜：身上污脏，没穿袜子。

[42] 补缀才过膝：女儿们的衣服既破又短，补了又补，刚刚盖过膝盖。唐代时妇女的衣服一般要垂到地面，才过膝是很不得体的。缀，有多个版本作"绽"。清代仇兆鳌的注本作"缀"。

[43] 天吴：神话传说中虎身人面的水神。此与"紫凤"都是指官服上刺绣的花纹图案。褐：袄。

[44] 情怀恶：心情不好。

[45] 凛栗：冻得发抖。

[46] "粉黛"两句：意思是解开包有粉黛的包裹，其中多少有一点衾、绸之类。

[47] 痴女：不懂事的女孩子，这是爱怜的口气。栉：梳头。

[48] 移时：费了很长的时间。施：涂抹。朱铅：红粉。

[49] 狼藉：杂乱，不整洁。画眉阔：唐代女子画眉，以阔为美。

[50] 嗔喝：生气地喝止。

[51] 翻思：回想起。

[52] 聒：吵闹。

[53] 生理：生计，生活。

[54] 至尊：对皇帝的尊称。蒙尘：指皇帝出奔在外，蒙受风尘之苦。

[55] 休练卒：停止练兵。意思是结束战争。

[56] 妖氛豁：指时局有所好转。

[57] 回纥：唐代西北部族名。当时唐肃宗向回纥借兵平息安史叛乱，杜甫用"阴风"、"惨淡"来形容回纥军，暗指其好战嗜杀，须多加提防。

[58] 其王：指回纥王怀仁可汗。助顺：指帮助唐王朝。当时怀仁可汗派遣其太子叶护率骑兵四千助讨叛乱。

[59] 善驰突：长于骑射突击。

[60] 此辈少为贵：这种兵还是少借为好。一说是回纥人以年少为贵。

[61] 四方服勇决：四方的民族都佩服其骁勇果决。

[62] 鹰腾：形容军士如鹰之飞腾，勇猛迅捷，奔跑起来比飞箭还快。

[63] 圣心颇虚伫：指唐肃宗一心期待回纥兵能为他解忧。

[64] 时议气欲夺：当时朝臣对借兵之事感到担心，但又不敢反对。

[65] 伊洛：两条河流的名称，都流经洛阳。指掌收：轻而易举地收复。

[66] 西京：长安。不足拔：不费力就能攻克。

[67] 俱发：和回纥兵一起出击。

[68] 青徐：青州、徐州，在今山东、苏北一带。

[69] 旋瞻：不久即可看到。略：攻取。桓碣：即恒山、碣石山，在今山西、河北一带，这里指安禄山、史思明的老巢。

[70] 昊天：古时称秋天为昊天。

[71] 肃杀：严正之气。这里指唐朝的兵威。

[72] "祸转"两句：亡命的胡人已临灭顶之灾，消灭叛军的大势已成。

[73] 皇纲：指唐王朝的帝业。

[74] "忆昨"一句：意思是追忆至德元年（公元756年）6月唐玄宗奔蜀，跑得很慌张，又发生马嵬兵谏之事。

[75] 奸臣：指杨国忠等人。菹醢：剁成肉酱。

[76] 同恶：指杨氏家族及其同党。荡折：清除干净。

[77] "不闻"两句：史载夏桀宠妹喜，殷纣王宠爱妲己，周幽王宠爱褒姒，皆导致亡国。这里的意思是唐玄宗虽也为杨贵妃兄妹所惑，但还没有像夏、商、周三朝的末代君主那样弄得不可收拾。

[78] 宣：周宣王。光：汉光武帝。明哲：英明圣哲。

[79] 桓桓：威严勇武。陈将军：陈玄礼，时任左龙武大将军，率禁卫军护卫玄宗逃离长安，走至马嵬驿，他支持兵谏，当场格杀杨国忠等，并迫使玄宗缢杀杨贵妃。

[80] 钺：大斧，古代天子或大臣所用的一种象征性的武器。

[81] 微：若不是，若没有。尔：你，指陈玄礼。人尽非：人民都会被胡人统治，化为夷狄。

[82] 大同殿：玄宗经常朝会群臣的地方。

[83] 白兽闼：未央宫白虎殿的殿门，唐代因避太祖李虎的讳，改虎为兽。

[84] 翠华：皇帝仪仗中饰有翠羽的旌旗。这里代指皇帝。

[85] 金阙：金饰的宫门，指长安的宫殿。

[86] 园陵：指唐朝先皇帝的陵墓。固有神：本来就有神灵护卫。

[87] 太宗：指李世民。

[88] 宏达：宏伟昌盛，这是杜甫对唐初开国之君的赞美和对唐肃宗的期望。

🌿 导读

这首长篇叙事诗共有一百四十句，是他向肃宗皇帝汇报的他探亲路上及到家以后的见闻感想。该篇叙事诗结构自然而精当，笔调朴实而深沉，充满了忧国忧民的情思及中兴国家的希望，表达了人民的情绪和愿望，反映了当时的政治形势和社会现实。

这首诗既要通过叙事来抒情达志，又要明确地表达思想倾向，因而主要用赋的方法来写，慷慨陈辞、长歌浩叹，同时又严谨写实、指点有据。从开头到结尾，作者对所见所闻，一一道来，指事议论，即景抒情，充分发挥了赋的长处，具体表达了陈情表的内容。为了更形象地表达思想感情，也由于有的思想感情不宜直接道破，诗人又在诗中灵活地运用了各种比兴方法，这既使得叙事具体形象、意味深长，不致枯燥，又使得语言精练，结构紧密，避免了行文拖沓的弊病。

🌿 作者介绍

杜甫（712 年～770 年），字子美，祖籍襄阳（今湖北襄樊），出生于巩县（今属河南）。早年南游吴越，北游齐赵，因科场失利，未能考中进士；后入长安，过了十年困顿的生活，终于获得很小的官职。杜甫生活在唐朝由盛转衰的历史时期，其诗多涉及社会动荡、政治黑暗、人民疾苦，被誉为"诗史"；其人忧国忧民，人格高尚，诗艺精湛，被奉为"诗圣"。他是新乐府诗体的开路人。他的乐府诗，促成了中唐时期新乐府运动的发展。他在五七律上也表现出显著的创造性，积累了关于声律、对仗、炼字炼句等完整的艺术经验，使这一体裁达到完全成熟的阶段。杜甫是唐代最伟大的现实主义诗人，与李白并称"李杜"。存诗 1400 多首，有《杜工部集》传世。

🌿 思考与练习

1. 了解这首诗的背景，并论述这首诗反映了当时什么样的社会现实。

2. 为什么说《北征》是杜甫诗歌作为"诗史"的代表作？请从诗中找出诗人忧国忧民思想的具体表现。

燕歌行

高 适

🌿 原文

开元二十六年，客有从御史大夫张公出塞而还者，作《燕歌行》以示适，感征戍之事，因而和焉[1]。

汉家[2]烟尘[3]在东北，汉将辞家破残贼。

男儿本自重横行[4]，天子非常赐颜色[5]。

摐[6]金[7]伐鼓[8]下榆关[9]，旌[10]旆逶迤[11]碣[12]石间。

校尉[13]羽书[14]飞瀚海[15]，单于[16]猎火[17]照狼山[18]。

山川萧条极[19]边土，胡骑凭陵[20]杂风雨[21]。

战士军前半死生，美人帐下犹歌舞！

大漠穷秋塞草腓[22]，孤城落日斗兵稀[23]。

身当恩遇[24]恒轻敌，力尽关山未解围。

铁衣远戍辛勤久，玉箸[25]应啼别离后。

少妇城南欲断肠，征人蓟北空[26]回首。

边庭飘摇那可度[27]，绝域苍茫更何有。

杀气三时[28]作阵云[29]，寒声一夜传刁斗。

相看白刃血纷纷，死节[30]从来岂顾勋？

君不见沙场征战苦，至今犹忆李将军[31]！

注释

[1] 燕歌行：乐府旧题。张公，指幽州节度使张守珪，曾拜辅国大将军、右羽林大将军，兼御史大夫。

[2] 汉家：汉朝，唐人诗中经常借汉说唐。

[3] 烟尘：代指战争。

[4] 横行：任意驰走，无所阻挡。

[5] 非常赐颜色：超过平常的厚赐礼遇。

[6] 摐（chuāng）：撞击。

[7] 金：指钲一类铜制打击乐器。

[8] 伐：敲击。

[9] 榆关：山海关，通往东北的要隘。

[10] 旌旆：旌是竿头饰羽的旗，旆是末端状如燕尾的旗，这里都是泛指各种旗帜。

[11] 逶迤：蜿蜒曲折。

[12] 碣石：山名。

[13] 校尉：次于将军的武官。

[14] 羽书：（插有鸟羽的，军用的）紧急文书。

[15] 瀚海：大沙漠。

[16] 单于：匈奴首领称号，也泛指北方少数民族首领。

[17] 猎火：打猎时点燃的火光。古代游牧民族出征前，常举行大规模校猎，作为军事性的演习。

[18] 狼山：又称狼居胥山，在今内蒙古自治区克什克腾旗西北。

[19] 极：到……尽头。

[20] 凭陵：仗势侵凌。

[21] 杂风雨：喻敌骑进攻如狂风挟雨而至。

[22] 腓：指枯萎。

[23] 斗兵稀：作战的士兵越打越少了。

[24] 身当恩遇：指主将受朝廷的恩宠厚遇。

[25] 玉箸：喻思妇的眼泪。

[26] 蓟北：唐蓟州在今天津市以北一带。

[27] 度：越过相隔的路程，回归。

[28] 三时：指晨、午、晚，即从早到夜。三，不表确数。

[29] 阵云：战场上象征杀气的云。

[30] 死节：指为国捐躯。节，气节。

[31] 李将军：指汉朝李广，他能捍御强敌，爱抚士卒，匈奴称他为"汉之飞将军"。

导读

《燕歌行》是高适的代表作，虽用乐府旧题，却是因时事而作的，这是乐府诗的发展，如果再进一步，就到了杜甫《丽人行》、《兵车行》、"三吏"、"三别"等即事命篇的新乐府了。

《燕歌行》是唐人七言歌行中运用律句很典型的一篇。其主旨是谴责在皇帝鼓励下的将领骄傲轻敌、荒淫失职，造成战争失败，使广大兵士受到极大的痛苦和牺牲。诗人写的是边塞战争，但重点不在于民族矛盾，而是同情广大兵士，讽刺和愤恨不恤兵士的将军。

作者介绍

高适（700年～765年）盛唐诗人，字达夫，一字仲武。渤海蓨（今河北沧县）人，一说今河北景县南人，居住在宋中（今河南商丘一带）。

高适为唐代著名的边塞诗人，与岑参并称"高岑"。其诗作笔力雄健，气势奔放，洋溢着盛唐时期所特有的奋发进取、蓬勃向上的时代精神。他的诗歌，意境雄浑，格调高昂，气势奔放，语言流畅，很受人们的喜爱。著有《高常侍集》。

思考与练习

1. 本诗通过对景、对人的描写反映了怎样的时代特色？
2. 结尾为什么写"至今犹忆李将军"？李将军与诗中的其他将领有何不同？
3. 阅读岑参的《走马川行奉送出师西征》，对比其与《燕歌行》的异同。

鹿柴[1]

王 维

原文

空山不见人，
但闻[2]人语响。
返景[3]入深林，
复照[4]青苔上。

注释

[1] 鹿柴（zhài）：养鹿的地方，"柴"同"寨"。

[3] 但：只。闻：听见。

[3] 返景：夕阳返照的光。"景"古时同"影"。

[4] 照：照耀（着）。

导读

鹿柴，是辋川的地名。《鹿柴》是唐代诗人王维的山水诗的代表作之一，是王维隐居辋川时的作品。这首诗描绘了鹿柴附近的空山深林在傍晚时分的幽静景色，充满了绘画的境界，反映了诗人对大自然的热爱和对尘世官场的厌倦。

王维是诗人、画家兼音乐家，这首诗正体现出诗、画、乐的结合。无声的静寂、无光的幽暗，一般人都易于觉察，但有声的静寂、有光的幽暗，则较少为人所注意。诗人正是以他画家、音乐家身份所特有的对色彩、声音的敏感，才把握住了"空山人语响"和"深林入返照"的一刹那间所显示的特有的幽静境界。这种敏感，是和他对大自然的细致观察、潜心默会分不开的。

作者介绍

王维（约 692 年～761 年），字摩诘，原籍太原祁县（今属山西），父辈迁居于蒲州（今山西永济）。进士及第，官至尚书右丞，世称"王右丞"。王维的诗明净清新、精美雅致，李杜之外，自成一家。其名字取自维摩诘居士，心向佛门。虽为朝廷命官，王维却常隐居蓝田辋川，过着亦官亦隐的居士生活。王维又是杰出的画家、音乐家，他通晓音乐，善以乐理、画理、禅理融入诗歌创作之中，是唐代山水田园诗派的著名代表诗人。苏轼称其"诗中有画"、"画中有诗"。

思考与练习

1. 这首诗的优长之处在于苏轼评论王维时所说的"诗中有画"，请根据诗词绘制一幅

新编大学语文

画面。

2. 与王维齐名的是同样以写自然山水见长的诗人孟浩然，试比较二者的写法和艺术风格有何不同。

长恨歌[1]

白居易

原文

汉皇重色思倾国[2]，御宇[3]多年求不得。

杨家有女初长成[4]，养在深闺人未识。

天生丽质难自弃，一朝选在君王侧。

回眸一笑百媚生，六宫粉黛无颜色[5]。

春寒赐浴华清池[6]，温泉水滑洗凝脂[7]。

侍儿[8]扶起娇无力，始是新承恩泽时[9]。

云鬓花颜金步摇[10]，芙蓉帐[11]暖度春宵。

春宵苦短日高起，从此君王不早朝。

承欢侍宴无闲暇，春从春游夜专夜。

后宫佳丽三千人，三千宠爱在一身。

金屋妆成娇侍夜[12]，玉楼宴罢醉和春。

姊妹弟兄皆列土[13]，可怜[14]光彩生门户。

遂令天下父母心，不重生男重生女[15]。

骊宫[16]高处入青云，仙乐风飘处处闻。

缓歌慢舞凝丝竹[17]，尽日君王看不足。

渔阳鼙鼓动地来[18]，惊破霓裳羽衣曲[19]。

九重城阙烟尘生[20]，千乘万骑西南行[21]。

翠华摇摇行复止，西出都门百余里。

六军不发无奈何，宛转蛾眉马前死[22]。

花钿委地[23]无人收，翠翘金雀玉搔头[24]。

君王掩面救不得，回看血泪相和流。

黄埃散漫风萧索，云栈萦纡登剑阁[25]。

峨嵋山[26]下少人行，旌旗无光日色薄。

蜀江水碧蜀山青，圣主朝朝暮暮情。

行宫[27]见月伤心色，夜雨闻铃肠断声[28]。

天旋日转回龙驭[29]，到此踌躇不能去。

马嵬坡下泥土中，不见玉颜空死处[30]。

君臣相顾尽沾衣，东望都门信马[31]归。

归来池苑皆依旧，太液芙蓉未央柳[32]。

芙蓉如面柳如眉，对此如何不泪垂？

春风桃李花开日，秋雨梧桐叶落时。

西宫南内[33]多秋草，落叶满阶红不扫。

梨园弟子[34]白发新，椒房阿监青娥老[35]。

夕殿萤飞思悄然，孤灯挑尽[36]未成眠。

迟迟[37]钟鼓初长夜，耿耿星河欲曙天[38]。

鸳鸯瓦冷霜华[39]重，翡翠衾寒谁与共[40]？

悠悠生死别经年，魂魄不曾来入梦。

临邛道士鸿都客[41]，能以精诚致魂魄[42]。

为感君王辗转思，遂教方士殷勤觅[43]。

排空驭气[44]奔如电，升天入地求之遍。

上穷碧落下黄泉[45]，两处茫茫皆不见。

忽闻海上有仙山，山在虚无缥缈间。

楼阁玲珑五云[46]起，其中绰约[47]多仙子。

中有一人字太真，雪肤花貌参差[48]是。

金阙西厢叩玉扃[49]，转教小玉报双成[50]。

闻道汉家天子使，九华帐[51]里梦魂惊。

揽衣推枕起徘徊，珠箔银屏迤逦开[52]。

云鬓半偏新睡觉[53]，花冠不整下堂来。

风吹仙袂[54]飘飘举，犹似霓裳羽衣舞。

玉容寂寞泪阑干[55]，梨花一枝春带雨。

含情凝睇[56]谢君王，一别音容两渺茫。

昭阳殿[57]里恩爱绝，蓬莱宫[58]中日月长。

回头下望人寰[59]处，不见长安见尘雾。

惟将旧物[60]表深情，钿合金钗寄将去[61]。

钗留一股合一扇[62]，钗擘黄金合分钿[63]。

但教心似金钿坚，天上人间会相见。

临别殷勤重[64]寄词，词中有誓两心知。

七月七日长生殿[65]，夜半无人私语时。

在天愿作比翼鸟[66]，在地愿为连理枝[67]。

天长地久有时尽，此恨[68]绵绵无绝期。

🌸 注释

[1] 长恨歌：唐宪宗元和元年（806 年），白居易任周至（今属陕西）县尉。一日，与友人陈鸿、王质夫到马嵬驿附近的仙游寺游览，谈及李隆基与杨贵妃事，王质夫认为，像这样突出的事情，如无大手笔加工润色，就会随着时间的推移而消没。他鼓励白居易："乐天深于诗，

多于情者也，试为歌之，何如？"于是，白居易写下了这首长诗。陈鸿同时写了一篇传奇小说《长恨歌传》。

[2] 汉皇：原指汉武帝。此处借指唐玄宗李隆基。唐人文学创作常以汉称唐。重色：爱好女色。倾国：绝色女子。

[3] 御宇：驾御宇内，即统治天下。汉贾谊《过秦论》："振长策而御宇内。"

[4] 杨家四句：蜀州司户杨玄琰，有女杨玉环，自幼由叔父杨玄珪抚养。开元二十三年（735年）杨玉环 17 岁时被册封为玄宗之子寿王李瑁之妃。后被唐玄宗看中，22 岁时，玄宗命其出宫为道士，道号太真。27 岁被玄宗册封为贵妃。白居易此谓"养在深闺人未识"，是作者有意为帝王避讳的说法。丽质：美丽的姿质。

[5] 六宫粉黛：宫中所有嫔妃。古代皇帝设六宫，正寝（日常处理政务之地）一，燕寝（休息之地）五，合称六宫。粉黛：粉黛本为女性化妆用品，粉以抹脸，黛以描眉。此代指六宫中的女性。无颜色：意谓相形之下，都失去了美好的姿容。

[6] 华清池：华清池温泉，在今陕西省临潼县南的骊山下。唐贞观十八年（644 年）建汤泉宫，咸亨二年（671 年）改名温泉宫，天宝六年（747 年）扩建后改名华清宫。唐玄宗每年冬、春季都到此居住。

[7] 凝脂：形容皮肤白嫩滋润，犹如凝固的脂肪。

[8] 侍儿：宫女。

[9] 新承恩泽：刚得到皇帝的宠幸。

[10] 金步摇：一种金首饰，用金银丝盘成花之形状，上面缀着垂珠之类，插于发鬓，走路时摇曳生姿。

[11] 芙蓉帐：绣着莲花的帐子。

[12] 金屋：据《太真外传》，杨玉环在华清宫的住所名端正楼。此言金屋，系用汉武帝"金屋藏娇"语意。

[13] 姊妹句：杨玉环被册封贵妃后，家族沾光受宠。她的大姐封韩国夫人，三姐封为虢国夫人，八姐封为秦国夫人，堂兄杨铦官鸿胪卿、杨锜官侍御史，堂兄杨钊赐名国忠，官右丞相。姊妹，姐妹。列土，裂土受封。列，通"裂"。

[14] 可怜：可爱，值得羡慕。

[15] 不重生男重生女：陈鸿《长恨歌传》云，当时民谣有"生女勿悲酸，生男勿喜欢"，"男不封侯女作妃，看女却为门上楣"等。

[16] 骊宫：华清宫，因在骊山下，故称。

[17] 凝丝竹：弦乐器和管乐器伴奏出舒缓的旋律。

[18] 渔阳：郡名，辖今北京市平谷县和天津市的蓟县等地，当时属于平卢、范阳、河东三镇节度史安禄山的辖区。天宝十四载（755 年）冬，安禄山在范阳起兵叛乱。鼙鼓：古代骑兵用的小鼓，此借指战争。

[19] 霓裳羽衣曲：舞曲名，据说为唐开元年间西凉节度使杨敬述所献，经唐玄宗润色并制作歌辞，改用此名。乐曲着意表现虚无缥缈的仙境和仙女形象。天宝后曲调失传。

[20] 九重城阙：九重门的京城，此指长安。烟尘生：指发生战事。

[21] 千乘万骑西南行：天宝十五年（756 年）六月，安禄山破潼关，逼近长安。玄宗带领杨贵妃等出延秋门向西南方向逃走。当时随行护卫并不多，"千乘万骑"是夸大之辞。乘，马车。

[22] 翠华四句：李隆基西奔至距长安百余里的马嵬驿（今陕西兴平），扈从禁卫军发难，不再前行，请诛杨国忠、杨玉环兄妹以平民怨。玄宗为保自身，只得照办。翠华：用翠鸟羽毛装饰的旗帜，皇帝仪仗队用。百余里：到了距长安一百多里的马嵬坡。六军：泛指禁卫军。当护送唐玄宗的禁卫军行至马嵬坡时，不肯再走，先以谋反为由杀杨国忠，继而请求处死杨贵妃。宛转：形容美人临死前哀怨缠绵的样子。蛾眉：古代美女的代称，此指杨贵妃。

[23] 花钿：用金翠珠宝等制成的花朵形首饰。委地：丢弃在地上。

[24] 翠翘：像翠鸟长尾一样的头饰。金雀：雀形金钗。玉搔头：玉簪。

[25] 云栈：高入云霄的栈道。萦纡：萦回盘绕。剑阁：又称剑门关，在今四川剑阁县北，是由秦入蜀的要道。此地群山如剑，峭壁中断处，两山对峙如门。诸葛亮相蜀时，凿石驾凌空栈道以通行。

[26] 峨嵋山：在今四川峨嵋县。玄宗奔蜀途中，并未经过峨嵋山，这里泛指蜀中高山。

[27] 行宫：皇帝离京出行在外的临时住所。

[28] 夜雨闻铃肠断声：《明皇杂录·补遗》，"明皇既幸蜀，西南行。初入斜谷，霖雨涉旬，于栈道雨中闻铃音与山相应。上既悼念贵妃，采其声为《雨霖铃曲》以寄恨焉"。这里暗指此事。

[29] 天旋地转：时局好转。肃宗至德二年（757 年），郭子仪军收复长安。回龙驭：皇帝的车驾归来。

[30] 不见玉颜空死处：不见杨贵妃，徒然见到她死去的地方。

[31] 信马：听任马往前走。

[32] 太液：汉宫中有太掖池。未央：汉有未央宫。此皆借指唐长安皇宫。

[33] 西宫南内：皇宫之内称为大内。西宫即西内太极宫，南内为兴庆宫。玄宗返京后，初居南内。上元元年（760 年），权宦李辅国假借肃宗名义，胁迫玄宗迁往西内，并流贬玄宗亲信高力士、陈玄礼等人。

[34] 梨园弟子：玄宗当年训练的乐工舞女。梨园：唐玄宗时宫中教习音乐的机构，曾选"坐部伎"三百人教练歌舞，随时应诏表演，号称"皇帝梨园弟子"。

[35] 椒房：后妃居住之所，因以花椒和泥抹墙，故称。阿监：宫中的侍从女官。青娥：年轻的宫女。

[36] 孤灯挑尽：古时用油灯照明，为使灯火明亮，过了一会儿就要把浸在油中的灯草往前挑一点。挑尽，说明夜已深。唐时宫廷夜间燃烛而不点油灯，此处旨在形容玄宗晚年生活环境的凄苦。

[37] 迟迟：迟缓。报更钟鼓声起止原有定时，这里用以形容玄宗长夜难眠时的心情。

[38] 耿耿：微明的样子。欲曙天：长夜将晓之时。

[39] 鸳鸯瓦：屋顶上俯仰相对合在一起的瓦。霜华：霜花。

[40] 翡翠衾：布面绣有翡翠鸟的被子。谁与共：与谁共。

[41] 临邛道士鸿都客：意谓有个从临邛来长安的道士。临邛：今四川邛崃县。鸿都：东汉都城洛阳的宫门名，这里借指长安。

[42] 致魂魄：招来杨贵妃的亡魂。

[43] 方士：有法术的人。这里指道士。殷勤：尽力。

[44] 排空驭气：腾云驾雾。

[45] 穷：穷尽，找遍。碧落：天空。黄泉：地下。

[46] 玲珑：华美精巧。五云：五彩云霞。

[47] 绰约：体态轻盈柔美。

[48] 参差：仿佛，差不多。

[49] 金阙：金碧辉煌的神仙宫阙。叩：叩击。玉扃（jiōng）：玉石做的门环。

[50] 转教小玉报双成：意谓仙府庭院重重，须经辗转通报。小玉：吴王夫差女。双成：传说中西王母的侍女。这里皆借指杨贵妃在仙山的侍女。

[51] 九华帐：绣饰华美的帐子。九华：重重花饰的图案。

[52] 珠箔：珠帘。银屏：饰银的屏风。迤逦：接连不断地。

[53] 新睡觉：刚睡醒。觉，醒。

[54] 袂：衣袖。

[55] 玉容寂寞：此指神色黯淡凄楚。阑干：纵横交错的样子，这里形容泪痕满面。

[56] 凝睇：凝视。

[57] 昭阳殿：汉成帝宠妃赵飞燕的寝宫。此借指杨贵妃住过的宫殿。

[58] 蓬莱宫：传说中的海上仙山。这里指贵妃在仙山的居所。

[59] 人寰：人间。

[60] 旧物：指生前与玄宗定情的信物。

[61] 寄将去：托道士带回。

[62] 钗留二句：把金钗、钿盒分成两半，自留一半。

[63] 擘：分开。合分钿：将钿盒上的图案分成两部分。

[64] 重：再，又。

[65] 长生殿：在骊山华清宫内，天宝元年造。

[66] 比翼鸟：传说中的鸟名，据说只有一目一翼，雌雄并在一起才能飞。

[67] 连理枝：两棵树的枝干连在一起，叫连理。古人常用"比翼鸟"、"连理枝"比喻情侣相爱、永不分离。

[68] 恨：遗憾。绵绵：连绵不断。

🌿 导读

《长恨歌》是中国唐朝诗人白居易的一首长篇叙事诗，作于元和元年（806 年），当时诗人正在盩厔县（今陕西周至）任县尉。这首诗是他和友人陈鸿、王质夫同游仙游寺，有感于唐玄宗、杨贵妃的故事而创作的。

在这首长篇叙事诗里，作者以精练的语言，优美的形象，叙事和抒情相结合的手法，叙述了唐玄宗、杨贵妃在安史之乱中的爱情悲剧。

《长恨歌》是一首抒情成分很浓的叙事诗，诗人在叙述故事和人物塑造上，采用了中国传统诗歌擅长的抒写手法，将叙事、写景和抒情和谐地结合在一起，形成诗歌抒情上回环往复的特点。

作者介绍

白居易（772 年～846 年），字乐天，晚年自号"香山居士"，后人称"白香山"、"白傅"、"白太傅"，原籍太原，后迁居下邽（今陕西渭南）。白居易是唐代的杰出诗人和文学家，他的诗歌题材广泛，形式多样，语言平易通俗，被称为"诗魔"、"诗王"、"诗豪"、"诗史"等。白居易为唐德宗贞元十六年（800 年）进士，由校书郎累官至左拾遗。在此期间，他关心朝政，屡屡上书言事，并写了不少讽谕诗，要求革除弊政，因而遭权贵忌恨，被贬为江州司马。此后他历任忠州、杭州、苏州等地刺史，官终刑部尚书。

在艺术上，白居易诗以平易晓畅著称，在当时就流布很广。有《白氏长庆集》，存诗近三千首，数量之多，为唐人之冠。

思考与练习

1. 《长恨歌》是一首抒情色彩很浓的叙事诗，诗人将叙事、写景和抒情和谐地结合在一起，试结合本诗做具体分析。

2. 关于此诗的主题，历来有争议，有"讽喻说"，还有"爱情说"，还有"双重主题说"。你怎样理解这首诗的主题？

3. 文中从哪几个方面表现了唐玄宗对杨贵妃的思念和深情？其中运用了哪些抒情方法和修辞手段？

李凭箜篌引[1]

李 贺

原文

吴丝蜀桐张高秋[2]，空山凝云颓不流[3]。
江娥啼竹素女愁[4]，李凭中国[5]弹箜篌。
昆山玉碎凤凰叫[6]，芙蓉泣露香兰笑[7]。
十二门前融冷光[8]，二十三丝动紫皇[9]。
女娲炼石补天处[10]，石破天惊逗秋雨[11]。
梦入神山教神妪[12]，老鱼跳波瘦蛟舞[13]。
吴质不眠倚桂树[14]，露脚斜飞湿寒兔[15]。

注释

[1] 李凭：当时的梨园艺人，善弹奏箜篌。箜篌引：乐府旧题，属《相和歌·瑟调曲》。箜篌，古代弦乐器，又名空侯、坎侯，形状有多种；据诗中"二十三丝"，可知李凭弹的是竖箜篌。

[2] 吴丝蜀桐：吴地之丝，蜀地之桐。此指制作箜篌的材料。张：调好弦，准备调奏。高秋：指弹奏时间，这句说在深秋天气弹奏起箜篌。

[3] 空山句：此言山中的行云因听到李凭弹奏的箜篌声而凝定不动了。

[4] 江娥：一作"湘娥"，素女：也是传说中的神女。这句是说乐声使江娥、素女都感动了。

[5] 中国：即国之中央，意谓在京城。

[6] 昆山：是产玉之地。玉碎、凤凰叫：形容乐声清亮。

[7] 芙蓉泣露、香兰笑：形容乐声时而低回，时而轻快。

[8] 十二门：长安城东西南北每一面各三门，共十二门，故言。这句是说清冷的乐声使人觉得长安城沉浸在寒光之中。

[9] 二十三丝：《通典》卷一百四十四："竖箜篌，胡乐也，汉灵帝好之，体曲而长，二十二弦。竖抱于怀中，用两手齐奏，俗谓之擘箜篌。"紫皇：道教称天上地位最尊贵的神为"紫皇"，这里用来指皇帝。

[10] 女娲：中华上古之神，人首蛇身，为伏羲之妹，风姓。《淮南子·览冥训》和《列子·天问》载有女娲炼五色石补天的故事。

[11] 石破句：形容乐声忽然高昂激越，如石破天惊般引得天上下起了秋雨。

[12] 神姬：《搜神记》卷四："永嘉中，有神现兖州，自称樊道基。有姬号成夫人。夫人好音乐，能弹箜篌，闻人弦歌，辄便起舞。"所谓"神姬"，疑用此典。从这句以下写李凭在梦中将他的绝艺教给神仙，惊动了仙界。

[13] 老鱼跳波：鱼随着乐声跳跃。源自《列子·汤问》："瓠巴鼓琴而鸟舞鱼跃。"

[14] 吴质：即吴刚。《酉阳杂俎》卷一："旧言月中有桂，有蟾蜍。故异书言月桂高五百丈，下有一人常斫之，树创随合。人姓吴名刚，西河人，学仙有过，谪令伐树。"

[15] 露脚：露珠下滴的形象说法。寒兔：指秋月。传说月中有玉兔，故称此。

导读

李凭是唐代优秀的艺人，善奏箜篌，出神入化。诗人李贺用华丽的词藻、巧妙的比喻，引经据典，将李凭演奏的场景跃然纸上。这首诗与《琵琶行》（白居易）和《听颖师弹琴》（韩愈）齐名，均为唐诗中描写音乐的杰作。

此诗大约作于元和六年（811 年）至元和八年（813 年），当时李贺在长安任奉礼郎。诗人描写音乐运用了大量丰富奇特的想象和比喻，使得本诗充满了浪漫主义色彩，令人惊叹。此诗是李贺诗歌的代表作之一，是唐诗中描写音乐的名篇。李贺的诗不表现时空顺序，而着重强调音乐惊天地、泣鬼神的效果，但又不是抽象地写，而是借助于具体的艺术形象，采用的是浪漫主义的艺术方法。全诗十四句中有七句描述音乐效果，用了四个神话传说，令意境扑朔迷离。

这首诗为乐府歌行体，音韵流转自然。诵读时，要注意诗句之间的起承转合。

作者介绍

李贺（790 年~816 年），字长吉，祖籍陇西成纪（今甘肃秦安），生于福昌县昌谷（今河南洛阳宜阳县），与李白、李商隐三人并称唐代"三李"。

李贺是中唐的浪漫主义诗人，又是中唐到晚唐诗风转变期的一个代表者。他所写的诗大多是慨叹生不逢时和内心苦闷，抒发对理想、抱负的追求；对当时藩镇割据、宦官专权和人民所受的残酷剥削都有所反映。他喜欢在神话故事、鬼魅世界里驰骋，以其大胆、诡异的想象力，构造出波谲云诡、迷离恍惚的艺术境界，抒发好景不长、时光易逝的感伤情绪，因此被后人称为"诗鬼"。

思考与练习

1. 这首诗除了正面描写音乐外，更多地运用了侧面描写的方法。请找出这些侧面描写的句子，并说明其表达效果。

2. 阅读韩愈的《听颖师弹琴》，与此诗进行对比赏析，找出二者在音乐描写技法上的不同，及两位大诗人各自不同的艺术风格。

过华清宫[1]

杜 牧

原文

长安回望绣成堆[2]，山顶千门次第[3]开。

一骑红尘[4]妃子[5]笑，无人知是荔枝来。

新丰绿树起黄埃，数骑渔阳探使[6]回。

霓裳一曲千峰上，舞破中原始下来。

万国笙歌醉太平，倚天楼殿月分明。

云中乱拍[7]禄山舞，风过重峦下笑声。

注释

[1] 华清宫：故址在今陕西临潼县骊山，是唐明皇与杨贵妃游乐之地。

[2] 绣成堆：花草林木和建筑物像一堆堆锦绣。

[3] 次第：按顺序，一个接一个地。

[4] 一骑（jì）：指一人一马。红尘：策马疾驰时飞扬起来的尘土。

[5] 妃子：指贵妃杨玉环。

[6] 探使：帝曾使探试探安禄山反否，使受安金，言不反。

[7] 乱拍：安禄山肥，但能在玄宗前作《胡旋舞》，疾如风，宫人拍节乱。

导读

这首咏史诗是杜牧路经华清宫抵达长安时，有感于唐玄宗、杨贵妃荒淫误国而作的。华清宫曾是唐玄宗与杨贵妃的游乐之所。

诗歌前两句为背景铺垫，后两句推出描写的主体，提示诗歌主旨。"一骑红尘"和"妃子笑"两个具体形象的并列推出，启人思索，留有悬念。"无人知"虽三字，却发人深省，耐人寻味。全诗不仅揭露了唐明皇为讨好宠妃的欢心而无所不为的荒唐，同时又以前面渲染的不寻常气氛相呼应。全诗无一难字，不事雕琢，清丽俊俏，活泼自然，而又寓意精深，含蓄有力，是唐人绝句中的上乘之作。

作者介绍

杜牧，字牧之，晚唐著名诗人，京兆万年（今陕西西安）人。宰相杜佑之孙，祖居长安南郊樊川，因称"杜樊川"。杜牧工诗、赋、古文，诗学杜甫而有独创，骨气豪宕、风神俊朗，尤擅七律七绝，为晚唐大家；另外，他也擅长创作咏史绝句，《过华清宫》便是他脍炙人口的代表作之一。《过华清宫》同题作品共有三首，这是其中的第一首。杜牧与同时代的李商隐齐名，二者并称为"小李杜"。有《樊川文集》，《全唐诗》存其诗八卷。

思考与练习

1. 第三句"笑"的背后有着诗人怎样的情感？这句暗用了一个什么典故？其目的是什么？
2. 作者写作本诗的最终目的是什么？有什么社会意义？

无题[1]

李商隐

其 一

原文

昨夜星辰昨夜风，画楼西畔桂堂[2]东。
身无彩凤双飞翼，心有灵犀[3]一点通。
隔座送钩春酒暖[4]，分曹射覆蜡灯红[5]。
嗟余听鼓应官去，走马兰台类转蓬[6]。

注释

[1] 无题：作者对所写的内容有所隐讳，不愿或不便加标题。

[2] 画楼：有彩画装饰的楼。桂堂：用香木构筑的厅堂。

[3] 灵犀：古人把犀牛角中心有一条白纹贯通的叫作"通天犀"，看作神灵奇异之物。

[4] 送钩：《汉武故事》中"钩弋夫人少时手拳，帝披其手，得一玉钩，手得展。故因为藏钩之戏。"后人效之，成为酒宴席上一种酒令，藏钩于手中，令人猜，不中饮酒。

[5] 分曹：分组。射覆：猜测藏在器皿下的东西，猜不中者饮酒。

[6] 兰台：即秘书省。《旧唐书·职官志》："秘书省，龙朔初改为兰台。"转蓬：一种草，蓬生如圆球状，秋后干枯，被风吹离根部，随风飘走。

导读

以《无题》为诗题，是李商隐的创造。这是一首恋情诗，诗人追忆昨夜参与的一次贵家后堂之宴，表达了与意中人席间相遇、旋成间阻的怀想和惆怅。先写筵会时地；接着写形体相隔，人情相通；再写相遇的情意绵绵；最后写别后离恨。艳丽而不猥亵，情真而不痴癫。

诗人将身世之感打并入艳情，以华艳词章反衬困顿失意情怀，营造出情采并茂、婉曲幽约的艺术境界。诗中意象的错综跳跃，又使其主旨带有多义性和歧义性，诗人对心灵世界开掘的深度和广度，确实是远迈前人的，其在文学史上的地位，很大程度上便取决于这类无题诗所产生的巨大而持久的影响。

作者介绍

李商隐，男，汉族，字义山，故又称"李义山"，号"玉溪生"、"樊南生"（樊南子），晚唐著名诗人。杜牧堂兄邠国公杜悰的表兄弟。他祖籍怀州河内（今河南省沁阳市），生于河南荥阳（今郑州荥阳）。李商隐于唐文宗开成三年（公元 838 年）进士及第，曾任弘农尉、佐幕府、东川节度使判官等职。晚唐诗歌在前辈光芒的照耀下有着大不如前的趋势，而李商隐却又将唐诗推向了又一个高峰，是晚唐最著名的诗人。与杜牧齐名，两人并称"小李杜"；又与李贺、李白合称"三李"与温庭筠合称为"温李"，因诗文与同时期的段成式、温庭筠风格相近，且三人都在家族里排行第十六，故并称为"三十六体"。其诗构思新奇，风格秾丽，尤其是一些爱情诗与无题诗写得缠绵悱恻，为人传诵。

思考与练习

1. 简要分析李商隐《无题》诗的艺术特色。
2. 试论李商隐对古典诗歌境界的开拓。

其 二

原文

相见时难别亦难[2]，东风无力百花残。
春蚕到死丝方尽[3]，蜡炬[4]成灰泪始干[5]。
晓镜但愁云鬓改[6]，夜吟应觉月光寒。
蓬山[7]此去无多路，青鸟[8]殷勤为探看。

注释

[1] 无题：唐代以来，有的诗人别有寄托，不愿或不便表明作品的题目，常用"无题"作诗的标题。"无题"诗意指隐晦，一般难以准确解释。

[2] "别亦难"句：《颜氏家训》："别易会难"。

[3] 丝方尽：丝，与"思"是谐音字。"丝方尽"意思是除非死了，思念才会结束。

[4] 蜡炬：蜡烛。蜡烛燃烧时淌下的蜡油称烛泪。

[5] 泪始干：泪，指燃烧时的蜡烛油，这里指相思的眼泪。

[6] 晓镜：早晨梳妆照镜子。云鬓：女子多而美的头发，这里比喻青春年华。

[7] 蓬山：蓬莱山，传说中的蓬莱仙山，比喻被怀念者居住的地方。《列子·汤问》："渤海之东有五山，五曰蓬莱。"

[8] 青鸟：传说中西王母的神鸟。神话中为西王母传递音讯的信使，这里指传递信息的人。

导读

这是诗人以"无题"为题目的许多诗歌中最有名的一首寄情诗。整首诗的内容围绕着第一句，尤其是"别亦难"三字展开。"东风"句点了时节，但更是对人的相思情状的比喻。因情的缠绵悱恻，人就像春末凋谢的春花那样没了生气。三、四句是相互忠贞不渝、海誓山盟的写照。五、六句则分别描述两人因不能相见而惆怅、怨虑，备感清冷以致衰颜的情状。唯一可以盼望的是七、八两句中的设想：但愿青鸟频频传递相思情。

思考与练习

1．诗的开头为何说"相见时难别亦难"？

2．"春蚕到死丝方尽，蜡炬成灰泪始干"被后人誉为爱情诗章的千古绝唱，试分析本句诗的内涵。

第二节 唐 代 散 文

与元九书

白居易

原文

月日，居易白。微之足下：自足下谪[1]江陵至于今，凡杜赠答诗仅百篇。每诗来，或辱序，或辱书，冠于卷首，皆所以陈古今歌诗之义，且自叙为文因缘，与年月之远近也。

仆既受足下诗，又谕足下此意，常欲承答来旨，粗论歌诗大端，并自述为文之意，总为一书，致足下前。累岁已来，牵故少暇，间有容隙，或欲为之；又自思所陈，亦无出足下之见；临纸复罢者数四，卒不能成就其志，以至于今。

夫文，尚矣，三才各有文。天之文三光首之；地之文五材首之；人之文《六经》首之。就《六经》言，《诗》又首之。何者？圣人感人心而天下和平。感人心者，莫先乎情，莫始乎言，莫切乎声，莫深乎义。诗者，根情，苗言，华声，实义。上自贤圣，下至愚騃，微及豚鱼，幽及鬼神。群分而气同，形异而情一。未有声入而不应、情交而不感者。圣人知其然，因其言，经之以六义；缘其声，纬之以五音。

音有韵，义有类。韵协则言顺，言顺则声易入；类举则情见，情见则感易交。于是乎孕大含深，贯微洞密，上下通而二气泰，忧乐合而百志熙。二帝三王所以直道而行、垂拱而理者，揭此以为大柄，决此以为大窦也。故闻"元首明，股肱良"之歌，则知虞道昌矣。闻五子洛汭之歌，则知夏政荒矣。言者无罪，闻者作诫，言者闻者莫不两尽其心焉。

洎周衰秦兴，采诗官废，上不以诗补察时政，下不以歌泄导人情。用至于诒成之风动，救失之道缺。于时六义始刓矣。《国风》变为《骚辞》，五言始于苏、李。《诗》、《骚》皆不遇者，各系其志，发而为文。故河梁之句，止于伤别；泽畔之吟，归于怨思。彷徨抑郁，不暇及他耳。然去《诗》未远，梗概[2]尚存。故兴离别则引双凫一雁为喻，讽君子小人则引香草恶鸟为比。虽义类不具，犹得风人之什二三焉。于时六义始缺矣。晋、宋已还，得者盖寡。以康乐之奥博，多溺于山水；以渊明之高古，偏放于田园。江、鲍之流，又狭于此。如梁鸿《五噫》之例者，百无一二。于时六义浸微矣！陵夷至于梁、陈间，率不过嘲风雪、弄花草而已。噫！风雪花草之物，三百篇中岂舍之乎？顾所用何如耳。设如"北风其凉"，假风以刺威虐；"雨雪霏霏"，因雪以愍征役；"棠棣之华"，感华以讽兄弟；"采采苤苢"，美草以乐有子也。皆兴发于此而义归于彼。反是者，可乎哉！然则"余霞散成绮，澄江净如练"，"归花先委露，别叶乍辞风"之什，丽则丽矣，吾不知其所讽焉。故仆所谓嘲风雪、弄花草而已。于时六义尽去矣。

唐兴二百年，其间诗人不可胜数。所可举者，陈子昂有《感遇诗》二十首，鲍防《感兴诗》十五篇。又诗之豪者，世称李、杜。李之作，才矣！奇矣！人不逮矣！索其风雅比兴，十无一焉。杜诗最多，可传者千余首。至于贯穿古今，觊缕格律，尽工尽善，又过于李焉。然撮其《新安》、《石壕》、《潼关吏》、《芦子关》、《花门》之章，"朱门酒肉臭，路有冻死骨"之句，亦不过十三四。杜尚如此，况不逮杜者乎？仆常痛诗道崩坏，忽忽愤发，或废食辍寝，不量才力，欲扶起之。嗟乎！事有大谬者，又不可一二而言，然亦不能不粗陈于左右。

仆始生六七月时，乳母抱弄于书屏下，有指"之"字、"无"字示仆者，仆口未能言，心已默识。后有问此二字者，虽百十其试，而指之不差。则知仆宿习之缘，已在文字中矣。及五六岁，便学为诗。九岁谙识声韵。十五六，始知有进士，苦节读书。二十已来，昼课赋，夜课书，间又课诗，不遑寝息矣。以至于口舌成疮，手肘成胝[3]。既壮而肤革不丰盈，未老而齿发早衰白；眊眊然[4]如飞蝇垂珠在眸子中者，动以万数，盖以苦学力文之所致，又自悲。

家贫多故，二十七方从乡赋。既第之后，虽专于科试，亦不废诗。及授校书郎时，已盈三四百首。或出示交友如足下辈，见皆谓之工，其实未窥作者之域耳。自登朝来，年齿渐长，阅事渐多。每与人言，多询时务；每读书史，多求理道。始知文章合为时而著，歌诗合为事而作。是时皇帝初即位，宰府有正人，屡降玺书，访人急病。

仆当此日，擢[5]在翰林，身是谏官，月请谏纸。启奏之间，有可以救济人病[6]，裨补时阙，而难于指言者，辄咏歌之，欲稍稍进闻于上。上以广宸听，副忧勤；次以酬恩奖，塞言责；下以复吾平生之志。岂图志未就而悔已生，言未闻而谤已成矣！

又请为左右终言之。凡闻仆《贺雨诗》，众口籍籍[7]，以为非宜矣；闻仆《哭孔戡诗》，众面脉脉，尽不悦矣；闻《秦中吟》，则权豪贵近者，相目而变色矣；闻《登乐游园》寄足下诗，则执政柄者扼腕矣；闻《宿紫阁村》诗，则握军要者切齿矣！大率如此，不可遍举。不相与者，号为沽誉，号为诋讦，号为讪谤。苟相与者，则如牛僧孺之诫焉。乃至骨肉妻孥，皆以我为非也。其不我非者，举世不过三两人。有邓鲂者，见仆诗而喜，无何鲂死。有唐衢者，见仆诗而泣，未几而衢死。其余即足下。足下又十年来困踬[8]若此。呜呼！岂六义四始之风，天将破坏，不可支持耶？抑又不知天意不欲使下人病苦闻于上耶？不然，何有志于诗者，不利若此之甚也！然仆又自思关东一男子耳，除读书属文外，其他懵然无知，乃至书画棋博，可以接群居之欢者，一无通晓，即其愚拙可知矣！初应进士时，中朝无缌麻之亲，达官无半面之旧；策蹇步于利足之途，张空拳于战文之场。十年之间，三登科第，名落众耳，迹升清贯，出交贤俊，入侍冕旒。始得名于文章，终得罪于文章，亦其宜也。

日者闻亲友间说，礼、吏部举选人，多以仆私试赋判为准的。其余诗句，亦往往在人口中。仆恧然自愧，不之信也。及再来长安；又闻有军使高霞寓者，欲聘倡妓，妓大夸曰："我诵得白学士《长恨歌》，岂同他哉？"由是增价。又足下书云：到通州日，见江馆柱间有题仆诗者。何人哉？又昨过汉南日，适遇主人集众娱乐，他宾诸妓见仆来，指而相顾曰：此是《秦中吟》、《长恨歌》主耳。自长安抵江西三四千里，凡乡校、佛寺、逆旅、行舟之中，往往有题仆诗者；士庶、僧徒、孀妇、处女之口，每有咏仆诗者。此诚雕篆之戏，不足为多，然今时俗所重，正在此耳。虽前贤如渊、云者，前辈如李、杜者，亦未能忘情于其间。

古人云："名者公器，不可多取。"仆是何者，窃时之名已多。既窃时名，又欲窃时之富贵，使己为造物者，肯兼与之乎？今之屯穷，理固然也。况诗人多蹇，如陈子昂、杜甫，各授一拾遗，而屯剥至死。孟浩然辈不及一命，穷悴终身。近日孟郊六十，终试协律；张籍五十，未离一太祝。彼何人哉！况仆之才又不逮彼。今虽谪佐远郡，而官品至第五，月俸四五万，寒有衣，饥有食，给身之外，施及家人。亦可谓不负白氏子矣。微之，微之！勿念我哉！

仆数月来，检讨囊帙中，得新旧诗，各以类分，分为卷目。自拾遗来，凡所遇所感，关于美刺兴比者；又自武德至元和，因事立题，题为《新乐府》者，共一百五十首，谓之讽谕诗。又或退公，或卧病闲居，知足保和，吟玩性情者一百首，谓之闲适诗。又有事物牵于外，情理动于内，随感遇而形于叹咏者一百首，谓之感伤诗。又有五言、七言、长句、绝句，自百韵至两韵者，四百余首，谓之杂律诗。凡为十五卷，约八百首。异时相见，当尽致于执事。

微之，古人云："穷则独善其身，达则兼济天下。"仆虽不肖，常师此语。大丈夫所守者道，所待者时。时之来也，为云龙，为风鹏，勃然突然，陈力以出；时之不来也，为雾豹，为冥鸿，寂兮寥兮，奉身而退。进退出处，何往而不自得哉！故仆志在兼济，行在独善，奉而始终之则为道，言而发明之则为诗。谓之讽谕诗，兼济之志也；谓之闲适诗，独善之义也。故览仆诗者，知仆之道焉。其余杂律诗，或诱于一时一物，发于一笑一吟，率然成章，非平生所尚者，但以亲朋合散之际，取其释恨佐欢，今铨次之间，未能删去。他时有为我编集斯文者，略之可也。

微之，夫贵耳贱目，荣古陋今，人之大情也。仆不能远征古旧，如近岁韦苏州歌行，才丽之外，颇近兴讽；其五言诗，又高雅闲淡，自成一家之体，今之秉笔者谁能及之？然当苏州在时，人亦未甚爱重，必待身后，人始贵之。今仆之诗，人所爱者，悉不过杂律诗与《长恨歌》已下耳。时之所重，仆之所轻。至于讽谕者，意激而言质；闲适者，思澹而辞迂。以质合迂，宜人之不爱也。今所爱者，并世而生，独足下耳。然百千年后，安知复无如足下者出，而知爱我诗哉？故自八九年来，与足下小通则以诗相戒，小穷则以诗相勉，索居则以诗相慰，同处则以诗相娱。知吾罪吾，率以诗也。

如今年春游城南时，与足下马上相戏，因各诵新艳小律，不杂他篇，自皇子陂归昭国里，迭吟递唱，不绝声者二十里余。樊、李在傍，无所措口。知我者以为诗仙，不知我者以为诗魔。何则？劳心灵，役声气，连朝接夕，不自知其苦，非魔而何？偶同人当美景，或花时宴罢，或月夜酒酣，一咏一吟，不觉老之将至。虽骖鸾鹤、游蓬瀛者之适，无以加于此焉，又非仙而何？微之，微之！此吾所以与足下外形骸、脱踪迹、傲轩鼎、轻人寰者，又以此也。

当此之时，足下兴有余力，且欲与仆悉索还往中诗，取其尤长者，如张十八古乐府，李二十新歌行，卢、杨二秘书律诗，窦七、元八绝句，博搜精掇，编而次之，号为《元白往还集》。众君子得拟议于此者，莫不踊跃欣喜，以为盛事。嗟乎！言未终而足下左转，不数月而仆又继行，心期索然，何日成就？又可为之太息矣！

仆常语足下，凡人为文，私于自是，不忍于割截，或失于繁多。其间妍媸，益又自惑。必待交友有公鉴无姑息者，讨论而削夺之，然后繁简当否，得其中矣。况仆与足下，为文尤患其多。己尚病，况他人乎？今且各纂诗笔，粗为卷第，待与足下相见日，各出所有，终前志焉。又不知相遇是何年，相见是何地，溘然而至，则如之何？微之知我心哉！

浔阳腊月，江风苦寒，岁暮鲜欢，夜长少睡。引笔铺纸，悄然灯前，有念则书，言无铨次[9]。勿以繁杂为倦，且以代一夕之话言也。

居易自叙如此，文士以为信然。

🌸 注释

[1] 谪：封建时代特指官吏降职，调往边外地方。

[2] 梗概:大概,概略。

[3] 胝:胼胝,手上脚上因为劳动或运动被摩擦变硬了的皮肤。

[4] 眢然:垂目下视的样子,形容眼睛昏花。

[5] 擢:提拔。

[6] 裨补:增加补益。

[7] 籍籍:形容喧哗纷乱的样子。

[8] 困踬(zhì):受挫,颠沛窘迫。

[9] 铨(quán)次:编排次序。

导读

本篇文章诉说作者不幸遭遇,回顾与元九友情,是文学批评经典,比一般诗更具体生动地反映了当时的文艺思潮和作家的生活遭遇。

这封信可分为五个部分:开篇一段为第一部分,是写信的缘由;第二部分通过对诗歌发展历史的回顾、评价,表达了自己的论诗主张;第三部分诉说了自己为诗歌理想所做的努力以及付出的代价;第四部分则回忆了与元九的情谊,写自己今后的打算;第五部分是书信的结束语。

思考与练习

白居易在《与元九书》中提出文学主张是什么?

张中丞传后叙

韩愈

原文

元和二年[1]四月十三日夜,愈与吴郡张籍[2]阅家中旧书,得李翰[3]所为《张巡传》。翰以文章自名[4],为此传颇详密。然尚恨有阙者[5]:不为许远[6]立传,又不载雷万春事首尾[7]。

远虽材若不及巡者,开门纳巡[8],位本在巡上。授之柄[9]而处其下,无所疑忌,竟与巡俱守死,成功名,城陷而虏,与巡死先后异耳[10]。两家子弟材智下[11],不能通知[12]二父志,以为巡死而远就虏,疑畏死而辞服于贼。远诚畏死,何苦守尺寸之地,食其所爱之肉[13],以与贼抗而不降乎?当其围守时,外无蚍蜉蚁子[14]之援,所欲忠者,国与主耳,而贼语以国亡主灭[15]。远见救援不至,而贼来益众,必以其言为信;外无待[16]而犹死守,人相食且尽,虽愚人亦能数日而知死所矣。远之不畏死亦明矣!乌有城坏其徒俱死,独蒙愧耻求活?虽至愚者不忍为,呜呼!而谓远之贤而为之邪?

说者又谓远与巡分城而守,城之陷,自远所分始[17]。以此诟远,此又与儿童之见无异。

人之将死，其藏腑必有先受其病者；引绳而绝之，其绝必有处。观者见其然，从而尤之，其亦不达于理矣！小人之好议论，不乐成人之美，如是哉！如巡、远之所成就，如此卓卓，犹不得免，其他则又何说！

当二公之初守也，宁能知人之卒不救，弃城而逆遁？苟此不能守，虽避之他处何益？及其无救而且穷也，将其创残饿羸[18]之余，虽欲去，必不达。二公之贤，其讲之精矣[19]！守一城，捍天下，以千百就尽之卒，战百万日滋之师，蔽遮江淮，沮遏其势[20]，天下之不亡，其谁之功也！当是时，弃城而图存者，不可一二数；擅强兵坐而观者，相环也。不追议此，而责二公以死守，亦见其自比于逆乱，设淫辞而助之攻也。

愈尝从事于汴徐二府[21]，屡道于两府间，亲祭于其所谓双庙者[22]。其老人往往说巡、远时事云：南霁云之乞救于贺兰也[23]，贺兰嫉巡、远之声威功绩出己上，不肯出师救；爱霁云之勇且壮，不听其语，强留之，具食与乐，延霁云坐。霁云慷慨语曰：“云来时，睢阳之人，不食月余日矣！云虽欲独食，义不忍；虽食，且不下咽！”因拔所佩刀，断一指，血淋漓，以示贺兰。一座大惊，皆感激为云泣下。云知贺兰终无为云出师意，即驰去；将出城，抽矢射佛寺浮图，矢着其上砖半箭，曰：“吾归破贼，必灭贺兰！此矢所以志也。”愈贞元中过泗州[24]，船上人犹指以相语。城陷，贼以刃胁降巡，巡不屈，即牵去，将斩之；又降霁云，云未应。巡呼云曰：“南八[25]，男儿死耳，不可为不义屈！”云笑曰：“欲将以有为也；公有言，云敢不死！”即不屈。

张籍曰：“有于嵩者，少依于巡；及巡起事，嵩常[26]在围中。籍大历中于和州乌江县见嵩[27]，嵩时年六十余矣。以巡初尝得临涣县尉[28]，好学无所不读。籍时尚小，粗问巡、远事，不能细也。云：巡长七尺余，须髯若神。尝见嵩读《汉书》，谓嵩曰：‘何为久读此？’嵩曰：‘未熟也。’巡曰：‘吾于书读不过三遍，终身不忘也。’因诵嵩所读书，尽卷不错一字。嵩惊，以为巡偶熟此卷，因乱抽他帙[29]以试，无不尽然。嵩又取架上诸书试以问巡，巡应口诵无疑。嵩从巡久，亦不见巡常读书也。为文章，操纸笔立书，未尝起草。初守睢阳时，士卒仅[30]万人，城中居人户，亦且数万，巡因一见问姓名，其后无不识者。巡怒，须髯辄张。及城陷，贼缚巡等数十人坐，且将戮。巡起旋，其众见巡起，或起或泣。巡曰：‘汝勿怖！死，命也。’众泣不能仰视。巡就戮时，颜色不乱，阳阳如平常。远宽厚长者，貌如其心；与巡同年生，月日后于巡，呼巡为兄，死时年四十九。”嵩贞元初死于亳宋间[31]。或传嵩有田在亳宋间，武人夺而有之，嵩将诣州讼理，为所杀。嵩无子。张籍云。

注释

[1] 元和二年：公元807年。元和，唐宪宗李纯的年号。

[2] 张籍：约767年～830年，字文昌，吴郡（治所在今江苏省苏州市）人，唐代著名诗人，韩愈学生。

[3] 李翰：字子羽，赵州赞皇（今河北省元氏县）人，官至翰林学士。与张巡友善，客居睢阳时，曾亲见张巡战守事迹。张巡死后，有人诬其降贼，因撰《张巡传》上肃宗，并有《进张中丞传表》。

[4] 以文章自名:《旧唐书·文苑传》载,李翰"为文精密,用思苦涩"。自名,自许。

[5] 恨:遗憾。阙:通"缺"。

[6] 许远:709年~757年,字令威,杭州盐官(今浙江省海宁县)人。安史之乱时,任睢阳太守,后与张巡合守孤城,城陷被掳往洛阳,至偃师被害。

[7] 雷万春:张巡部下勇将。此当是"南霁云"之误,如此方与后文相应。

[8] 开门纳巡:唐肃宗至德二载(757年)正月,叛军安庆绪部将尹子奇带兵十三万围睢阳,许远向张巡告急,张巡自宁陵率军入睢阳城(见《资治通鉴》卷二一九)。

[9] 柄:权柄。

[10] "城陷而虏"二句:此年十月,睢阳陷落,张巡、许远被虏。张巡与部将被斩,许远被送往洛阳邀功。

[11] "两家"句:据《新唐书·许远传》载,安史之乱平定后,大历年间(766年~779年),张巡之子张去疾轻信小人挑拨,上书唐代宗,说城破后张巡等被害,唯许远独存,是屈降叛军,请追夺许远官爵。诏令张去疾与许远之子许岘及百官议此事。两家子弟即指张去疾、许岘。

[12] 通知:通晓。

[13] "食其"句:尹子奇围睢阳时,城中粮尽,军民以雀鼠为食,最后只得以妇女与老弱男子充饥。当时,张巡曾杀爱妾、许远曾杀奴仆以充军粮。

[14] 蚍(pí)蜉(fú):黑色大蚁。蚁子:幼蚁。

[15] "而贼"句:安史之乱时,长安、洛阳陷落,玄宗逃往西蜀,唐室岌岌可危。

[16] 外无待:睢阳被围后,河南节度使贺兰进明等皆拥兵观望,不来相救。

[17] "说者"句:张巡和许远分兵守城,张巡守东北,许远守西南。城破时叛军先从西南处攻入,故有此说。

[18] 羸(léi):瘦弱。

[19] "二公"二句:两人的功绩前人已有精当的评价。

[20] 沮(jǔ)遏:阻止。

[21] "愈尝"句:韩愈曾先后在汴州(治所在今河南省开封市)、徐州(治所在今江苏省徐州市)任推官之职。唐代称幕僚为从事。

[22] 双庙:张巡、许远死后,后人在睢阳立庙祭祀,称为双庙。

[23] 南霁云:?~757年,魏州顿丘(今河南省清丰县西南)人。安禄山反叛,被遣至睢阳与张巡议事,为张巡所感,遂留为部将。贺兰:复姓,指贺兰进明,时为御史大夫、河南节度使,驻节于临淮一带。

[24] 贞元:唐德宗李适年号(785年~805年)。泗州:唐代属河南道,州治在临淮(今江苏省泗洪县东南),当年贺兰进明屯兵于此。

[25] 南八:南霁云排行第八,故称。

[26] 常:通"尝",曾经。

[27] 大历:唐代宗李豫年号(766年~779年)。和州乌江县:在今安徽省和县东北。

[28] "以巡"句:张巡死后,朝廷封赏他的亲戚、部下,于嵩因此得官。临涣:故城在今

安徽省宿县西南。

[29] 帙（zhì）：书套，也指书本。

[30] 仅：几乎。

[31] 亳（bó）：亳州，治所在今安徽省亳县。宋：宋州，治所在睢阳。

🌿 导读

《张中丞传后序》作于唐宪宗元和二年（807 年），是表彰安史之乱期间睢阳（今河南商丘）守将张巡、许远的一篇名作。全篇融议论、叙事、抒情、描写于一炉，体现了韩愈文章多变的特色。从前半议论到后半叙事，是一大变。在段与段之间，以及在语言、精神、境界等方面，本文确有多种变化，但这些变化却于多样之中仍见浑成统一。这除了组织结构之功外，还因为篇中有一种对张、许壮烈殉国而又蒙冤的悲剧感激荡于字里行间，成为统贯全篇的文气、基调。

🌿 作者介绍

韩愈（768 年～824 年），唐代诗人，河内河阳（今河南孟县）人，文学家、哲学家、思想家。字退之，谥号文，故世称韩文公，是唐宋八大家之一。自谓郡望昌黎，世称韩昌黎。唐代古文运动的倡导者，苏轼称他"文起八代之衰"，明人推他为唐宋八大家之首，与柳宗元并称"韩柳"，有"文章巨公"和"百代文宗"之名。晚年任吏部侍郎，又称韩吏部。与柳宗元同为"古文运动"倡导者，故与其并称为"韩柳"，且有"文章巨公"和"百代文宗"之名，提出了"文以载道"和"文道结合"的主张，反对六朝以来的骈偶之风。著有《韩昌黎集》四十卷，《外集》十卷，《师说》等。有"文起八代之衰"的美称。

🌿 思考与练习

1. "后叙"是一种怎样的文体？韩愈为什么要写《张中丞传后叙》？
2. 作者选用了哪些细节刻画南霁云的形象？

段太尉逸事状

柳宗元

🌿 原文

太尉[1]始为泾州刺史时，汾阳王以副元帅居蒲[2]。王子晞为尚书[3]，领行营节度使[4]，寓军邠州[5]，纵士卒无赖[6]。邠人偷嗜暴恶者，率以货[7]窜名军伍中，则肆志，吏不得问。日群行丐取于市，不嗛[8]，辄奋击折人手足，椎釜鬲瓮盎盈道上[9]，袒臂徐去，至撞杀孕妇人。邠宁节度使白孝德[10]以王故，戚不敢言。

太尉自州以状白府[11]，愿计事。至则曰："天子以生人付公理[12]，公见人被暴害，因恬然。且大乱，若何？"孝德曰："愿奉教。"太尉曰："某为泾州，甚适，少事；今不忍人无寇暴死，以乱天子边事。公诚以都虞候命某者[13]，能为公已乱，使公之人不得害。"孝德曰："幸甚！"如太尉请。

既署一月，晞军士十七人入市取酒，又以刃刺酒翁，坏酿器，酒流沟中。太尉列卒取十七人，皆断头注槊上，植市门外。晞一营大噪，尽甲。孝德震恐，召太尉曰："将奈何？"太尉曰："无伤也！请辞于军。"孝德使数十人从太尉，太尉尽辞去。解佩刀，选老躄者[14]一人持马，至晞门下。甲者出，太尉笑且入曰："杀一老卒，何甲也？吾戴吾头来矣！"甲者愕。因谕曰："尚书固负若属耶？副元帅固负若属耶？奈何欲以乱败郭氏？为白尚书，出听我言。"

晞出见太尉。太尉曰："副元帅勋塞天地，当务始终。今尚书恣卒为暴，暴且乱，乱天子边，欲谁归罪？罪且及副元帅。今邠人恶子弟以货窜名军籍中，杀害人，如是不止，几日不大乱？大乱由尚书出，人皆曰尚书倚副元帅，不戢士[15]。然则郭氏功名，其与存者几何？"言未毕，晞再拜曰："公幸教晞以道，恩甚大，愿奉军以从。"顾叱左右曰："皆解甲散还火伍中，敢哗者死！"太尉曰："吾未晡食，请假设草具。[16]"既食，曰："吾疾作，愿留宿门下。"命持马者去，旦日来。遂卧军中。晞不解衣，戒候卒击柝卫太尉[17]。旦，俱至孝德所，谢不能，请改过。邠州由是无祸。

先是，太尉在泾州为营田官[18]。泾大将焦令谌取人田，自占数十顷，给与农，曰："且熟，归我半。"是岁大旱，野无草，农以告谌。谌曰："我知入数而已，不知旱也。"督责益急，农且饥死，无以偿，即告太尉。

太尉判状辞甚巽[19]，使人求谕谌。谌盛怒，召农者曰："我畏段某耶？何敢言我！"取判铺背上，以大杖击二十，垂死，舆来庭中。太尉大泣曰："乃我困汝！"即自取水洗去血，裂裳衣疮，手注善药，旦夕自哺农者，然后食。取骑马卖，市谷代偿，使勿知。

淮西寓军帅尹少荣[20]，刚直士也。入见谌，大骂曰："汝诚人耶？泾州野如赭[21]，人且饥死；而必得谷，又用大杖击无罪者。段公，仁信大人也，而汝不知敬。今段公唯一马，贱卖市谷入汝，汝又取不耻。凡为人傲天灾、犯大人、击无罪者，又取仁者谷，使主人出无马，汝将何以视天地，尚不愧奴隶耶！"谌虽暴抗，然闻言则大愧流汗，不能食，曰："吾终不可以见段公！"一夕，自恨死。

及太尉自泾州以司农征[22]，戒其族："过岐[23]，朱泚幸致货币[24]，慎勿纳。"及过，泚固致大绫三百匹。太尉婿韦晤坚拒，不得命。至都，太尉怒曰："果不用吾言！"晤谢曰："处贱无以拒也。"太尉曰："然终不以在吾第。"以如司农治事堂，栖之梁木上。泚反，太尉终，吏以告泚，泚取视，其故封识具存[25]。太尉逸事如右[26]。

元和九年月日[27]，永州司马员外置同正员柳宗元谨上史馆[28]。今之称太尉大节者，出入以为武人一时奋不虑死[29]，以取名天下，不知太尉之所立如是。宗元尝出入岐周邠斄间[30]，过真定[31]，北上马岭[32]，历亭障堡戍，窃好问老校退卒[33]，能言其事。太尉为人姁姁[34]，常低首拱手行步，言气卑弱，未尝以色待物[35]；人视之，儒者也。遇不可，必达其志，决非偶然者。会州刺史崔公来，言信行直，备得太尉遗事，覆校无疑，或恐尚逸坠，未集太史氏，敢以状私于执事[36]。谨状。

注释

[1] 太尉：指段太尉（719 年～783 年），名秀实，字成公。唐汧阳（今陕西省千阳县）人。官至泾州刺史兼泾原郑颍节度使。

[2] 汾阳王：即郭子仪。郭子仪平定安史之乱有功，于唐肃宗宝应元年（762 年）进封汾阳王。蒲：州名，唐为河中府（治所在今山西省永济县）。

[3] 王子晞句：郭晞，汾阳王郭子仪第三子，随父征伐，屡建战功。764 年，吐蕃侵边，郭晞奉命率朔方军支援邠州，时任御史中丞、转御史大夫，后于大历中追赠兵部尚书。

[4] 领：兼任。节度使：主要掌军事。唐代开元年间（713 年～741 年）设置，原意在增加都察权力。安史乱后，愈设愈滥。

[5] 寓军：在辖区之外驻军。邠（bīn）州：治所在今陕西省彬县。

[6] 无赖：横行，撒泼放刁，为非作歹。

[7] 货：财物，这里指贿赂。

[8] 慊（qiè）：通"慊"，满足。

[9] 釜：锅。鬲（lì）：三脚烹饪器。瓮（wèng）：盛酒的陶器。盎：腹大口小的瓦盆。

[10] 白孝德：安西（治所在今新疆库车县）人，李广弼部将，广德二年（764 年）任邠宁节度使。

[11] 状：一种陈述事实的文书。白：秉告。

[12] 生人：生民，百姓。理：治，唐代为避李世民、李治讳而改。

[13] 都虞候：军队中的执法官。

[14] 躄（bì）：跛脚。躄者，腿脚不灵便之人。

[15] 戢（jí）：管束。不戢士，不管束的士兵。

[16] 晡（bū）食：晚餐。晡，申时，下午三至五时。假设：借备。草具：粗劣的食物。

[17] 柝（tuò）：古代巡夜打更用的梆子。

[18] "太尉"句：白孝德初任邠宁节度使时，以段秀实署置营田副使。唐制：诸军万人以上置营田副使一人，掌管军队屯垦。

[19] 巽（xùn）：通"逊"，委婉，谦恭。

[20] 淮西：今河南省许昌、信阳一带。

[21] 野如赭（zhě）：形容土地赤裸，寸草不生。赭，赤褐色。

[22] "及太尉"句：唐德宗建中元年（780 年）2 月，段秀实自泾原节度使被召为司农卿。司农卿，为司农寺长官，掌国家储粮用粮之事。

[23] 岐：州名，治所在今陕西省凤翔县南。

[24] 朱泚（cǐ）：昌平（今北京市昌平县）人，时为凤翔府尹。货币：物品和钱币。

[25] 识（zhì）：标记。

[26] "太尉"句：这是表示正文结束的话。

[27] 元和九年：公元 814 年。元和是唐宪宗李纯年号（806 年～820 年）。

[28] "永州"句：当时柳宗元任永州（治所在今湖南零陵县）司马，这里是他官职地位的

全称。史馆：国家修史机构。

[29] 出入：大抵，不外乎。

[30] "宗元"句：柳宗元于贞元十年（794 年）曾游历邠州一带。周：在岐山下，今陕西省郿县一带。釐（tái）：同"邰"，在今陕西省武功县西。

[31] 真定：不可考，或是"真宁"之误。真宁即今甘肃省正宁县。

[32] 马岭：山名，在今甘肃省庆阳县西北。

[33] 校：中下级军官。

[34] 姁（xǔ）姁：和好的样子。

[35] 色：脸色。物：此指人。

[36] 执事：专管某方面事务的官吏。这里指史官韩愈。

导读

本文精心选材，每一件事都突出表现主人公思想性格的一个方面。柳宗元在该文中未发一句评论，而是用个性化的言语行为来表现段秀实的思想性格。寥寥几笔，一个正直、仁义而又满腔义愤、无处说理的君子形象跃然纸上。

文章根据表现主题的需要，采用了倒叙的方法。为了突出强调段秀实临死不屈的行为绝非一时冲动，称他"遇不可，必达其志，决非偶然"。另外将精彩事例先行叙述，也能更吸引读者。

作者介绍

柳宗元（773 年～819 年），字子厚，河东（今山西永济）人。他与韩愈发起古文运动，为一代古文大家，世人并称他们为"韩柳"。其诗得《离骚》余意，常于自然景物之中寄托幽思，纤而归于淡泊，简古而含至味。诗作成就不及散文，却能独具特色。

柳宗元为"唐宋八大家"之一，一生留诗文作品达 600 余篇。其中，骈文有近百篇，散文论说性强，笔锋犀利，讽刺辛辣；游记写景状物，多所寄托；哲学著作有《天说》、《天对》、《封建论》等。柳宗元的作品由唐代刘禹锡保存下来，并编纂成集，有《柳河东集》、《柳宗元集》。

思考与练习

1. 课文是如何记叙段太尉的"逸事状"的？
2. 本文是如何把三件逸事串起来的？

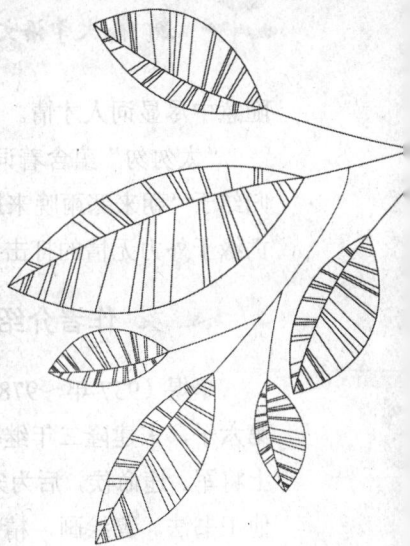

第五章　五代十国文学

乌夜啼[1]

李 煜

原文

林花谢[2]了春红，太匆匆！

无奈朝来寒雨晚来风。

胭脂泪[3]，留人醉，几时重[4]？

自是人生长恨水长东。

注释

[1] 此调原为唐教坊曲，又名《相见欢》、《秋夜月》、《上西楼》。三十六字，上片平韵，下片两仄韵两平韵。

[2] 谢：凋谢，飘落。

[3] 胭脂泪：指女子的眼泪。女子脸上搽有胭脂，泪水流经脸颊时沾上胭脂的红色，故云。

[4] 几时重：何时再度相会。

导读

《乌夜啼》又名《相见欢》，作于李煜降宋以后。作者即景抒情，借林花横遭风雨摧残匆匆而谢，喻时光易逝、韶华难再，并借此来抒发国破家亡的痛与悲，感叹人生无常、愁恨悠悠之感情。几近口语的寥寥数字，直率而真挚地写出了他作为亡国之君独有的惆怅，随意中尽显词人才情。

"太匆匆"蕴含着词人对人生苦短、来日无多的无限感叹。将林花匆匆凋谢的"无奈"，归结于"朝来寒雨晚来风"，看似大自然对林花的风雨摧残是自然规律，实则暗喻其国破家亡缘于外力无情的打击。"无奈"则写出了其复国无望、前途渺茫的心境。

作者介绍

李煜（937年～978年），字重光，初名从嘉，号"钟隐"、"莲蓬居士"。南唐元宗李璟第六子，宋建隆二年继位，史称后主。开宝八年，国破降宋，俘至汴京，被封为右千牛卫上将军、违命侯，后为宋太宗毒死。李煜在政治上虽庸弩无能，但其艺术才华却卓绝非凡。他工书法，善绘画，精音律，诗和文均有一定造诣，尤以词的成就最高，被誉为"千古词帝"，对后世影响亦大。其词主要收集在《南唐二主词》中。

思考与练习

1. 作者通过哪些事物表达了自己怎样的情感？
2. 作者将个人的人生体验上升到了人类的生命共感，谈谈"无奈"和"自是"这两组虚词在上下片中的作用。

别 赋

江 淹

原文

黯然销魂者[1]，唯别而已矣。况秦吴兮绝国[2]，复燕宋兮千里[3]。或春苔兮始生，乍秋风兮暂起[4]。是以行子肠断，百感凄恻。风萧萧而异响，云漫漫而奇色。舟凝滞于水滨，车逶迟于山侧[5]，棹容与而讵前[6]，马寒鸣而不息。掩金觞而谁御[7]，横玉柱而沾轼[8]。居人愁卧，怳若有亡[9]。日下壁而沉彩[10]，月上轩而飞光。见红兰之受露，望青楸之离霜[11]。巡曾楹而空掩，抚锦幕而虚凉[12]。知离梦之踯躅[13]，意别魂之飞扬[14]。故别虽一绪，事乃万族[15]。

至若龙马银鞍[16]，朱轩绣轴[17]，帐饮东都[18]，送客金谷[19]。琴羽张兮箫鼓陈[20]，燕赵歌兮伤美人[21]；珠与玉兮艳暮秋，罗与绮兮娇上春[22]。惊驷马之仰秣[23]，耸渊鱼之赤鳞[24]。造分手而衔涕[25]，感寂漠而伤神[26]。

乃有剑客惭恩[27]，少年报士[28]，韩国赵厕[29]，吴宫燕市[30]，割慈忍爱，离邦去里，沥泣共诀[31]，抆血相视[32]。驱征马而不顾，见行尘之时起。方衔感于一剑[33]，非买价于泉里[34]。金石震而色变[35]，骨肉悲而心死[36]。

或乃边郡未和，负羽从军[37]。辽水无极[38]，雁山参云[39]。闺中风暖，陌上草薰。日出天而耀景[40]，露下地而腾文[41]，镜朱尘之照烂[42]，袭青气之烟煴[43]。攀桃李兮不忍别，送爱子兮沾罗裙[44]。

至如一赴绝国，讵相见期[45]。视乔木兮故里[46]，决北梁兮永辞[47]。左右兮魂动，亲宾兮泪滋。可班荆兮赠恨[48]，惟尊酒兮叙悲[49]。值秋雁兮飞日，当白露兮下时。怨复怨兮远山曲，去复去兮长河湄[50]。

又若君居淄右[51]，妾家河阳[52]。同琼佩[53]之晨照，共金炉之夕香[54]，君结绶兮千里[55]，惜瑶草之徒芳[56]。惭幽闺之琴瑟，晦高台之流黄[57]。春宫閟[58]此青苔色，秋帐含兹明月光，夏簟[59]清兮昼不暮，冬釭[60]凝兮夜何长！织锦曲兮泣已尽，迴文诗兮影独伤[61]。

傥有华阴上士[62]，服食还山[63]。术既妙而犹学，道已寂而未传[64]。守丹灶而不顾[65]，炼金鼎而方坚[66]，驾鹤上汉，骖鸾腾天[67]。暂游万里，少别[68]千年。惟世间兮重别，谢主人兮依然[69]。

下有芍药之诗[70]，佳人之歌[71]。桑中卫女，上宫陈娥[72]。春草碧色，春水渌波[73]，送君南浦[74]，伤如之何！至乃秋露如珠，秋月如珪[75]，明月白露，光阴往来，与子之别，思心徘徊。

是以别方不定[76]，别理千名[77]，有别必怨，有怨必盈[78]，使人意夺神骇，心折骨惊[79]。虽渊云之墨妙[80]，严乐之笔精[81]，金闺之诸彦[82]，兰台[83]之群英，赋有凌云[84]之称，辩有雕龙[85]之声，谁能摹暂离之状，写永诀之情者乎！

❧ 注释

[1] 黯然：心神沮丧，形容惨戚之状。销魂，即丧魂落魄。

[2] 秦吴：古国名。秦国在今陕西一带，吴国在今江苏、浙江一带。绝国：相隔极远的邦国。

[3] 燕宋：古国名。燕国在今河北一带，宋国在今河南一带。

[4] 暫：同"暂"。

[5] 逶迟：徘徊不行的样子。

[6] 櫂（zhào）：船桨，这里指代船。容与：缓慢荡漾不前的样子。讵前：滞留不前。

[7] 掩：覆盖。觞（shāng）：酒杯。御：进用。

[8] 横：横持，阁置。玉柱：琴瑟上的系弦之木，这里指琴。沾：同"沾"。轼：车前的横木。

[9] 怳（huǎng）：丧神失意的样子。

[10] 沈彩：日光西沉。沈，同"沉"。

[11] 楸（qiū）：落叶乔木。枝干端直，高达三十米，古人多植于道旁。离：即"罹"，遭受。

[12] 曾楹（yíng）：高高的楼房。曾，同"层"。楹，屋前的柱子，此指房屋。揜（yǎn）：同"掩"。锦幕：锦织的帐幕。二句写行子一去，居人徘徊旧屋的感受。

[13] 踯（zhí）躅（zhú）：徘徊不前的样子。

[14] 意：同"臆"，料想。飞扬：飞散而无着落。

[15] 万族：不同的种类。

[16] 龙马：据《周礼·夏官·廋人》载，马八尺以上称"龙马"。

[17] 朱轩：贵者所乘之车。绣轴：绘有彩饰的车轴。此指车驾之华贵。

[18] 帐饮：古人设帷帐于郊外以饯行。东都：指东都门，长安城门名。

[19] 金谷：晋代石崇在洛阳西北金谷所造金谷园。史载石崇拜太仆，出为征虏将军，送者倾都，曾帐饮于金谷园。

[20] 羽：五音之一，声最细切，宜于表现悲戚之情。琴羽，指琴中弹奏出羽声。张：调弦。

[21] 燕赵：《古诗》有"燕赵多佳人，美者额如玉"句。后因以美人多出燕赵。

[22] 上春：即初春。

[23] 驷马：古时四匹马拉的车驾称驷，马称驷马。仰秣（mò）：抬起头吃草。语出《淮南子·说山训》："伯牙鼓琴，驷马仰秣。"原形容琴声美妙动听，此处反其意。

[24] 耸：因惊动而跃起。鳞：指渊中之鱼。语出《韩诗外传》："昔者瓠巴鼓瑟而潜鱼出听。"

[25] 造：等到。衔涕：含泪。

[26] 寂漠：即寂寞。

[27] 惭恩：自惭于未报主人知遇之恩。

[28] 报士：心怀报恩之念的侠士。

[29] 韩国：指战国时侠士聂政为韩国严仲子报仇，刺杀韩相侠累一事。赵厕：指战国初期，豫让因自己的主人智氏为赵襄子所灭，乃变姓名为刑人，入宫涂厕，挟匕首欲刺死赵襄子一事。

[30] 吴宫：指春秋时专诸置匕首于鱼腹，在宴席间为吴国公子光刺杀吴王一事。燕市：指荆轲与朋友高渐离等饮于燕国街市，因感燕太子恩遇，藏匕首于地图中，至秦献图刺秦王未成，被杀。高渐离为了替荆轲报仇，又一次入秦谋杀秦王事。

[31] 沥泣：洒泪哭泣。

[32] 抆（wěn）：擦拭。抆血，指眼泪流尽后又继续流血。

[33] 衔感：怀恩感遇。衔，怀。

[34] 买价：以生命换取金钱。泉里：黄泉。

[35] 金石震：钟、磬等乐器齐鸣。原本出自《燕丹太子》："荆轲与武阳入秦，秦王陛戟而见燕使，鼓钟并发，群臣皆呼万岁，武阳大恐，面如死灰色。"

[36] "骨肉"句：语出《史记·刺客列传》，聂政刺杀韩相侠累后，剖腹毁容自杀，以免牵连他人。韩国当政者将他暴尸于市，悬赏千金。他的姐姐聂嫈说："妾其奈何畏殁身之诛，终灭贤弟之名！"于是宣扬弟弟的义举，伏尸而哭，最后在尸身旁边自杀。骨肉，指死者亲人。

[37] 负羽：挟带弓箭。

[38] 辽水：辽河。在今辽宁省西部，流经营口入海。

[39] 雁山：雁门山。在今山西原平县西北。

[40] 耀景：闪射光芒。

[41] 腾文：露水在阳光下反射出绚烂的色彩。

[42] 镜：照。朱尘：红色的尘霭。照烂：鲜明绚烂之色。

[43] 袭：扑入。青气：春天草木上腾起的烟霭。烟煴（yīn yūn）：同"氤氲"。云气笼罩弥漫的样子。

[44] 爱子：爱人，指征夫。

[45] 讵：岂有。

[46] 乔木：高大的树木。王充《论衡·佚文》："睹乔木，知旧都。"

[47] "决北"句：语出《楚辞·九怀》。

[48] 班：铺设。荆：树枝条。人们以"班荆道故"来比喻亲旧惜别的悲痛。

[49] 尊：同"樽"，酒器。

[50] 湄：水边。

[51] 淄右：淄水西面，在今山东境内。

[52] 河阳：黄河北岸。

[53] 琼佩：琼玉之类的佩饰。

[54] "同琼佩"句：二句回忆昔日朝夕共处的爱情生活。

[55] 绶：系官印的丝带。结绶，指出仕做官。

[56] 瑶草：仙山中的芳草，这里比喻闺中少妇。徒芳：比喻虚度青春。

[57] 晦：昏暗不明。流黄：黄色丝绢，这里指黄绢做成的帷幕。这一句指为免伤情，不敢卷起帷幕远望。

[58] 春宫：指闺房。閟（bì）：关闭。

[59] 簟（diàn）：竹席。

[60] 釭（gāng）：灯。以上四句写居人春、夏、秋、冬四季相思之苦。

[61] "织锦"二句：一说窦韬身处沙漠，妻子苏惠就织锦为回文诗寄赠给他（《晋书·列女传》）。以上写游宦别离和闺中思妇的恋念。

[62] 傥（tǎng）：同"倘"。华阴：即华山，在今陕西渭南县南。上士：道士，求仙的人。

[63] 服食：道家以为服食丹药可以长生不老。还山：即成仙。一作"还仙"。

[64] 寂：进入微妙之境。传：至，最高境界。

[65] 丹灶：炼丹炉。不顾：不顾问尘俗之事。

[66] 炼金鼎：在金鼎里炼丹。

[67] 骖（cān）：三匹马驾车称"骖"。鸾：古代神话传说中凤凰一类的鸟。

[68] 少别：小别。

[69] 谢：告辞，告别。以上写学道炼丹者的离别。

[70] 下：下士，与"上士"相对。芍药之诗：语出《诗经·郑风·溱洧》，"维士与女，伊其相谑，赠以芍药"。

[71] 佳人之歌：指李延年的歌，"北方有佳人，绝世而独立"。

[72] 桑中：卫国地名。上宫：陈国地名。卫女、陈娥：均指恋爱中的少女。

[73] 渌（lù）波：清澈的水波。

[74] 南浦：《楚辞·九歌·河伯》："子交手兮东行，送美人兮南浦。"后以"南浦"泛指送别之地。

[75] 珪（guī）：一种洁白晶莹的圆形美玉。

[76] 别方：别离的双方。

[77] 名：种类。

[78] 盈：充盈。

[79] 折、惊：均言创痛之深。

[80] 渊：即王褒，字子渊。云：即扬雄，字子云。二人都是汉代著名的辞赋家。

[81] 严：严安。乐：徐乐。二人为汉代著名文学家。

[82] 金闺：原指汉代长安金马门，后来为汉代官署名，是聚集才识之士以备汉武帝诏询的地方。彦：有学识才干的人。

[83] 兰台：汉代朝廷中藏书和讨论学术的地方。

[84] 凌云：据《史记·司马相如列传》载，司马相如作《大人赋》，汉武帝赞誉为"飘飘有凌云之气，似游天地之间"。

[85] 雕龙：据《史记·孟子荀卿列传》载，驺奭写文章，善于闳辩，所以齐人称颂为"雕龙奭"。

导读

这是一篇著名的抒情小赋。齐梁之际，赋摆脱传统板滞凝重的形式向抒情言志的小赋发展过渡，并用于描写日常生活中的各种感受。这篇赋便以浓郁的抒情笔调，以环境烘托、情绪渲染、心理刻画等艺术方法，通过对戍人、富豪、侠客、游宦、道士、情人别离的描写，生动具体地反映出齐梁时代社会动乱的侧影。在以悲为美的艺术境界中，概括出人类别离的共有感情。

作者介绍

江淹（444 年～505 年），字文通，济阳考城（今河南兰考县）人。少年时孤苦贫穷，后来任中书侍郎，天监元年（502 年）为散骑常侍左卫将军，封临沮县伯，迁金紫光禄大夫，封醴陵侯，做官经历宋、齐、梁三代。少年时以文章著名，晚年才思减退，传说他在梦中归还给郭璞五色笔后作诗就没有佳句了，世称"江郎才尽"。他的诗善于刻画模拟，小赋遣词精工，尤以《别赋》、《恨赋》脍炙人口。今有《江文通集》传世。

思考与练习

1. 作者抓住不同类型的离别各自的特点，在各异的场景中描摹了离别情绪的千差万别。简述《别赋》中所描写的七种离别各有什么特点。

2. 论述本文最突出的艺术特色。

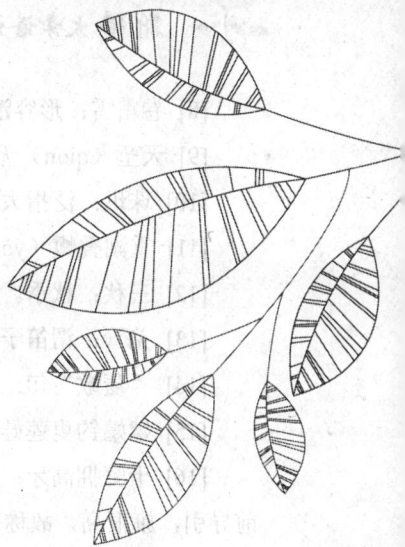

第六章 宋代文学

第一节 宋 词

望海潮

柳 永

原文

东南形胜[1]，三吴[2]都会，钱塘[3]自古繁华。烟柳画桥[4]，风帘翠幕[5]，参差[6]十万人家。云树[7]绕堤沙，怒涛卷霜雪[8]，天堑无涯[9]。市列珠玑[10]，户盈罗绮，竞豪奢。

重湖叠巘[11]清嘉，有三秋[12]桂子，十里荷花。羌管[13]弄晴，菱歌泛夜[14]，嬉嬉钓叟莲娃[15]。千骑拥高牙[16]，乘醉听箫鼓，吟赏烟霞[17]。异日图将[18]好景，归去凤池[19]夸。

注释

[1] 东南形胜：杭州地处东南方，地理形势优越。

[2] 三吴：说法不一，《水经注》以吴兴（今属浙江）、吴郡（今江苏苏州）、会稽（今浙江绍兴）为"三吴"。这里泛指江浙一带。

[3] 钱塘：即现今杭州，当时属吴郡。

[4] 画桥：雕饰华丽的桥梁。

[5] 风帘翠幕：挡风的帘子和翠绿的帷幕。

[6] 参差：形容楼阁高低不平。

[7] 云树：茂密如云的林木。

[8] 卷霜雪：形容浪涛汹涌像卷起来的白色霜雪。

[9] 天堑（qiàn）无涯：广阔无边的天然壕沟，这里指钱塘江。

[10] 珠玑：泛指大小不同的各种珠宝。

[11] 重湖叠巘（yǎn）：白堤两侧的里湖、外湖和远近重叠的山峰。

[12] 三秋：秋季。

[13] 羌管：谓笛子，笛声出自羌中，故称羌管。此处泛指乐器。

[14] "菱歌"句：此句与上文为互文，写笙歌沸盈，日夜不停。

[15] 嬉嬉钓叟莲娃：钓鱼的老翁和采莲的少女都很愉快。

[16] 千骑拥高牙：这里指孙何外出时仪仗很威风，随从人员多。高牙，古代行军有牙旗在前导引，旗很高，故称高牙。

[17] 烟霞：美丽的自然风景。

[18] 图将：把杭州美景画出来。将，用在动词后的语助词。

[19] 凤池：凤凰池，对中书省的美称，这里代朝廷。

导读

这首词一反柳永惯常的风格，以大开大阖、波澜起伏的笔法，浓墨重彩地铺叙展现了杭州繁荣、壮丽的景象，赞美了杭州人民和平安定的欢乐生活，反映了北宋结束五代分裂割据局面以后，经过真宗、仁宗两朝的休养生息，所呈现的繁荣太平景象。当然，这种景象还只是生活的表面现象，没有揭示出广大老百姓的苦况。这首词是写给当时任两浙转运使的孙何的，虽为赠献之作，有一定的奉承成分，却不能说就是粉饰升平的歌功颂德的作品，因为本词确实反映了当时一定的社会现实。

这首词的艺术感染力很强。词人以清新的笔墨、铺陈的手法，从不同角度把杭州富丽非凡的景象描绘得淋漓尽致。钱江潮的壮观、西湖的美景、杭州市区的富庶繁华、人民生活的美好都尽收词人笔下。这首词，慢声长调和所抒之情起伏相应，音律协调，情致婉转，是柳永的一首传世佳作。

作者介绍

柳永（约987年～约1053年），字耆卿，汉族，崇安（今福建武夷山）人。北宋词人，婉约派最具代表性的人物之一。宋仁宗朝进士，官至屯田员外郎，故世称"柳屯田"。他自称"奉旨填词柳三变"，以毕生精力作词，并以"白衣卿相"自许。由于仕途坎坷、生活潦倒，他由追求功名转而厌倦官场，耽溺于旖旎繁华的都市生活。柳永作为北宋第一个专力作词的词人，他不仅开拓了词的题材内容，而且制作了大量的慢词，发展了铺叙手法，促进了词的通俗化、口语化，在词史上产生了较大的影响。其作流传极广，"凡有井水饮处，皆能歌柳词"。其词多描绘城市风光和歌妓生活，尤长于抒写羁旅行役之情。代表作有《雨霖铃》、《乐章集》。

思考与练习

1. 本词描述了钱塘一派怎样的景象？
2. 这首词在写作上有什么特点，运用了什么表现手法？

水调歌头

苏 轼

原文

丙辰中秋，欢饮达旦，大醉，作此篇，兼怀子由[1]。

明月几时有？把酒[2]问青天。不知天上宫阙[3]，今夕是何年[4]。我欲乘风归去[5]，又恐琼楼玉宇[6]，高处不胜[7]寒。起舞弄清影[8]，何似[9]在人间。

转朱阁[10]，低绮户[11]，照无眠[12]。不应有恨，何事长向别时圆[13]？人有悲欢离合，月有阴晴圆缺，此事古难全。但[14]愿人长久，千里共婵娟[15]。

注释

[1] 子由：苏轼弟弟苏辙的字。

[2] 把酒：端起酒杯。把：握着。

[3] 宫阙（què）：宫殿。

[4] 今夕是何年：古代神话传说天上三日，世间千年。古人认为天上神仙世界年月的编排与人间是不相同的，所以作者有此一问。

[5] 乘风归去：驾着风，回到天上去。作者在这里浪漫地认为自己是下凡的神仙。归去：回到天上去。

[6] 琼楼玉宇：美玉砌成的楼宇，指想象中的仙宫。

[7] 不胜：经受不住。

[8] 弄清影：意思是月光下的身影也跟着做出各种舞姿。

[9] 何似：哪里是……比得上的。

[10] 朱阁：朱红色的楼阁。

[11] 绮（qǐ）户：刻有纹饰的门窗。

[12] 照无眠：照着没有睡意的人（指诗人自己）。

[13] 何事长（cháng）向别时圆：为什么偏偏在离别的时候月圆呢？何事，为什么。长，常常。

[14] 但：只。

[15] 婵娟：美丽的月光，代指月亮。

导读

这首词是宋神宗熙宁九年中秋作者在密州时所作。这一时期，苏轼因为与当权的变法者王安石等人政见不同，自求外放，辗转在各地为官。这一年的中秋，皓月当空，银辉遍地，与胞弟苏辙分别之后，转眼已七年未得团聚了，于是他乘酒兴正酣，挥笔写下了这首名篇。

本词表达了对胞弟苏辙的无限怀念，也反映了作者复杂而又矛盾的思想感情。一方面，虽然政治上很不得意，但他对现实、对理想仍充满了信心；另一方面，由于政治失意，他对现实产生了一种强烈的不满，从而滋长了他消极避世的思想感情。不过，贯穿始终的却是词中所表现出的那种热爱生活与积极向上的乐观精神。

作者介绍

苏轼（1037年～1101年），字子瞻，号"东坡居士"，北宋眉山人，著名的北宋文学家，唐宋八大家之一。他学识渊博，多才多艺，在书法、绘画、诗词、散文各方面都有很高的造诣。他的书法与蔡襄、黄庭坚、米芾合称"宋四家"；与苏辙、苏洵合称"三苏"；善画竹木怪石，其画论、书论也有卓见。他是北宋继欧阳修之后的文坛领袖，散文与欧阳修齐名；诗歌与黄庭坚齐名；他的词气势磅礴，风格豪放，一改词的婉约，与南宋辛弃疾并称"苏辛"，共为豪放派词人。

思考与练习

1. 熟读诗词，试分析作者出世与入世的矛盾、情与理的矛盾。
2. 词中哪两句是由出尘之想向入世情怀的过渡？

一剪梅

李清照

原文

红藕[1]香残玉簟秋[2]，
轻解罗裳，独上兰舟[3]。
云中谁寄锦书来？
雁字回时，月满西楼。
花自飘零水自流。
一种相思，两处闲愁。
此情无计可消除。
才下眉头，却上心头。

注释

[1] 红藕：指手臂。
[2] 玉簟（diàn）秋：指时至深秋，精美的竹席已嫌清冷。
[3] 兰舟：指床。

导读

这是一首相当富有诗情画意的词作。此词作于赵明诚出外求学后，李清照独居青州时，抒写了她思念丈夫时的心情。"西楼"是指青州顺河楼，因其位于青州西门岱宗门外的南阳河西岸，所以称为"西楼"。

上阕从秋日独自泛舟出游写到明月高照闺楼，无论是白天或晚上、出外或者归家，她无时无刻不挂念着心上之人，盼望他从远方寄来"锦书"。下阕以花落水流比拟丈夫离开自己以后的寂寞寥落之感，说明彼此伉俪情深，两地相思难以消除。

词人把她的别情抒写得淋漓尽致，显出他们夫妻恩爱的甜蜜，也表现出她对生活的热爱。此外，这首词在意境的刻画，感情真挚、深沉的表述，以及语言运用的艺术上，无不给人留下深刻的印象。

作者介绍

李清照（1084 年~1155 年），今山东省济南章丘人，号易安居士。宋代女词人，婉约词派代表。早期生活优裕，与丈夫赵明诚共同致力于书画金石的搜集整理。金兵入据中原后，其流寓南方，境遇孤苦。所作词，前期多写其悠闲生活，后期多悲叹身世，情调感伤，也流露出对中原的怀念。形式上善用白描手法，自辟途径，语言清丽。论词强调协律，崇尚典雅，提出词"别是一家"之说，反对以作诗文之法作词。能诗，但留存不多，部分篇章感时咏史，情辞慷慨，与其词风不同。有《易安居士文集》、《易安词》，已散佚。后人有《漱玉词》辑本。今有《李清照集校注》。

思考与练习

1. 这首词的情感基调是怎样的？
2. 词人是如何表达她的相思之愁的？
3. 通过这首词可以了解李清照词怎样的艺术特点？

钗头凤

陆 游

原文

红酥手，黄滕酒。满城春色宫墙柳。东风恶，欢情薄。一怀愁绪，几年离索。错，错，错！

春如旧，人空瘦。泪痕红浥[1]鲛绡[2]透。桃花落，闲池阁。山盟虽在，锦书难托。莫，莫，莫！

注释

[1] 浥（yì）：湿润。

[2] 鲛（jiāo）绡（xiāo）：神话传说鲛人所织的绡，极薄，后用以泛指薄纱。鲛人，亦作"蛟人"，神话传说中生活在海中的人，其泪珠能变成珍珠。绡，生丝，生丝织物。

导读

陆游与原配夫人唐氏情投意合，不料，陆母却对儿媳产生了厌恶感，逼迫陆游休弃唐氏。二人终于被迫分离，几年以后的一个春日，陆游在家乡山阴（今绍兴市）城南禹迹寺附近的沈园，与偕夫同游的唐氏邂逅相遇。陆游见人感事，心中感触很深，遂乘醉吟赋这首词，信笔题于园壁之上。

这首词始终围绕着沈园这一特定的空间来安排自己的笔墨，上篇由追昔到抚今，而以"东风恶"转换；下篇回到现实，以"春如旧"与上篇"满城春色"句相呼应，以"桃花落，闲池阁"与上篇"东风恶"句相照应，把同一空间不同时间的情事和场景历历如绘地叠映出来。全词多用对比的手法，节奏急促，声情凄紧，再加上"错，错，错"和"莫，莫，莫"先后两次感叹，荡气回肠，大有恸不忍言、恸不能言的情致。

总而言之，这首词达到了内容和形式的完美统一，是一首别开生面、催人泪下的作品。

作者介绍

陆游（1125 年～1210 年），南宋诗人、词人，字务观，号放翁，越州山阴（今浙江绍兴）人。他始终坚持抗金，在仕途上不断受到当权派的排斥打击。中年入蜀抗金，军事生活丰富了他的文学内容，作品吐露出万丈光芒。词作量不如诗篇巨大，但和诗同样贯穿了气吞残虏的爱国主义精神。一生创作诗歌很多，今存九千多首，内容极为丰富。抒发政治抱负，反映人民疾苦，风格雄浑豪放；抒写日常生活，也多为清新之作。著有《剑南诗稿》、《渭南文集》、《南唐书》、《老学庵笔记》等。

思考与练习

1. 陆游的《钗头凤》上下片各写了什么内容？表现了作者什么样的思想感情？
2. 这首词主要运用了什么样的手法？表达了什么样的思想内容？

永遇乐·京口北固亭怀古[1]

辛弃疾

原文

千古江山，英雄无觅，孙仲谋处[2]。舞榭歌台，风流总被雨打风吹去[3]。

斜阳草树，寻常巷陌，人道寄奴曾住[4]。想当年，金戈铁马，气吞万里如虎[5]。

元嘉草草，封狼居胥，赢得仓皇北顾[6]。四十三年，望中犹记；烽火扬州路[7]。

可堪回首，佛狸祠下，一片神鸦社鼓[8]。凭谁问：廉颇老矣，尚能饭否[9]？

❀ 注释

[1] 京口：古城名，三国孙权曾在此建都，后迁建业，于此置京口镇，故址在今江苏镇江市。北固亭：一名北固楼，在镇江城北的北固山上，下临长江。南朝梁武帝萧衍执政时曾改名为北顾亭。

[2] 孙仲谋：吴大帝孙权的字，孙权为三国时吴国的君主。这两句是说：千百年来江山依旧，却无处寻找像孙权那样的英雄人物了。

[3] 舞榭歌台：歌舞的楼台。榭：高台上的建筑物。风流：这里用作业绩。这两句是说，当年的繁华盛况和英雄业绩都随着时光的流逝，在风吹雨打中消失了。

[4] 寻常巷陌：普通街巷。寄奴：南朝首位皇帝宋武帝刘裕的小名。这三句是说刘裕住过的地方，现在已成了斜阳草树中的普通街巷。

[5] "想当年"三句：赞扬了刘裕北伐中原的气概和成就。

[6] 元嘉：刘裕的儿子，宋文帝刘义隆的年号（242年~253年）。草草：指刘义隆北伐准备不足，草率出兵。封：古代在山上筑坛祭天的仪式。这里指"封山"。狼居胥：山名，一名"狼山"，在今内蒙古自治区西北郊，毗邻甘肃。赢得：剩得，落得。仓皇北顾：在仓皇败退后，回头北望追兵，宋文帝有"北顾涕交流"诗句记此次失败。意为本想建立战功，结果却在北魏太武帝拓跋焘的反击之下，落得个大败而还，北顾追兵，仓惶失措。

[7] 四十三年：此词写于开禧元年（1205年）作者出守京口时，上距词人绍兴三十二年（1162年）南归，已四十三年。扬州路：今江苏扬州一带。这三句是说，四十三年后的今天，登亭遥望扬州一带，当年抗金烽火，记忆犹新。

[8] 可堪：表面意为可以忍受得了，实则犹"岂堪"、"那堪"，即怎能忍受得了。堪，忍受。佛狸祠：450年10月，拓跋焘率兵反击王玄谟，王玄谟所部大败奔溃。北魏军兵分五路从黄河沿岸开始长驱南下，反攻刘宋。12月初，北魏远征军陆续到达长江北岸。拓跋焘所部驻军长江北岸瓜步山（在今江苏六合东南），在山上修建一座行宫，后称佛狸祠（佛狸即拓跋焘的小名）。神鸦：飞来吃祭品的乌鸦。社鼓：社日祭神的鼓乐声，旧俗立春后第五个戊日为春社，立秋后第五个戊日为秋社。这三句是说，当地百姓竟在佛狸祠下迎神赛社，一片太平景象，真有不堪回首之感。此句是在用拓跋焘来影射金国的完颜亮。

[9] 廉颇：战国时赵国名将。这三句是说，作者是老当益壮，以廉颇自比，期望能得到重用，为国效劳，但又有谁来给予重视和关怀呢？

❀ 导读

辛弃疾于开禧元年（1205年）66岁任镇江知府时，登临北固亭，凭高望远，抚今追昔，感叹报国无门的失望，于是写下了这篇传唱千古之作。

上阙怀念孙权、刘裕。孙权坐镇东南，击退强敌；刘裕金戈铁马，战功赫赫，收复失地，气吞万里。对历史人物的赞扬，也就是对主战派的期望和对南宋朝廷苟安求和者的讽刺和谴责。

下阕引用南朝刘义隆冒险北伐，却招致大败，反而被北魏拓跋焘的军队反攻到了长江北岸的历史事实，忠告韩侂胄要吸取历史教训，不要草率从事；接着用四十三年来抗金形势的变化，表示词人收复中原的不变决心；结尾三句，以廉颇自比，表示出词人报效国家的强烈愿望和对宋室不能进用人才的慨叹。

全词豪壮悲凉，义重情深。词中用典贴切自然、紧扣题旨，增强了作品的说服力和意境美。

作者介绍

辛弃疾（1140 年～1207 年），南宋词人。原字坦夫，改字幼安，别号稼轩，历城（今山东济南）人。出生时，中原已为金兵所占。21 岁参加抗金义军，不久归南宋。历任湖北、江西、湖南、福建、浙东安抚使等职，一生力主抗金。曾上《美芹十论》与《九议》，条陈战守之策，显示出其卓越的军事才能与爱国热忱。其词抒写力图恢复国家统一的爱国热情，倾诉壮志难酬的悲愤，对当时执政者的屈辱求和颇多谴责；也有不少吟咏祖国河山的作品。其词题材广阔又善于用前人典故入词，风格沉雄豪迈又不乏细腻柔媚之处。作品集有《稼轩长短句》，今人辑有《辛稼轩诗文钞存》。

思考与练习

1. 论述这首词特定的创作背景。
2. 词中用廉颇事作为全词的结尾，用意是什么？
3. 这首词表现了作者什么样的志向？

第二节 宋 诗

沈园二首

陆 游

原文

其一

城上斜阳画角[1]哀，沈园非复旧池台[2]。

伤心桥下春波绿[3]，曾是惊鸿照影来[4]。

其二

梦断香消四十年[5]，沈园柳老不吹绵[6]。

此身行作稽山土[7]，犹吊遗踪一泫然[8]。

🌸 注释

[1] 画角：一种刻有花纹的号角乐器。形如竹筒，外加彩绘，发声哀厉高亢，是古代军队中警昏晓、振士气的一种管乐。

[2] 沈园：故址在今浙江绍兴禹迹寺南。非复旧池台：不再是原来的池台，指沈园变化很大。非复旧，不再是。

[3] 伤心桥下春波绿：意谓桥是伤心的桥，只有看到桥下绿水，才多少感到这次来的时节也是春天。但现实太残酷了，虽然"桥下"依旧"春波绿"，但心上人早已作古，连景物也非旧观。诗人此刻心境之寥落，可以想见。

[4] 惊鸿：惊飞的鸿（一种水鸟）。鸿飞动时，姿态优美，古人以此比喻美女，形容女子体态轻盈。这里作者用以比喻其所怀念的亡妻唐氏。

[5] 梦断：犹云"梦煞"，念念不忘的意思。香消：指唐氏之死。四十年：唐琬死于绍兴乙亥（1155 年），至庆元己未（1199 年）陆游作此诗时计有四十四年，这里取其整数而言。此句比喻自己过去生活的消逝和唐氏的死亡，写出了生者与死者的精神对话。

[6] 绵：这里指柳絮。

[7] 稽山：会稽山，在今浙江绍兴东南。北宋李邦直《题江干初雪图》有句云"病骨未为山下土，尚寻遗墨话兴亡"，陆游化用其句式，比喻自己快要死了。

[8] 泫然：泪流不止的样子。

🌸 导读

这是陆游 75 岁时重游沈园（在今浙江绍兴）写下的悼亡诗。

作者 31 岁时曾在沈园与被专制家长拆散的原妻唐琬偶尔相遇，作《钗头凤·红酥手》，题于壁以记其苦思深恨，岂料这一面竟成永诀。晚年陆游多次到沈园悼亡，这两首是他的悼亡诗中最为深婉动人者。

唐琬离开人世已经四十余年了，寻梦或寻找幻觉之举已成了生者与死者的精神对话。在生死对话中，诗人产生天荒地老、人也苍老的感觉，就连那些曾经点缀满城春色的沈园杨柳，也苍老得不再逢春开花飞絮了。美人早已"玉骨久成泉下土"，未亡者这把老骨头，年过古稀，也即将化作会稽山（在今绍兴）的泥土，但是割不断的一线情思，使他神差鬼使般地来到沈园寻找遗踪，并使他泫然落泪。

在生命限处，爱在申辩自己的永恒价值，这是《沈园二首》留给后人的思考。

🌸 思考与练习

1. 本诗是如何借景抒情，来表达作者对往事的感伤的？
2. 论述本诗是如何运用反衬法表达作者对爱情忠贞不渝的态度的。

第三节 宋代散文

秋声赋

欧阳修

原文

欧阳子[1]方[2]夜读书，闻有声自西南来者，悚然[3]而听之，曰："异哉！"初淅沥以萧飒[4]，忽奔腾而砰湃[5]；如波涛夜惊，风雨骤至。其触于物也，鏦鏦铮铮[6]，金铁皆鸣；又如赴敌之兵，衔枚[7]疾走，不闻号令，但闻人马之行声。余谓童子："此何声也？汝出视之。"童子曰："星月皎洁，明河[8]在天，四无人声，声在树间。"

余曰："噫嘻悲哉！此秋声也。胡为而来哉？盖夫秋之为状[9]也，其色，惨淡[10]，烟霏[11]云敛[12]；其容，清明，天高日晶[13]；其气，凛冽[14]，砭[15]人肌骨；其意，萧条，山川寂寥。故其为声也，凄凄切切，呼号奋发。丰草绿缛[16]而争茂，佳木葱茏而可悦。草拂之而色变，木遭之而叶脱。其所以摧败零落者，乃一气[17]之余烈[18]。夫秋，刑官[19]也，于时为阴；又兵象也，于行为金。是谓天地之义气，常以肃杀而为心。天之于物，春生秋实，故其在乐也，商声主西方之音，夷则为七月之律。商，伤也，物既老而悲伤；夷，戮也，物过盛而当杀。"

"嗟夫！草木无情，有时[20]飘零。人为动物，惟物之灵。百忧感其心，万物劳其形，有动于中，必摇其精。而况思其力之所不及，忧其智之所不能，宜其渥[21]然丹者为槁木，黟[22]然黑者为星星[23]。奈何以非金石之质，欲与草木而争荣？念谁为之戕贼[24]，亦何恨乎秋声！"

童子莫对，垂头而睡。但闻四壁虫声唧唧，如助余之叹息。

注释

[1] 欧阳子：作者自称。

[2] 方：正在。

[3] 悚（sǒng）然：惊惧的样子。

[4] 初淅沥以萧飒：起初是淅淅沥沥的细雨带着萧飒的风声。淅沥，细雨声。以，而。萧飒，形容风声。

[5] 砰湃：同"澎湃"，波涛汹涌的声音。

[6] 鏦鏦（cōng）铮铮：金属相击的声音。

[7] 衔枚：古时行军或袭击敌军时，让士兵衔枚以防出声。枚，形似竹筷，衔于口中，两端有带，系于脖上。

[8] 明河：银河。

[9] 秋之为状：秋天所表现出来的意气容貌。状，情状，指下文所说的"其色"、"其容"、"其气"、"其意"。

[10] 惨淡：黯然无色。

[11] 烟霏：烟气浓重。霏，散扬。

[12] 云敛：云雾密聚。敛，收、聚。

[13] 日晶：日光明亮。晶，亮。

[14] 凛冽：寒冷。

[15] 砭（biān）：古代用来治病的石针，这里引用为刺的意思。

[16] 绿缛：碧绿繁茂。

[17] 一气：这里指秋气。

[18] 余烈：余威。

[19] 刑官：执掌刑狱的官。《周礼》把官职与天、地、春、夏、秋、冬相配，称为六官。秋天肃杀万物，所以司寇为秋官，执掌刑法，称刑官。

[20] 有时：有固定时限。

[21] 渥：红润的脸色。

[22] 黟（yī）：黑。

[23] 星星：鬓发花白的样子。

[24] 戕（qiāng）贼：残害。

导读

本文写于作者 53 岁时，即宋仁宗嘉佑四年。作者晚年虽身居高位，但回首屡次遭贬，内心隐痛难消，面对朝廷内外的污浊、黑暗，眼见国家日益衰弱，改革又无望，不免产生郁闷心情。

《秋声赋》写秋以立意新颖著称，从题材上讲，悲秋是中国古典文学的永恒题材，但欧阳修选择从新的角度入手，描绘了山川寂寥、草木零落的萧条景象，虽然承袭了写秋天肃杀萧条的传统，但却烘托出人事忧劳更甚于秋的肃杀的主题，这就使文章在立意上有所创新。全篇语言流畅、声情并茂。

作者介绍

欧阳修（1007 年～1072 年），字永叔，号醉翁，又号六一居士，庐陵（今江西吉安）人。北宋著名文学家、史学家。欧阳修继承唐代韩愈"文以载道"的精神，发扬唐代古文运动传统，被公认为北宋中期的文坛领袖，在散文、诗词、史传等方面都有较高成就，曾与宋祁合修《新唐书》，并独撰《新五代史》，尤以散文对后世影响最大，是"唐宋八大家"之一。

思考与练习

1. 秋声是一种无形的东西，作者是通过哪三个比喻来对秋声进行直接描摹的？
2. 文章后半部分作者用"嗟夫"一声长叹表达了作者怎样的思想感情？

读孟尝君传[1]

王安石

原文

世皆称孟尝君能得士，士以故归之，而卒赖其力以脱于虎豹之秦[2]。嗟乎！孟尝君特鸡鸣狗盗之雄耳[3]，岂足以言得士？不然，擅齐之强[4]，得一士焉，宜可以南面而制秦[5]，尚何取鸡鸣狗盗之力哉？夫鸡鸣狗盗之出其门，此士之所以不至也。

注释

[1]《读孟尝君传》选自《临川先生文集》。《孟尝君传》指司马迁《史记·孟尝君列传》。孟尝君，姓田，名文，战国时齐国公子。

[2] 卒赖其力以脱于虎豹之秦：卒，终于。其，指门下士。虎豹之秦，像虎豹一样凶残的秦国。

[3] 特鸡鸣狗盗之雄耳：特，只、仅仅。雄，长、首领。耳，罢了。

[4] 擅齐之强：拥有齐国的强大国力。擅，拥有。

[5] 南面而制秦：南面称王制服秦国。古代君臣相见，帝王坐北面南，臣在对面朝见。制，制服。

导读

《读〈孟尝君传〉》是中国历史上的第一篇驳论文。它议论脱俗，结构严谨，用词简练，气势轩昂，被历代文论家誉为"文短气长"的典范。孟尝君，姓田，名文，是战国时齐国的公子，封于薛（今山东滕县南）。他与当时赵国的平原君、楚国的春申君、魏国的信陵君，都以"好养士"出名，称为"战国四公子"。孟尝君当时有食客数千，可谓宾客盈门、谋士云集。但是，王安石却不以为然。他认为"士"必须具有经邦济世的雄才大略，孟尝君非将士之人，只不过是鸡鸣狗盗之雄而已，而贤明之士是指治国安邦的人，正因为孟尝君门下尽是一些雕虫小技之士，所以真正的贤明之士是不肯投靠他的，其观点很有新意。

作者介绍

王安石（1021 年～1086 年），字介甫，晚号半山，小字獾郎，抚州临川人，封荆国公，世人称临川先生或王荆公。北宋杰出的政治家、思想家、文学家、改革家，唐宋八大家之一。在文学中具有突出成就。其诗擅长于说理与修辞，善于用典故，风格遒劲有力，警辟精绝，也有情韵深婉的作品。著有《临川先生文集》。现存有《王临川集》、《临川集拾遗》。其政治变法对北宋后期社会经济具有很深的影响，已具备近代变革的特点，被列宁誉为"中国十一世纪伟大的改革家"。

1．世人普遍对于孟尝君有什么样的传统观念？

2．作者心目中的"士"应该是什么样的？

3．作者驳斥世人观念的根据是什么？

前赤壁赋[1]

苏 轼

原文

壬戌[2]之秋，七月既望[3]，苏子与客泛舟，游于赤壁之下。清风徐[4]来，水波不兴[5]。举酒属[6]客，诵明月之诗[7]，歌窈窕之章[8]。少焉[9]，月出于东山之上，徘徊于斗牛[10]之间。白露横江[11]，水光接天。纵一苇之所如，凌万顷之茫然[12]。浩浩乎如冯虚御风[13]，而不知其所止；飘飘乎如遗世[14]独立，羽化而登仙[15]。

于是饮酒乐甚，扣舷[16]而歌之。歌曰："桂棹兮兰桨[17]，击空明兮溯流光[18]。渺渺[19]兮予怀，望美人[20]兮天一方。"客有吹洞箫者，倚歌[21]而和（hè）之。其声呜呜然，如怨如慕[22]，如泣如诉；余音袅袅[23]，不绝如缕[24]。舞幽壑之潜蛟[25]，泣孤舟之嫠妇[26]。

苏子愀然[27]，正襟危坐[28]而问客曰："何为其然也[29]？"客曰："'月明星稀，乌鹊南飞[30]，'此非曹孟德之诗乎？西望夏口[31]，东望武昌[32]，山川相缪[33]，郁[34]乎苍苍，此非孟德之困于周郎者乎[35]？方其破荆州，下江陵，顺流而东也[36]，舳舻[37]千里，旌旗蔽空，酾酒[38]临江，横槊[39]赋诗，固一世之雄也，而今安在哉？况吾与子渔樵于江渚之上，侣鱼虾而友麋[40]鹿，驾一叶之扁舟[41]，举匏樽[42]以相属。寄蜉蝣[43]于天地，渺沧海[44]之一粟。哀吾生之须臾[45]，羡长江之无穷。挟飞仙以遨游，抱明月而长终[46]。知不可乎骤[47]得，托遗响于悲风[48]。"

苏子曰："客亦知夫水与月乎？逝者如斯[49]，而未尝往也；盈虚者如彼[50]，而卒莫消长也[51]。盖将自其变者而观之，则天地曾不能以一瞬[52]；自其不变者而观之，则物与我皆无尽也，而又何羡乎？且夫天地之间，物各有主，苟非吾之所有，虽一毫而莫取。惟江上之清风，与山间之明月，耳得之而为声，目遇之而成色，取之无禁，用之不竭。是造物者之无尽藏也[53]，而吾与子之所共适[54]。"

客喜而笑，洗盏更酌[55]。肴核既尽[56]，杯盘狼籍。相与枕藉[58]乎舟中，不知东方之既白。

注释

[1] 《前赤壁赋》：这篇散文是宋神宗元丰五年（1082年）苏轼贬谪黄州（今湖北黄冈）时所作。赤壁：实为黄州赤鼻矶，并不是三国时期赤壁之战的旧址，当地人因音近亦称之为赤壁，苏轼知道这一点，将错就错，借景以抒发自己的情怀。

[2] 壬戌：宋神宗元丰五年，岁次壬戌。古代以干支纪年，该年为壬戌年。

[3] 既望：望日的后一日。望，月满为望，农历每月十五日为"望日"，十六日为"既望"。

[4] 徐：舒缓地。

[5] 兴：起，作。

[6] 属（zhǔ）：致意，引申为劝酒。

[7] 明月之诗：指《诗经·陈风·月出》，详见下注。

[8] 窈窕之章：《月出》诗首章为："月出皎兮，佼人僚兮，舒窈纠兮，劳心悄兮。""窈纠"同"窈窕"。

[9] 少焉：一会儿。

[10] 斗牛：星座名，即斗宿（南斗）、牛宿。

[11] 白露：白茫茫的水汽。横江：笼罩江面。

[12] 纵一苇之所如，凌万顷之茫然：任凭小船在宽广的江面上飘荡。纵，任凭。一苇，比喻极小的船。《诗经·卫风·河广》："谁谓河广，一苇杭（航）之。"如，往。凌，越过。万顷，极为宽阔的江面。

[13] 冯（píng）虚御风：乘风腾空遨游。冯虚，凭空、凌空。冯，通"凭"。虚，太空。御，驾御。

[14] 遗世：遗弃尘世。

[15] 羽化：道教把成仙叫作"羽化"，认为成仙后能够飞升。登仙：登上仙境。

[16] 扣舷：敲打着船边，指打节拍。

[17] 桂棹（zhào）兰桨：用兰、桂香木制成的船桨。

[18] 空明：月亮倒映水中的澄明之色。溯：逆流而上。流光：在水波上闪动的月光。

[19] 渺渺：悠远的样子。

[20] 美人：比喻内心思慕的人。

[21] 倚歌：按照歌曲的声调节拍。

[22] 怨：哀怨。慕：眷恋。

[23] 余音：尾声。袅袅：形容声音婉转悠长。

[24] 缕：细丝。

[25] 幽壑：深谷，这里指深渊。此句意谓潜藏在深渊里的蛟龙为之起舞。

[26] 嫠（lí）妇：寡妇。

[27] 愀（qiǎo）然：忧愁凄怆的样子。

[28] 正襟危坐：整理衣襟，（严肃地）端坐着。

[29] 何为其然也：箫声为什么会这么悲凉呢？

[30] 月明星稀，乌鹊南飞：曹操《短歌行》中的诗句。

[31] 夏口：故城在今湖北武昌。

[32] 武昌：今湖北鄂城县。

[33] 缪（liǎo）：通"缭"，盘绕。

[34] 郁：茂盛的样子。

[35] 孟德之困于周郎：汉献帝建安十三年（208 年），吴将周瑜在赤壁之战中击溃曹操号称的八十万大军。周郎：周瑜 24 岁为中郎将，吴中皆呼为周郎。

[36] "方其破荆州"句：建安十三年刘琮率众向曹操投降，曹军不战而占领荆州、江陵。方：当。荆州：辖南阳、江夏、长沙等八郡，今湖南、湖北一带。江陵：当时的荆州首府，今湖北县名。

[37] 舳（zhú）舻（lú）：战船前后相接，这里指战船。

[38] 酾（shī）酒：滤酒，这里指斟酒。

[39] 横槊（shuò）：横执长矛。

[40] 侣：以……为友，这里为意动用法。麋（mí）：鹿的一种。

[41] 扁（piān）舟：小舟。

[42] 匏樽：酒葫芦。

[43] 寄：寓托。蜉蝣：一种朝生暮死的昆虫。此句比喻人生之短暂。

[44] 渺：小。沧海：大海。此句比喻人类在天地之间极为渺小。

[45] 须臾：片刻，形容生命之短。

[46] 长终：至于永远。

[47] 骤：突然，骤然。

[48] 遗响：余音，指箫声。悲风：秋风。

[49] 逝者如斯：流逝的像这江水。语出《论语·子罕》："子在川上曰：'逝者如斯夫，不舍昼夜。'"逝：往。斯：此，指水。

[50] 盈虚者如彼：指月亮的圆缺。

[51] 卒：最终。消长：增减。

[52] 曾：竟然。一瞬：一眨眼的工夫。

[53] 是：这。造物者：天地自然。无尽藏（zàng）：无穷无尽的宝藏。

[54] 食：享用。

[55] 更酌：再次饮酒。

[56] 肴核：荤菜和果品。既：已经。

[57] 狼籍：凌乱。

[58] 枕藉：相互枕着睡觉。

❧ 导读

宋神宗元丰五年（1082 年），苏轼曾于七月十六和十月十五两次泛游赤壁，写下了两篇以赤壁为题的赋，后人因称第一篇为《前赤壁赋》，第二篇为《后赤壁赋》。

《赤壁赋》通篇以景来贯串，"风"和"月"是主景，"山"和"水"辅之，全文紧扣风、月来展开描写与议论，以风、月之景开卷，又于文中反复再现风、月形象。

通过月夜泛舟、饮酒赋诗引出主客对话的描写，既从客之口中说出了吊古伤今之情感，也从苏子所言中听到矢志不移之情怀，全赋情韵深致、理意透辟，实是文赋之佳作。赋中语句"如怨、如慕、如泣、如诉"和"江上之清风、山间之明月"等，至今常被引用。

思考与练习

1. 本文表现出苏轼怎样的人生态度?

2. 指出文中描写江水、明月、清风的地方,说明这些景物描写在文章的抒情、议论方面有什么作用。

3. 作品是如何描绘箫声的?

4. 作为一篇文赋,《前赤壁赋》在行文上有什么特点?主客对话的实质是什么?

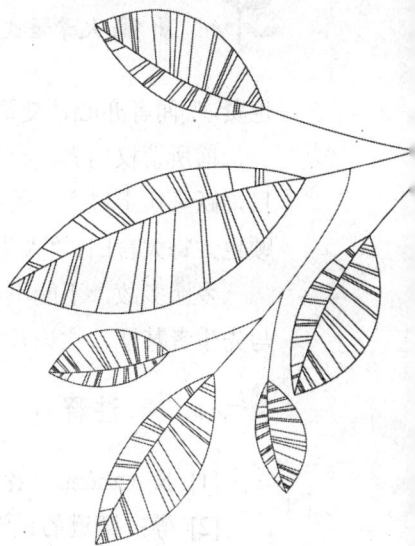

第七章　金元明清文学

第一节　金元明清散文

报刘一丈书

宗臣

原文

数千里外，得长者时赐一书，以慰长想，即亦甚幸矣。[1]何至更辱馈遗，则不才益将何以报焉。[2]书中情意甚殷，即长者之不忘老父，知老父之念长者深也。[3]

至以"上下相孚，才德称位"语不才，则不才有深感焉。[4]夫才德不称，固自知之矣。至于不孚之病，则尤不才为甚。[5]

且今世之所谓孚者何哉[6]？日夕策马候权者之门，门者故不入，则甘言媚词作妇人状，袖金以私之。[7]即门者持刺入，而主者又不即出见，立厩中仆马之间，恶气袭衣裾，即饥寒毒热不可忍，不去也。[8]抵暮，则前所受赠金者出，报客曰："相公倦，谢客矣。客请明日来。"即明日又不敢不来。[9]夜披衣坐，闻鸡鸣即起盥栉[10]，走马抵门。门者怒曰："为谁？"则曰："昨日之客来。"则又怒曰："何客之勤也？岂有相公此时出见客乎？"客心耻之，强忍而与言曰："亡奈何矣，姑容我入！[11]"门者又得所赠金，则起而入之，又立向所立厩中。幸主者出，南面召见，则惊走匍匐阶下。[12]主者曰："进！"则再拜，故迟不起，起则上所上寿金。[13]主者故不受，则固请；主者故固不受，则又固请，然后命吏纳之。则又再拜，又故迟不起，起则五六揖始出。[14]出揖门者曰："官人幸顾我，他日来，幸亡阻我也！[15]"门者答揖，大喜，奔出。马上遇所交识，即扬鞭语曰："适自相公家来，相公厚我厚我！"且虚言状。[16]即所交识，亦心畏相公厚之矣。[17]相公又稍稍语人曰："某也贤，某也贤。"闻者亦心计交赞之。[18]此世所谓上下相孚也。长者谓仆能之乎[19]？

前所谓权门者，自岁时伏腊一刺之外，即经年不往也。[20]间道经[21]其门，则亦掩耳闭目，跃马疾走过之，若有所追逐者。斯则仆人编哉[22]，以此常不见悦于长吏，仆则愈益不顾也。每大言曰："人生有命，吾惟守分尔矣！"长者闻此，得无厌其为迂乎？[23]

乡园多故，不能不动客子之愁。[24]至于长者之抱才而困，则又令我怆然有感。[25]天之与先生者甚厚，亡论长者不欲轻弃之，即天意亦不欲长者之轻弃之也。幸宁心哉！[26]

注释

[1] 长（zhǎng）者：对长辈的称呼，这里指刘一丈。长想：长久的想念。

[2] 辱：谦逊的说法，意思是自己地位低，对方地位高，蒙对方赠与礼物是屈辱了对方。馈遗：赠送物品。不才：无才，自己的谦称。益：更。本句是指怎么又蒙您赠送我东西，我将用什么来报答呢？

[3] 殷：深切。书中情意深长，就您对我父亲念念不忘看来，也可以知道我父亲思念您的深切了。

[4] 孚：信。称（chèn）：相称。语（yù）：评价。这二句是说，至于以"上下级彼此信任，才德与自己的地位相称"来说我，则我有很深的感触。

[5] 甚：严重，厉害。这段是说，我的才德与地位不相称，我的确是知道的。至于不能得到上司的信任，尤其以我为严重。

[6] 何哉：是什么情况呢？何况当今社会所谓上下相孚者是什么情况呢？

[7] 这段是说，早晚骑着马等候在当权者门口，守门人故意不让进去，他就像妇人一样取出袖中藏着的银子，偷偷送给守门人。

[8] 这段是说，守门人拿着名片去报告主人，而主人又不立即出来接见，就站在马棚里的仆人和马之间，臭气侵入衣服，即使饥寒酷热难以忍受，也不离开。刺：名刺，名片，写有求见者姓名的纸片。袭：侵。裾（jū）：衣襟。

[9] 抵暮：到晚上。相公：对宰相的尊称。谢：谢绝，意思是不接见。

[10] 盥（guàn）栉（zhì）：洗脸梳头。

[11] 亡奈何矣，姑容我入：没办法了，姑且让我进去吧。亡：同"无"。

[12] 幸：所幸。主者：即前文所说的"权者"。南面：坐北面南。惊走：惊慌地向前小跑。匍匐：伏在地上。

[13] 这段是说，主人说："进来。"则拜了又拜，起来后就奉上送给主人的银子。寿金：献给主者的礼金。

[14] 这段是说，主人故意不受，就坚请接受；主人故意坚持不受，就又坚请接受，然后主人吩咐属吏接受这份礼金。就又再拜，又故意迟缓不起，起来后又作五六个揖才出来。纳：接受。

[15] 官人：尊称门者。幸：希望。

[16] 所交识：所交往或相识的人。适：刚才。厚：厚待。且虚言状：并且捏造说了一些相公厚待他的情状。

[17] 这二句是说，他所交或认识的人，也心中畏惧相公对他的厚待。

[18] 稍稍：略微。某：指文中说到的"客"。闻者亦心计交赞之：听到相公说"某也贤"的人，心里也盘算着（某人巴结上相公，将要升迁的事），交相赞美他。交：相互。之：代指客。

[19] 能之乎：能够那样吗？之：前面对候门之客巴结相公的行径的描述。

[20] 这句说，对前面所说的那个权者之门，除过年过节伏日腊日送一张拜节的名片外，数年也不去。岁时：一年的四时节令。伏：伏日（在夏天）。腊：腊节（在冬天）。伏、腊都是祭礼的日子，也是佳节。一刺：送一张名片（作为例行的礼节）。经年：数年。

[21] 间：间或，偶然。道经：路过。

[22] 斯则仆人褊（biǎn）哉：这就是我的胸怀狭小啊！意思是不能迎合权贵。褊：狭隘。

[23] 大言：自我宽慰之言。守分（fèn）：谨守本分。得无：能不。迂：拘泥保守。

[24] 这二句是说，家乡多有灾祸，不能不触动游子的乡愁。客子：离开家乡的人。

[25] 这二句是说，至于长者怀抱才华而无处施展，则又令我悲伤而有所感触。困穷，有才能而没有机会施展。怆（chuàng）然：悲伤的样子。

[26] 这段是说，上天给予先生的（才能与学识等）很深厚，姑且不说长者不愿轻易放弃，就是天意也不愿长者轻易放弃。希望能够安心（以待时机）。

导读

《报刘一丈书》是答复刘一丈的一封书信。刘一丈，即一个名叫刘介的长者，排行老大，也是江苏兴化人，与宗臣家有世交，与宗臣父亲厚交 40 余年。因宗、刘两家有这样亲密的关系，所以在《报刘一丈书》中，宗臣推心置腹地谈了自己对世俗的看法，大胆揭露了相府中的丑事，真正表达了对刘一丈的深情厚意。

《报刘一丈书》虽是书信体的散文，但它的形象性和讽刺性是很突出的。作者抓住三个人物精神世界浮在外表的状态，通过生动的心理刻画与个性化的对话来描绘人物的灵魂。痛斥时弊，开始提出"上下相孚"，接着就画出了官场现形记的漫画，展示出一个封建社会上骄下谀的群丑图，给人以形象的回答。"干谒求进"的典型化情节，突出了官场的实质，达到了以少胜多的作用。

作者介绍

宗臣（1525 年~1560 年），字子相，号方城，江苏兴化县人。嘉靖二十九年中进士，任过刑部主事、吏部考官等官职。宗臣为人性格耿介，不依附权贵。他生活的时代正是严嵩父子当国，权倾朝野、陷害忠良的时代。杨继盛因弹劾严嵩十大奸罪，下狱受酷刑而死。宗臣不避斧钺，挺身而出，亲率王世祯等人，脱下自己衣袍，盖在杨的身上，并撰文哭祭杨继盛。当时在严嵩父子的淫威下，许多士大夫丧失了廉耻气节，纷纷投入严氏的卵翼，而宗臣则傲古凌腾，不向权贵摧眉折腰。宗臣是后七子之一，宗臣的散文很少摹拟堆砌习气，其散文成就在后七子中比较突出，著有《宗子相先生集》。

思考与练习

1. 作者主要是通是过何种描写手法来刻画人物的？

2. 在这封信中，作者借对方来信中提到的"上下相孚，才德称位"这句话展开议论，但整篇文章却只议论"上下相孚"一个方面，为什么？

3. 这篇文章启迪我们该如何对待不良社会风气？

西湖七月半

张 岱

原文

西湖七月半[1]，一无可看，止可看看七月半之人[2]。看七月半之人，以五类看之[3]：其一，楼船箫鼓[4]，峨冠盛筵[5]，灯火优傒[6]，声光相乱，名为看月而实不见月者，看之[7]。其一，亦船亦楼，名娃闺秀[8]，携及童娈[9]，笑啼杂之，环坐露台[10]，左右盼望[11]，身在月下而实不看月者，看之。其一，亦船亦声歌，名妓闲僧，浅斟低唱[12]，弱管轻丝[13]，竹肉相发[14]，亦在月下，亦看月而欲人看其看月者，看之。其一，不舟不车[15]，不衫不帻，酒醉饭饱，呼群三五[16]，跻入人丛[17]，昭庆、断桥[18]，嚣呼嘈杂[19]，装假醉，唱无腔曲[20]，月亦看，看月者亦看，不看月者亦看，而实无一看者，看之。其一，小船轻幌[21]，净几暖炉，茶铛旋煮[22]，素瓷静递[23]，好友佳人，邀月同坐，或匿影树下[24]，或逃嚣里湖[25]，看月而人不见其看月之态，亦不作意看月者[26]，看之。

杭人游湖[27]，巳出酉归[28]，避月如仇。是夕好名[29]，逐队争出，多犒门军酒钱[30]。轿夫擎燎[31]，列俟岸上[32]。一入舟，速舟子急放断桥[33]，赶入胜会。以故二鼓以前[34]，人声鼓吹[35]，如沸如撼[36]，如魇如呓[37]，如聋如哑[38]。大船小船一齐凑岸，一无所见，止见篙击篙[39]，舟触舟，肩摩肩[40]，面看面而已。少刻兴尽，官府席散，皂隶喝道去[41]。轿夫叫，船上人怖以关门[42]，灯笼火把如列星[43]，一一簇拥而去。岸上人亦逐队赶门，渐稀渐薄，顷刻散尽矣。

吾辈始舣舟近岸[44]，断桥石磴始凉[45]，席其上[46]，呼客纵饮[47]。此时月如镜新磨[48]，山复整妆，湖复颒面[49]，向之浅斟低唱者出[50]，匿影树下者亦出。吾辈往通声气[51]，拉与同坐[52]。韵友来[52]，名妓至，杯箸安[53]，竹肉发。月色苍凉，东方将白，客方散去。吾辈纵舟，酣睡于十里荷花之中[54]，香气拍人[55]，清梦甚惬[56]。

注释

[1] 西湖：今杭州西湖。七月半：农历七月十五，又称中元节。

[3] "止可看"句：谓只可看那些来看七月半景致的人。止，同"只"。

[3] 以五类看之：把看七月半的人分为五类来看。

[4] 楼船：指考究的有楼的大船。箫鼓：指吹打音乐。

[5] 峨冠：头戴高冠，指士大夫。盛筵：摆着丰盛的酒筵。

[6] 优僎（xī）：优伶和仆役。

[7] 看之：谓要看这一类人。下四类叙述末尾的"看之"同。

[8] 娃：美女。闺秀：有才德的女子。

[9] 童娈（luán）：容貌美好的家僮。

[10] 露台：船上露天的平台。

[11] 盼、望：都是看的意思。

[12] 浅斟：慢慢地喝酒。低唱：轻声地吟哦。

[13] 弱管轻丝：谓轻柔的管弦音乐。

[14] 竹肉：指管乐和歌喉。

[15] "不舟"二句：不坐船，不乘车；不穿长衫，不戴头巾，指放荡随便。帻（zé）：头巾。

[16] 呼群三五：呼唤朋友，三五成群。

[17] 跻：通"挤"。

[18] 昭庆：寺名。断桥：西湖白堤的桥名。

[19] 嚣：呼叫。

[20] 无腔曲：没有腔调的歌曲，形容唱得乱七八糟。

[21] 幌（huàng）：窗幔。

[22] 铛（chēng）：温茶、酒的器具。旋（xuàn）：随时，随即。

[23] 素瓷静递：雅洁的瓷杯无声地传递。

[24] 匿（nì）影：藏身。

[25] 逃嚣：躲避喧闹。里湖：西湖的白堤以北部分。

[26] 作意：故意，作出某种姿态。

[27] 杭人：杭州人。

[28] 巳（sì）：巳时，约为上午九时至十一时。酉：酉时，约为下午五时至七时。

[29] 是夕好名：七月十五这天夜晚，人们喜欢这个名目。"名"，指"中元节"的名目，等于说"名堂"。

[30] 犒（kào）：用酒食或财物慰劳。门军：守城门的军士。

[31] 擎（qíng）：举。燎（liào）：火把。

[32] 列俟（sì）：排着队等候。

[33] 速：催促。舟子：船夫。放：开船。

[34] 二鼓：二更，约为夜里十一点左右。

[35] 鼓吹：指鼓、钲、箫、笳等打击乐器、管弦乐器奏出的乐曲。

[36] 如沸如撼：像水沸腾，像物体震撼，形容喧嚷。

[37] 魇（yǎn）：梦中惊叫。呓：说梦话。这句指在喧嚷中的种种怪声。

[38] 如聋如哑：指喧闹声震耳欲聋，自己说话别人听不见。

[39] 篙：用竹竿或杉木做成的撑船的工具。

[40] 摩：碰，触。

[41] 皂隶：衙门的差役。喝道：官员出行，衙役在前边吆喝开道。

[42] 怖以关门：用关城门恐吓。

[43] 列星：分布在天空的星星。

[44] 舣：通"移"，移动船使船靠岸。浙江沿海一带船上用语颇为讲究，凡事以吉利为上，船上不可说王（亡谐音）、陈（沉谐音），而要说"王"为"黄"、"陈"为"沈"，如今在上海浙江沿海一带仍袭用。

[45] 磴（dèng）：石头台阶。

[46] 席其上：在石磴上摆设酒筵。

[47] 纵饮：尽情喝。

[48] 镜新磨：刚磨制成的镜子。古代以铜为镜，磨制而成。

[49] 颒（huì）面：洗脸。

[50] 向：方才，先前。

[51] 往通声气：过去打招呼。

[52] 韵友：风雅的朋友，诗友。

[53] 箸（zhù）：筷子。安：放好。

[54] 纵舟：放开船。

[55] 拍：扑。

[56] 惬（qiè）：快意。

导读

《西湖七月半》主要描写的不是自然风光的美丽，而是赏景之人。文章专注于游人，把他们的情态刻画得生动逼真。这里表现的已经不是自然山水，而是人文山水。

在作者看来，七月半看月之人有五类：一是"名为看月而实不见月"的达官贵人；二是"身在月下而实不看月"的名门闺秀；三是"亦在月下、亦看月而欲人看其看月"的名妓闲僧；四是"月亦看、看月者亦看、不看月者亦看而实无一看"的市井之徒；五是"看月而人不见其看月之态，亦不作意看月"的文人雅士。这五类人都成了作者眼中的风景。前四类人都是不会赏月的故作风雅的人，真正赏月的，在人群散去的时候，才停舟靠岸，"呼客纵饮"。这些人放船在十里荷花之间，畅快地安睡，花香飘绕于身边，清梦非常舒适。

月色、青山、湖水、荷花，一切宁静而美好，在这样的环境中品茶赏月，才是真名士追求的情趣。庸俗和高雅、喧哗与清寂，前后作了鲜明的对照。

作者介绍

张岱（1597年～1679年），明末清初文学家，字宗子、石公，号陶庵，浙江山阴（今绍兴）人，侨寓杭州。清兵南下，入山隐居著书。文笔清新，时杂诙谐，作品多写山水景物、日常琐事，不少作品表现其明亡后的怀旧感伤情绪。所著有《琅嬛文集》、《陶庵梦忆》、《西湖梦寻》等。又有《石匮书》，现存《石匮书后集》，记载明朝末年崇祯年间

（1628 年～1644 年）及南明王朝的史事。

🌸 思考与练习

1．举例说明本文语言传神和笔调诙谐的特点。
2．分析"杭人游湖"与"吾辈"赏月构成的对比情景。

第二节　金元明清戏曲

南吕·一枝花·不伏老

关汉卿

🌸 原文

【一枝花】攀出墙朵朵花，折临路枝枝柳。花攀红蕊嫩，柳折翠条柔，浪子风流。凭着我折柳攀花手，直煞[1]得花残柳败休。半生来折柳攀花，一世里眠花卧柳。

【梁州】我是个普天下郎君[2]领袖，盖世界浪子班头[3]。愿朱颜不改常依旧，花中消遣，酒内忘忧。分茶[5]攧竹[6]，打马[7]藏阄[8]；通五音六律滑熟[9]，甚闲愁到我心头？伴的是银筝女银台前理银筝笑倚银屏，伴的是玉天仙携玉手并玉肩同登玉楼，伴的是金钗客歌《金缕》[10]捧金樽满泛金瓯[11]。你道我老也，暂休。占排场风月功名首[12]，更玲珑又剔透[13]。我是个锦阵花营都帅头[14]，曾玩府游州。

【隔尾】子弟每是个茅草冈、沙土窝初生的兔羔儿乍向围场上走[15]，我是个经笼罩、受索网苍翎毛老野鸡蹅踏的阵马儿熟[16]。经了些窝弓冷箭镵枪头[17]，不曾落[18]人后。恰[19]不道"人到中年万事休"，我怎肯虚度了春秋。

【尾】我是个蒸不烂、煮不熟、捶不匾、炒不爆、响珰珰一粒铜豌豆[20]，恁子弟[21]每谁教你钻入他锄不断、斫不下、解不开、顿不脱、慢腾腾千层锦套头[22]？我玩的是梁园[23]月，饮的是东京[24]酒，赏的是洛阳花，攀的是章台柳[25]。我也会围棋、会蹴踘[26]、会打围[27]、会插科、会歌舞、会吹弹、会咽作、会吟诗、会双陆[28]。你便是落了我牙、歪了我嘴、瘸了我腿、折了我手，天赐与我这几般儿歹症候[29]，尚兀自[30]不肯休！则除是阎王亲自唤，神鬼自来勾。三魂归地府，七魄丧冥幽。天哪！那其间才不向烟花[31]路儿上走！

🌸 注释

[1] 煞：俗"杀"字，这里指摧残。

[2] 郎君：丈夫，借指为妇女所恋的男人，元曲中常用以指爱冶游的花花公子。

[3] "班头"，一班人中的头领。

[4] 盖：压倒，盖世界，用如"盖世"。浪子，不务正业的浪荡子弟。

[5] 分茶：又称茶百戏、汤戏、茶戏。它是在沏茶时，运用手上功夫使茶汤的纹脉形成不同物象，从中获得趣味的技艺游戏，大约开始于北宋初期。

[6] 攧竹：攧，投、掷，搏戏名。游戏时颠动竹筒使筒中某支竹签首先跌出，视签上标志以决胜负。

[7] 打马：古代的一种搏戏，在圆牌上刻良马名，掷骰子以决胜负。

[8] 藏阄（jiū）：藏钩，古代猜拳的一种游戏。饮酒时手握小物件，使人探猜，输者饮酒。

[9] 五音：宫、商、角、徵、羽。六律：十二律中单数为律，双数为吕，统称律吕，因此六律也就是黄钟、太蔟、姑洗、蕤宾、夷则、无射六种音调。这里泛指音乐。滑熟：十分圆熟、惯熟。

[10] 银筝女、玉天仙、金钗客：此处均指妓女。《金缕》：曲调名，即《金缕衣》，又作《金缕曲》。

[11] 樽、瓯：都是古代对酒杯的叫法。

[12] 占排场风月功名首：在风月排场中占得首位。风月，亦即男女情爱。

[13] 玲珑又剔透：即在风月场所左右逢源、八面玲珑，元曲中这样的人又称"水晶球"，和"铜豌豆"同一意思。

[14] 锦城花营：都是指风月玩乐场所。都帅头：总头目。

[15] 子弟每：子弟们，此指风流子弟。每：人称代词的复数"们"。兔羔儿：比喻未经世故的年轻人。乍：刚，才。围场：帝王、贵族打猎之所，这里喻指妓院。

[16] 我是个经笼罩、受索网苍翎毛老野鸡踏踏的阵马儿熟：作者自比老野鸡。苍翎毛，就是长出老翎，翅膀够硬。这个比喻和后面的"铜豌豆"相类。笼罩、索网，都是指围场上惊险的场面。踏（chǎ）踏：践踏、糟蹋，此指踏阵冲突。阵马儿，阵势。阵马儿熟，即什么阵势都见过。

[17] 窝弓：伏弩的一种，猎人藏在草丛内射杀猎物的弓弩。蜡枪头：元曲中一般都用作"银样蜡枪头"，好看不中用的意思，这里是借用熟语，也不无调侃的意思。

[18] 落：此处应该读 là。

[19] 恰：岂，难道。

[20] 匾：同"扁"。铜豌豆：妓院中对老狎客的称呼。

[21] 恁：通"您"；又有"恁每"一词，即"你们"的意思，所以"恁子弟每"就是"您子弟们"的意思。

[22] 斫（zhuó）：砍。锦套头：美丽圈套。此两句连起来的意思是：那些浮浪子弟们每陷入风月场所、温柔之乡不能自拔，而自己却见多识广，练就一身功夫，不把这些套数放在眼里，反而正好能够大展身手。

[23] 梁园：汉代梁孝王的园子，在今河南开封府附近，园内有池馆林木，梁王日与宾客游乐，因此后来以之泛指名胜游玩之所。

[24] 东京：汉代以洛阳为东京，宋代以汴州（今开封市）为东京，辽时改南京（今辽阳）

为东京。此处不必实指，元曲往往混用历史地名故实。总之这几句的意思是说自己行走的都是名胜之地。

[25] 章台柳：代指妓女。章台：汉长安街名，娼妓所居。

[26] 蹴鞠（cù jū）：中国古代的一种足球运动，《汉书》中已有记载，唐宋时盛行，至清代渐衰。这种球外面是皮革，里面实以物，所以又写成"蹴鞠"。

[27] 打围：即打猎，相对于围场之说。

[28] 双陆：又名"双六"，古代一种搏戏。据说为曹植所创，至唐代演变为叶子戏（纸牌）。

[29] 歹症候：本是指病，借指脾性。歹，不好。

[30] 兀自：还。尚兀自，仍然还。

[31] 烟花：指妓女。古代胭脂又写成烟肢、烟支等，烟花之意或由此引申。

导读

《不伏老》是一首带有自述心志性质的著名套曲，气韵深沉，语势狂放，在清澈见底的情感波流中极能见出曲家独特的个性，因而历来为人传颂，被视为关汉卿散曲的代表之作。

在这一散套中，关汉卿以"浪子班头"、"郎君领袖"自居，以较多的文字叙述了他"攀花折柳"的生活，并且表示了坚持这种生活方式，除死方休的决心。其间虽然带有沉溺于声色的及时行乐色彩，但是，关汉卿主要是用夸张放诞的语言，写出他愤世嫉俗的感情，并且表现他"蒸不烂，煮不熟，槌不匾，炒不爆，响珰珰一粒铜豌豆"的顽强、乐观、幽默的性格。这种性格，体现了不向黑暗势力屈服，不向艰难困苦低头的精神，是中华民族很宝贵的传统。

作者介绍

关汉卿，元代戏剧家，元杂剧奠基人，是中国古代戏曲创作的代表人物，号已斋（一作一斋）、已斋叟。大约生于金代末年（约公元 1220 年前后），大都人（今河北安国），卒于元成宗大德初年（约公元 1300 年前后），被后世尊为"元曲四大家"之首（另为马致远、郑光祖、白朴）。关汉卿编有杂剧 67 部，现存 18 部。其中《窦娥冤》、《救风尘》、《望江亭》、《拜月亭》、《鲁斋郎》、《单刀会》、《调风月》等，是他的代表作。关汉卿也是著名散曲作家，今存套曲 14、小令 35（一说 57），内容主要包括三个方面：描绘都市繁华与艺人生活，羁旅行役与离愁别绪，以及自抒抱负的述志遣兴。1958 年，关汉卿被"世界和平理事会"定为"世界文化名人"，在北京举行了关汉卿戏剧活动七百周年的隆重纪念活动，称他为"东方的莎士比亚"。

思考与练习

1. 作者将自己比作什么？谈谈你对关汉卿性格的理解。
2. 分析元曲以俗为雅的语言风格。

双调·夜行船·秋思

马致远

原文

【夜行船】百岁光阴如梦蝶[1]，重回首往事堪嗟。今日春来，明朝花谢。急罚盏夜阑灯灭[2]。

【乔木查】想秦宫汉阙[3]，都做了蓑草牛羊野。不恁渔樵无话说[4]。纵荒坟横断碑，不辨龙蛇[5]。

【庆宣和】投至狐踪与兔穴[6]，多少豪杰。鼎足三分半腰折，魏耶？晋耶[7]？

【落梅风】天教富，莫太奢。无多时好天良夜[8]。看钱奴硬将心似铁[9]，空辜负锦堂风月[10]。

【风入松】眼前红日又西斜，疾似下坡车。晓来清镜添白雪[11]，上床与鞋履相别。莫笑鸠巢计拙[12]，葫芦提一向装呆[13]。

【拨不断】利名竭，是非绝。红尘不向门前惹，绿树偏宜屋角遮，青山正补墙头缺，竹篱茅舍。

【离亭宴煞】蛩吟一觉方宁贴，鸡鸣万事无休歇。争名利何年是彻[14]。密匝匝蚁排兵，乱纷纷蜂酿蜜，闹攘攘蝇争血。裴公绿野堂[15]，陶令白莲社[16]。爱秋来那些：和露摘黄花，带霜烹紫蟹，煮酒烧红叶，人生有限杯，几个登高节。嘱咐俺顽童记者：便北海探吾来[17]，道东篱醉了也[18]。

注释

[1] 梦蝶：《庄子·齐物论》，"昔者庄周梦为蝴蝶，栩栩然蝴蝶也。……俄然觉，则蘧蘧然周也。"这句话是说人生就像一场幻梦。

[2] "急罚盏"句：赶快行令罚酒，直到夜深灯熄。夜阑：夜深，夜残。

[3] 秦宫汉阙：秦代的宫殿和汉代的陵阙。

[4] 不恁（nèn）：不如此，不这般。

[5] 龙蛇：这里指刻在碑上的文字。古人常以龙蛇喻笔势的飞动。李白《草书歌行》："时时只见龙蛇走，左盘右蹙如惊电。"

[6] 投至：及至，等到。

[7] "鼎足"句：言魏、蜀、吴三国鼎立的形势到中途就夭折了。最后的胜利者到底是魏呢？还是晋呢？

[8] 好天良夜：好日子，好光景。

[9] 看钱奴：元代杂剧家郑廷玉根据神怪小说《搜神记》中一个姓周的贫民在天帝的恩赐下，以极其悭吝、极其刻薄的手段变为百万富翁的故事，塑造了一个为富不仁、爱财如命的悭吝形象——看钱奴。

[10] 锦堂风月：富贵人家的美好景色。此句嘲守财奴情趣卑下，无福消受荣华。

[11] 添白雪：添白发。

[12] 鸠巢计拙：不善于经营生计。《诗经·召南·鹊巢》："维鹊有巢，维鸠居之。"朱熹注："鸠性拙不能为巢，或有居鹊之成巢者。"

[13] 葫芦提：糊糊涂涂。

[14] 彻：了结，到头。

[15] 裴公：唐代的裴度。他历事德宗、宪宗、穆宗、敬宗、文宗五朝，以一身系天下安危者二十年，眼见宦官当权，国事日非，便在洛阳修了两座别墅叫作"绿野堂"，和白居易、刘禹锡在那里饮酒赋诗。

[16] 陶令：陶潜。因为他曾经做过彭泽令，所以被称为陶令。相传他曾经参加晋代的慧远法师在庐山虎溪东林寺组织的白莲社。

[17] 北海：指东汉的孔融。他曾出任过北海相，所以后世称为孔北海。他说："座上客常满，樽中酒不空，吾无忧矣。"

[18] 东篱：指马致远。他羡慕陶潜的隐逸生活，因陶潜《饮酒》诗有"采菊东篱下，悠然见南山"之句，乃自号为"东篱"。

导读

《秋思》本是我国古典诗词的传统题目之一。长期以来，人们由这一题目生出的无数感慨，已使秋思的词义本身便凝聚着思索自然之秋和人生之秋的丰富内涵。而马致远《秋思》更是包孕鸿深、独具一格。这一套曲将渗透名利、离绝是非的处世哲学寄托在叹古讽今、嘲风弄月的牢骚里，浓缩了他在《陈抟高卧》、《黄粱梦》等剧目和其他散曲中反复宣泄的内心苦闷，表现了他因半世蹉跎、饱谙世情而形成的纵酒肆志、超然尘外的人生态度。对于人生意义的探索，可说是文人咏怀的一个永恒主题。马致远的《秋思》将这种看穿一切的普遍情绪提到历史的高度来认识，更集中、更凝炼地反映了元代愤世嫉俗者的共同心理状态。更重要的是，本文能以迥异于世人的高雅情趣与之相对照，表现出细宇宙、小万物、俯视尘世的超然神情。

作者介绍

马致远，字千里，号东篱，字致远，晚号"东篱"。元大都（今北京）人，一说河北沧州人。他的年辈晚于关汉卿、白朴等人，生年当在至元（始于1264年）之前，卒年当在至治改元到泰定元年（1321年～1324年）之间，与关汉卿、郑光祖、白朴并称"元曲四大家"，是我国元代时著名大戏剧家、散曲家。

思考与练习

1. 这首元曲描写了哪两种相反的人生态度？
2. 本文表现出作者怎样的胸襟和情怀？
3. 分析本文的语言特色和艺术手法。

西厢记（节选）

王实甫

原文

（夫人、长老上，云）今日送张生赴京，十里长亭，安排下筵席[1]。我和长老先行，不见张生、小姐来到。（旦、末、红同上，旦云）今日送张生上朝取应，早是离人伤感，况值那暮秋天气，好烦恼人也呵！"悲欢聚散一杯酒，南北东西万里程。"（旦唱）

【正宫】【端正好】碧云天，黄花地，西风紧，北雁南飞。晓来谁染霜林醉？总是离人泪。

【滚绣球】恨相见得迟，怨归去得疾。柳丝长玉骢[2]难系，恨不得情疏林挂住斜晖[3]。马儿迍迍[4]的行，车儿快快的随，却告了相思回避，破题儿又早别离。听得道一声"去也"，松了金钏[5]；遥望见十里长亭，减了玉肌。此恨谁知！

（红云）姐姐今日怎么不打扮？（旦云）你那知我的心里呵！（旦唱）

【叨叨令】见安排着车儿、马儿，不由人熬熬煎煎的气；有甚么心情花儿、靥儿，打扮得娇娇滴滴的媚；准备着被儿、枕儿，只索昏昏沉沉的睡；从今后衫儿、袖儿，都揾[6]做重重叠叠的泪。兀的不闷杀人也么哥？兀的不闷杀人也么哥？久已后书儿、信儿，索与我恓恓惶惶[7]的寄。

（做到科）（见夫人科）（夫人云）张生和长老坐，小姐这壁坐，红娘将酒来。张生，你向前来，是自家亲眷，不要回避。俺今日将莺莺与你，到京师休辱末了俺孩儿，挣[8]揣一个状元回来者。（末云）小生托夫人余荫[9]，凭着胸中之才，视官如拾芥耳。（洁云）夫人主见不差，张生不是落后的人。（把酒了，坐）（旦长吁科）（旦唱）

【脱布衫】下西风黄叶纷飞，染寒烟衰草萋迷[10]。酒席上斜签[11]着坐的，蹙[12]愁眉死临侵地。

【小梁州】我见他阁泪汪汪不敢垂，恐怕人知。猛然见了把头低，长吁气，推整素罗衣。

【幺[13]篇】虽然久后成佳配，奈时间怎不悲啼。意似痴，心如醉，昨宵今日，清减了小腰围。

（夫人云）小姐把盏者！（红递酒，旦把盏长吁科，云）请吃酒！（旦唱）

【上小楼】合欢未已，离愁相继。想着俺前暮私情，昨夜成亲，今日别离。我谂[14]知这几日相思滋味，却原来比别离情更增十倍。

【幺篇】年少呵轻远别，情薄呵易弃掷。全不想腿儿相挨，脸儿相偎，手儿相携。你与俺崔相国做女婿，妻荣夫贵，但得一个并头莲[15]，煞强如状元及第[16]。

（夫人云）红娘把盏者！（红把酒科）（旦唱）

134

【满庭芳】供食太急，须臾对面，顷刻别离。若不是酒席间子母每当回避，有心待与他举案齐眉[17]。虽然是厮守得一时半刻，也合着俺夫妻每共桌而食。眼底空留意，寻思起就里，险化做望夫石。

（红云）姐姐不曾吃早饭，饮一口儿汤水。（旦云）红娘，甚么汤水咽得下！（唱）

【快活三】将来的酒共食，尝着似土和泥。假若便是土和泥，也有些土气息、泥滋味。

【朝天子】暖溶溶玉醅[18]，白泠泠[19]似水，多半是相思泪。眼面前茶饭怕不待要吃，恨塞满愁肠胃。蜗角虚名，蝇头微利[20]，拆鸳鸯在两下里。一个这壁，一个那壁，一递一声长吁气。

（夫人云）辆起车儿，俺先回去，小姐随后和红娘来。（下）（末辞洁科）（洁云）此一行别无话儿，贫僧准备买登科录看，做亲的茶饭少不得贫僧。先生在意，鞍马上保重者！"从今经忏无心礼，专听春雷第一声。"（下）（旦唱）

【四边静】霎时间杯盘狼藉[21]，车儿投东，马儿向西，两意徘徊，落日山横翠。知他今宵宿在那里？有梦也难寻觅。

（旦云）张生，此一行得官不得官，疾早便回来。（末云）小生这一去白夺一个状元，正是"青霄有路终须到，金榜无名誓不归"。（旦云）君行别无所赠，口占一绝[22]，为君送行："弃掷今何在，当时且自亲。还将旧来意，怜取眼前人。"（末云）小姐之意差矣，张珙[23]更敢怜谁？谨赓[24]一绝，以剖寸心[25]："人生长远别，孰与最关亲？不遇知音者，谁怜长叹人？"（旦唱）

【耍孩儿】淋漓襟袖啼红泪，比司马青衫更湿[26]。伯劳东去燕西飞，未登程先问归期。虽然眼底人千里，且尽生前酒一杯。未饮心先醉，眼中流血，心内成灰。

【五煞】到京师服水土，趁程途节饮食，顺时自保揣身体。荒村雨露宜眠早，野店风霜要起迟！鞍马秋风里，最难调护[27]，最要扶持。

【四煞】这忧愁诉与谁？相思只自知，老天不管人憔悴。泪添九曲黄河溢，恨压三峰华岳低。到晚来闷把西楼倚，见了些夕阳古道，衰柳长堤。

【三煞】笑吟吟一处来，哭啼啼独自归。归家若到罗帏里，昨宵个绣衾香暖留春住，今夜个翠被生寒有梦知。留恋你别无意，见据鞍上马，阁不住泪眼愁眉。

（末云）有甚言语嘱咐小生咱？（旦唱）

【二煞】你休忧文齐福不齐，我只怕你停妻再娶妻。休要一春鱼雁无消息！我这里青鸾[28]有信频须寄，你却休"金榜无名誓不归"。此一节君须记：若见了那异乡花草，再休似此处栖迟[29]。

（末云）再谁似小姐？小生又生此念。（旦唱）

【一煞】青山隔送行，疏林不做美，淡烟暮霭[30]相遮蔽。夕阳古道无人语，禾黍秋风听马嘶。我为甚么懒上车儿内，来时甚急，去后何迟？

（红云）夫人去好一会，姐姐，咱家去！（旦唱）

【收尾】四围山色中，一鞭残照[31]里。遍人间烦恼填胸臆[32]，量这些大小车儿如何载得起？

（旦、红下）（末云）仆童赶早行一程儿，早寻个宿处。泪随流水急，愁逐野云飞。（下）

注释

[1] 筵席（yán）：原指宴饮时所设的座位，后泛指酒席。

[2] 玉骢（cōng）：毛色青白相杂的马。

[3] 斜晖（huī）：傍晚的日光，斜阳。

[4] 迍（zhūn）：行动迟缓的样子。

[5] 金钏（chuàn）：金子做的镯子。

[6] 揾（wèn）：擦，揩拭。

[7] 恓（xī）惶：形容惊慌烦恼。

[8] 挣（zhèng）：此处意谓努力夺取。

[9] 余荫：原指树林枝叶广大的底荫，比喻前辈惠及子孙的恩泽。

[10] 萋迷：（景物）凄凉迷茫。

[11] 签（qiān）：斜着身子。

[12] 蹙（cù）：皱（眉头），收缩。

[13] 幺（yāo）篇：戏曲音乐名词，同曲变体连用，在北曲中，一个曲牌被反复运用，一般从第二曲起称为幺篇。

[14] 谂（shěn）：知道。

[15] 并头莲：即"并蒂莲"，并排长在同一条茎上的两朵莲花，文学作品中用来比喻恩爱夫妻。

[16] 及第：科举时代考试中选，特指考进士，明清两代只用于殿试前三名。

[17] 举案齐眉：后汉梁鸿的妻子孟光给丈夫上饭时，总是把端饭的盘子高举至眉前以示恭敬，后形容夫妻相敬。

[18] 醅（pēi）：没过滤的酒。

[19] 泠泠（líng）：清澈，清凉。

[20] 蜗角虚名，蝇头微利：形容微不足道的虚名小利。

[21] 狼藉：乱七八糟，杂乱不堪。

[22] 口占（zhàn）一绝：随口做成一首绝句诗。

[23] 珙（gǒng）：此处是张珙自称。

[24] 赓（gēng）：此处意谓作诗。

[25] 寸心：心里的想法。

[26] 司马青衫：司马，古代官职的名称。白居易曾被贬为江州司马，在船上听歌伎演奏琵琶，泪湿青衫。这里指感伤泪下，极言伤感。

[27] 调护：调养护理。

[28] 青鸾：古代传说中能报信的鸟。据说，汉武帝时，西王母降临，青鸾先来报信。

[29] 栖（qī）迟：留恋。

[30] 暮霭：傍晚的云气。

[31] 残照：落日的光。

[32] 胸臆：心，心里。

❧ 导读

《长亭送别》是《西厢记》里面的一折，写莺莺、红娘、老夫人到十里长亭送别上京赶考的张生，表现了张生和莺莺之间的真挚爱情，突出了莺莺的叛逆性格，强化了全剧歌颂婚姻自由、反对封建礼教的主题。

《长亭送别》刻画了莺莺离别时的痛苦心情和怨恨情绪，体现了她大胆反抗而又温顺柔弱的性格特征，同时深刻地揭示了女主人公的内心矛盾，反映出封建社会妇女的地位和命运。作为一个相国小姐，她的反抗和怨恨表现得含蓄深沉，她不仅不能有越礼的行为，同时在情人离别时因有母亲在身边也不能畅抒情怀，这就显示出她性格中温顺柔弱的另一面。她的痛苦中，不仅有离愁别恨，而且包含着怕将来被遗弃的隐忧。《长亭送别》充分表现出《西厢记》作为一部抒情诗剧的艺术特色。

❧ 作者介绍

王实甫（约 1260 年～1336 年），名德信，字实甫，大都（现在北京市）人，元代著名杂剧作家。他的创作活动时期约在元成宗元贞、大德年间（1295 年～1307 年）。

王实甫所作杂剧十四种，仅存《崔莺莺待月西厢记》、《四丞相高会丽春堂》、《吕蒙正风雪破窑记》三种及《韩彩云丝竹芙蓉亭》、《苏小卿月夜贩茶船》各一折。剧作大都以青年女性反抗封建礼教为题材，塑造了崔莺莺、红娘、刘月娥等不同妇女的典型形象。他的作品戏剧性强，曲词优美，对元杂剧和后来戏曲的发展有很大影响。

❧ 作品介绍

《西厢记》是一部著名的元杂剧，全名《崔莺莺待月西厢记》。它的曲词华艳优美，富于诗的意境，每支曲子都是一首美妙的抒情诗。

《西厢记》的故事取材于唐人传奇小说，是以描绘有情人终成眷属这一美好愿望为主题的最成功的戏剧，具有鲜明的反封建礼教和反封建婚姻制度的特色，对后来以爱情为题材的小说、戏剧的创作影响很大。

❧ 思考与练习

1. 分别分析崔莺莺和张珙的思想感情和性格特征。
2. 论述文中景物描写的作用。
3. 找出课文中用到的修辞方法，举例说出引用了哪些古代诗词与民间口语。

第三节 金元明清词

金缕曲[1]·赠梁汾[2]

纳兰性德

🌿 原文

德也狂生耳[3]。

偶然间，缁尘京国，乌衣门第[4]。

有酒惟浇赵州土[5]，谁会成生此意[6]。

不信道、遂成知己[7]。

青眼高歌俱未老[8]，向樽前、拭尽英雄泪[9]。

君不见，月如水。

共君此夜须沉醉。

且由他，蛾眉谣诼，古今同忌[10]。

身世悠悠何足问[11]，冷笑置之而已。

寻思起、从头翻悔[12]。

一日心期千劫在[13]，后身缘、恐结他生里[14]。

然诺重，君须记[15]。

🌿 注释

[1] 金缕曲：词牌名。

[2] 梁汾：顾贞观（1637年～1714年），字华峰，号梁汾。江苏无锡人，纳兰性德的朋友。

[3] 德也狂生耳：我本是个狂放不羁的人。德，作者自称。

[4] 偶然间，缁尘京国，乌衣门第：我在京城混迹于官场，又出身于高贵门第，这只是命运的偶然安排。缁尘京国，表居北京之无奈。缁尘，黑尘，喻污垢。此处作动词用，指混迹。缁，通"缁"，黑色。京国，京城。乌衣门第，东晋王、谢大族多居金陵乌衣巷，后世遂以该巷名指称世家大族。

[5] 有酒惟浇赵州土：用李贺《浩歌》"买丝绣作平原君，有酒唯浇赵州土"句意，是说希望有战国时赵国平原君那样招贤纳士的人来善待天下贤德才士。浇，浇酒祭祀。赵州土，平原君墓土。

[6] 谁会成生此意：谁会理解我的这片心意。会，理解。成生，作者自称。作者原名成德，后避太子讳改性德。

[7] 不信道、遂成知己：万万没有想到，今天竟然遇到了知己。

[8] 青眼高歌俱未老：趁我们青壮盛年，纵酒高歌。青眼，契重之眼光，此指青春年少。

[9] 向樽前、拭尽英雄泪：姑且面对酒杯，擦去英雄才有的眼泪。此为二人均不得志而感伤。樽同"尊"。

[10] 且由他、娥眉谣诼，古今同忌：姑且由他去吧，才干出众、品行端正的人容易受到谣言中伤，这是古今常有的事。语出《离骚》："众女嫉余之娥眉兮，谣诼谓余以善淫。"娥眉，亦作"蛾眉"，喻才能。谣诼，造谣毁谤。忌，语助词，无实义。

[11] 身世悠悠何足问：人生岁月悠悠，遭受挫折苦恼，不必去追究。悠悠，遥远而不定貌。

[12] 寻思起、从头翻悔：若对挫折耿耿于怀，反复寻思，那么从人生一开始就错了。

[13] 一日心期千劫在：一日以心相许成为知己，即使经历千万劫难，我们二人的友情也将依然长存。心期，以心相许，情投意合。

[14] 后身缘、恐结他生里：来世他生，我们的情缘还将保持。后身缘，来生情缘。

[15] 然诺重，君须记：朋友间信用为重，您要切记。然诺重，指守信誉，不食言。

导读

《金缕曲·赠梁汾》是纳兰词中熠熠生辉的一首绝唱。梁汾，就是顾贞观的别号。顾贞观也是清初著名的诗人，他一生郁郁不得志，早年担任秘书省典籍，因受人轻视排挤，忿而离职。这首《金缕曲》写于初识顾梁汾之时。纳兰性德出身高贵，地位显赫，而顾梁汾则是一个刚刚辞官的不得志者，这首词深情地表明了作者与顾梁汾相见恨晚、相互知心的友情，抒发了其对才士贤人不幸遭际的同情与不平。

纳兰性德与顾贞观对现实有共同的认识。据顾贞观说，吴兆骞被诬流放，纳兰性德看了顾给吴的两首《金缕曲》，异常感动，决心参与营救吴兆骞的活动，并且给顾贞观写了这首披肝沥胆的诗篇。这首词风格凄切、酣畅、深沉，又慷慨淋漓、耐人寻味。真情实感是这首词得以生命长青、久盛不衰的原因。

作者介绍

纳兰性德（1655年～1685年），原名成德，避太子保成讳改性德，字容若，号楞伽山人。正黄旗满州人，大学士明珠长子，清初著名词人。生长在北京。幼好学，经史百家无所不窥，谙悉传统学术文化，尤好填词。康熙二十四年患急病去世，年仅31岁。

纳兰性德的词，有的写爱情的苦闷，有的写仕宦的烦恼，有的写塞外风光与江南景物，也有的表现封建社会行将崩坏时地主阶级有识之士的失落感。许多词写得凄婉动人，其中又充塞着磊落不平之气，在词史上独具一格。在24岁那年，纳兰性德把自己的词作编选成集，名为《侧帽词》。顾贞观后来重刊纳兰的词作，更名为《饮水词》。

思考与练习

1. 分析这首词作抒发的是作者怎样的一种思想。
2. 论述这首词用典的含义及作用。

第四节　金元明清小说

杜十娘怒沉百宝箱（节选）

冯梦龙

原文

李甲听得邻舟吟诗，舒头出舱，看是何人。只因这一看，正中了孙富之计。孙富吟诗，正要引李公子出头，他好乘机攀话。当下慌忙举手，就问："老兄尊姓何讳？"李公子叙了姓名乡贯，少不得也问那孙富。孙富也叙过了。又叙了些太学中的闲话，渐渐亲熟。孙富便道："风雪阻舟，乃天遣与尊兄相会，实小弟之幸也。舟次无聊，欲同尊兄上岸，就酒肆中一酌，少领清诲，万望不拒。"公子道："萍水相逢，何当厚扰？"孙富道："说那里话！'四海之内，皆兄弟也'。"喝教艄公打跳，童儿张伞，迎接公子过船，就于船头作揖。然后让公子先行，自己随后，各各登跳上涯。

行不数步，就有个酒楼。二人上楼，拣一副洁净座头，靠窗而坐。酒保列上酒肴。孙富举杯相劝，二人赏雪饮酒。先说些斯文中套话，渐渐引入花柳之事。二人都是过来之人，志同道合，说得入港，一发成相知了。

孙富屏去左右，低低问道："昨夜尊舟清歌者，何人也？"李甲正要卖弄在行，遂实说道："此乃北京名姬杜十娘也。"孙富道："既系曲中姊妹，何以归兄？"公子遂将初遇杜十娘，如何相好，后来如何要嫁，如何借银讨他，始末根由，备细述了一遍。孙富道："兄携丽人而归，固是快事，但不知尊府中能相容否？"公子道："贱室不足虑。所虑者老父性严，尚费踌躇耳！"孙富将机就机，便问道："既是尊大人未必相容，兄所携丽人，何处安顿？亦曾通知丽人，共作计较否？"公子攒眉而答道："此事曾与小妾议之。"孙富欣然问道："尊宠必有妙策。"公子道："他意欲侨居苏杭，流连山水。使小弟先回，求亲友宛转于家君之前，俟家君回嗔作喜，然后图归。高明以为何如？"孙富沉吟半晌，故作愀然之色，道："小弟乍会之间，交浅言深，诚恐见怪。"公子道："正赖高明指教，何必谦逊？"孙富道："尊大人位居方面，必严帷薄之嫌，平时既怪兄游非礼之地，今日岂容兄娶不节之人？况且贤亲贵友，谁不迎合尊大人之意者？兄枉去求他，必然相拒。就有个不识时务的进言于尊大人之前，见尊大人意思不允，他就转口了。兄进不能和睦家庭，退无词以回复尊宠。即使留连山水，亦非长久之计。万一资斧困竭，岂不进退两难！"

公子自知手中只有五十金，此时费去大半，说到资斧困竭，进退两难，不觉点头道是。孙富又道："小弟还有句心腹之谈，兄肯俯听否？"公子道："承兄过爱，更求尽言。"孙富道："疏不间亲，还是莫说罢。"公子道："但说何妨？"孙富道："自古道：'妇人水性无常。'

况烟花之辈，少真多假。他既系六院名姝，相识定满天下；或者南边原有旧约，借兄之力，挈带而来，以为他适之地。"公子道："这个恐未必然。"孙富道："既不然，江南子弟，最工轻薄。兄留丽人独居，难保无逾墙钻穴之事。若挈之同归，愈增尊大人之怒。为兄之计，未有善策。况父子天伦，必不可绝。若为妾而触父，因妓而弃家，海内必以兄为浮浪不经之人。异日妻不以为夫，弟不以为兄，同袍不以为友，兄何以立于天地之间？兄今日不可不熟思也！"

公子闻言，茫然自失，移席问计："据高明之见，何以教我？"孙富道："仆有一计，于兄甚便。只恐兄溺枕席之爱，未必能行，使仆空费词说耳！"公子道："兄诚有良策，使弟再睹家园之乐，乃弟之恩人也。又何惮而不言耶？"孙富道："兄飘零岁余，严亲怀怒，闺阁离心，设身以处兄之地，诚寝食不安之时也。然尊大人所以怒兄者，不过为迷花恋柳，挥金如土，异日必为弃家荡产之人，不堪承继家业耳！兄今日空手而归，正触其怒。兄倘能割衽席之爱，见机而作，仆愿以千金相赠。兄得千金，以报尊大人，只说在京授馆，并不曾浪费分毫，尊大人必然相信。从此家庭和睦，当无间言。须臾之间，转祸为福。兄请三思，仆非贪丽人之色，实为兄效忠于万一也！"

李甲原是没主意的人，本心惧怕老子，被孙富一席话，说透胸中之疑，起身作揖道："闻兄大教，顿开茅塞。但小妾千里相从，义难顿绝，容归与商之。得其心肯，当奉复耳。"孙富道："说话之间，宜放婉曲。彼既忠心为兄，必不忍使兄父子分离，定然玉成兄还乡之事矣。"二人饮了一回酒，风停雪止，天色已晚。孙富教家僮算还了酒钱，与公子携手下船。正是：

逢人且说三分话，未可全抛一片心。

却说杜十娘在舟中，摆设酒果，欲与公子小酌，竟日未回，挑灯以待。公子下船，十娘起迎。见公子颜色匆匆，似有不乐之意，乃满斟热酒劝之。公子摇首不饮，一言不发，竟自床上睡了。

十娘心中不悦，乃收拾杯盘，为公子解衣就枕，问道："今日有何见闻，而怀抱郁郁如此？"公子叹息而已，终不启口。问了三四次，公子已睡去了。十娘委决不下，坐于床头而不能寐。

到夜半，公子醒来，又叹一口气。十娘道："郎君有何难言之事，频频叹息？"公子拥被而起，欲言不语者几次，扑簌簌掉下泪来。十娘抱持公子于怀间，软言抚慰道："妾与郎君情好，已及二载，千辛万苦，历尽艰难，得有今日。然相从数千里，未曾哀戚。今将渡江，方图百年欢笑，如何反起悲伤？必有其故。夫妇之间，死生相共，有事尽可商量，万勿讳也。"

公子再四被逼不过，只得含泪而言道："仆天涯穷困，蒙恩卿不弃，委曲相从，诚乃莫大之德也。但反覆思之，老父位居方面，拘于礼法，况素性方严，恐添嗔怒，必加黜逐。你我流荡，将何底止？夫妇之欢难保，父子之伦又绝。日间蒙新安孙友邀饮，为我筹及此事，寸心如割！"

十娘大惊道："郎君意将如何？"公子道："仆事内之人，当局而迷。孙友为我画一计颇善，但恐恩卿不从耳！"十娘道："孙友者何人？计如果善，何不可从？"公子道："孙友名富，新安盐商，少年风流之士也。夜间闻子清歌，因而问及。仆告以来历，并谈及难归之故，渠意欲以千金聘汝。我得千金，可藉口以见吾父母；而恩卿亦得所天。但情不能舍，是以悲泣。"说罢，泪如雨下。

十娘放开两手，冷笑一声道："为郎君画此计者，此人乃大英雄也！郎君千金之资既得恢复，而妾归他姓，又不致为行李之累，发乎情，止乎礼，诚两便之策也。那千金在那里？"公子收泪道："未得恩卿之诺，金尚留彼处，未曾过手。"十娘道："明早快快应承了他，不可挫过机会。但千金重事，须得兑足交付郎君之手，妾始过舟，勿为贾竖子所欺。"

时已四鼓，十娘即起身挑灯梳洗道："今日之妆，乃迎新送旧，非比寻常。"于是脂粉香泽，用意修饰，花钿绣袄，极其华艳，香风拂拂，光采照人。

装束方完，天色已晓。孙富差家僮到船头候信。十娘微窥公子，欣欣似有喜色，乃催公子快去回话，及早兑足银子。公子亲到孙富船中，回复依允。孙富道："兑银易事，须得丽人妆台为信。"公子又回复了十娘，十娘即指描金文具道："可便抬去。"孙富喜甚，即将白银一千两，送到公子船中。

十娘亲自检看，足色足数，分毫无爽。乃手把船舷，以手招孙富。孙富一见，魂不附体。十娘启朱唇，开皓齿道："方才箱子可暂发来，内有李郎路引一纸，可检还之也。"

孙富视十娘已为瓮中之鳖，即命家僮送那描金文具，安放船头之上。十娘取钥开锁，内皆抽替小箱。十娘叫公子抽第一层来看，只见翠羽明珰，瑶簪宝珥，充牣于中，约值数百金。十娘遽投之江中。李甲与孙富及两船之人，无不惊诧。又命公子再抽一箱，乃玉箫金管；又抽一箱，尽古玉紫金玩器，约值数千金。十娘尽投之于大江中。岸上之人，观者如堵。齐声道："可惜，可惜！"正不知什么缘故。最后又抽一箱，箱中复有一匣。开匣视之，夜明之珠，约有盈把。其他祖母绿、猫儿眼，诸般异宝，目所未睹，莫能定其价之多少。众人齐声喝彩，喧声如雷。十娘又欲投之于江。李甲不觉大悔，抱持十娘恸哭，那孙富也来劝解。

十娘推开公子在一边，向孙富骂道："我与李郎备尝艰苦，不是容易到此。汝以奸淫之意，巧为谗说，一旦破人姻缘，断人恩爱，乃我之仇人。我死而有知，必当诉之神明，尚妄想枕席之欢乎！"又对李甲道："妾风尘数年，私有所积，本为终身之计。自遇郎君，山盟海誓，白首不渝。前出都之际，假托众姊妹相赠，箱中韫藏百宝，不下万金。将润色郎君之装，归见父母，或怜妾有心，收佐中馈，得终委托，生死无憾。谁知郎君相信不深，惑于浮议，中道见弃，负妾一片真心。今日当众目之前，开箱出视，使郎君知区区千金，未为难事。妾椟中有玉，恨郎眼内无珠。命之不辰，风尘困瘁，甫得脱离，又遭弃捐。今众人各有耳目，共作证明，妾不负郎君，郎君自负妾耳！"

于是众人聚观者，无不流涕，都唾骂李公子负心薄幸。公子又羞又苦，且悔且泣，方欲向十娘谢罪。十娘抱持宝匣，向江心一跳。众人急呼捞救。但见云暗江心，波涛滚滚，杳无踪影。可惜一个如花似玉的名姬，一旦葬于江鱼之腹！

三魂渺渺归水府，七魄悠悠入冥途。

当时旁观之人，皆咬牙切齿，争欲拳殴李甲和那孙富。慌得李、孙二人，手足无措，急叫开船，分途遁去。李甲在舟中。看了千金，转忆十娘，终日愧悔，郁成狂疾，终身不痊。孙富自那日受惊，得病卧床月余，终日见杜十娘在傍诟骂，奄奄而逝。人以为江中之报也。

导读

本篇选自《警世通言》卷32，是"三言"中成就最高的作品之一，也是明代拟话本小说中最优秀的作品之一。小说通过描写误落风尘的下层女子杜十娘对爱情和幸福的热烈追求，及其理想破灭、悲愤自沉的故事，揭露了封建社会制度对妇女的侮辱与残害，批判了封建伦理道德的虚伪和冷酷。小说以精微的细节描写和细腻的心理描写，成功地塑造了杜十娘这一光辉的典型形象。她饱尝人生的屈辱，备加渴望获得纯真的爱情，过上自由幸福的生活。小说情节跌宕，一波三折，写尽了杜十娘的人生悲欢、爱情离合，扣人心弦，催人泪下。小说构思精巧，结构严谨，语言精练，富有个性化，富有表现力。

作者介绍

冯梦龙（1574 年～1646 年），明代文学家、戏曲家，字犹龙，又字子犹，号龙子犹、墨憨斋主人、顾曲散人、吴下词奴、姑苏词奴、前周柱史等。汉族，南直隶苏州府长洲县（今江苏省苏州市）人。他的作品比较强调感情和行为，最有名的作品为《古今小说》、《喻世明言》、《警世通言》、《醒世恒言》，合称"三言"。三言与凌濛初的《初刻拍案惊奇》、《二刻拍案惊奇》合称"三言两拍"，是中国白话短篇小说的经典代表。冯梦龙以其对小说、戏曲、民歌、笑话等通俗文学的创作、搜集、整理、编辑，为我国文学作出了独异的贡献。

作品介绍

"三言"是明末冯梦龙编辑的三个话本集《喻世明言》、《警世通言》、《醒世恒言》的简称，每集四十篇，共一百二十篇。编辑者做了统一加工，按章回小说形式给予各篇以整齐的回目，文字上也做了修饰。"三言"中宋元话本约占三分之一，明拟话本约占三分之二，其中可能也有冯氏的创作。"三言"的内容复杂，题材广泛，主要有市民生活、婚姻爱情、政治斗争、狱讼案件、友谊交往、历史故事等。其中优秀之作，歌颂了人民的美好品德及斗争精神，揭露了封建统治者的腐朽残暴，反映了封建社会尔虞我诈的世态人情，但有不少作品存在着封建说教和迷信的消极思想。

思考与练习

1. 本文的主要人物是谁？重要人物有哪几个？
2. 杜十娘是个怎样的人？从哪里可以看出来？
3. 杜十娘的悲剧是偶然的还是必然的？根据是什么？

桃花扇·却奁[1]

孔尚任

原文

（杂扮保儿[2]掇马桶上）龟尿龟尿，撒出小龟；鳖血鳖血，变成小鳖。龟尿鳖血，看不分别；鳖血龟尿，说不清白。看不分别，混了亲爹；说不清白[3]，混了亲伯。（笑介）胡闹，胡闹！昨日香姐上头[4]，乱了半夜；今日早起，又要刷马桶，倒溺壶，忙个不了。那些孤老[5]表子，还不知搂到几时哩。（刷马桶介）

【夜行船】（末）人宿平康深柳巷，惊好梦门外花郎[6]。绣户未开，帘钩才响，春阻十层纱帐。下官杨文骢，早来与侯兄道喜[7]。你看院门深闭，侍婢无声，想是高眠未起。（唤介）保儿，你到新人窗外，说我早来道喜。（杂）昨夜睡迟了，今日未必起来哩。老爷请回，明日再来罢。（末笑介）胡说！快快去问。（小旦[8]内问介）保儿，来的是那一个？（杂）是杨老爷道喜来了。（小旦忙上）倚枕春宵短，敲门好事多。（见介）多谢老爷，成了孩儿一世姻缘。（末）好说。（问介）新人起来不曾？（小旦）昨晚睡迟，都还未起哩。（让坐介）老爷请坐，待我去催他。（末）不必，不必。（小旦下）

【步步娇】（末）儿女浓情如花酿，美满无他想，黑甜共一乡[9]。可也亏了俺帮衬，珠翠辉煌，罗绮飘荡，件件助新妆，悬出风流榜。（小旦上）好笑！好笑！两个在那里交扣丁香，并照菱花[10]。梳洗才完，穿戴未毕。请老爷同到洞房，唤他出来，好饮扶头卯酒[11]。（末）惊却好梦，得罪不浅。（同下）（生、旦艳妆上）

【沈醉东风】（生、旦）这云情接着雨况，刚搔了心窝奇痒，谁搅起睡鸳鸯？被翻红浪，喜匆匆满怀欢畅。枕上余香，帕上余香，消魂滋味，才从梦里尝。（末、小旦上）（末）果然起来了，恭喜！恭喜！（一揖，坐介）（末）昨晚催妆拙句[12]，可还说的入情么？（生揖介）多谢！（笑介）妙是妙极了，只有一件。（末）那一件？（生）香君虽小，还该藏之金屋[13]。（看袖介）小生衫袖，如何着得下？（俱笑介）（末）夜来定情，必有佳作。（生）草草塞责，不敢请教。（末）诗在那里？（旦）诗在扇头。（旦向袖中取出扇介）（末接看介）是一柄白纱宫扇。（嗅介）香的有趣。（吟诗介）妙，妙！只有香君不愧此诗。（付旦介）还收好了。（旦收扇介）

【园林好】（末）正芬芳桃香李香，都题在宫纱扇上；怕遇着狂风吹荡，须紧紧袖中藏，须紧紧袖中藏。（末看旦介）你看香君上头之后，更觉艳丽。（向生介）世兄有福，消此尤物[14]。（生）香君天姿国色，今日插了几朵珠翠，穿了一套绮罗，十分花貌，又添二分，果然可爱。（小旦）这都亏了杨老爷帮衬哩！

【江儿水】送到缠头锦，百宝箱，珠围翠绕流苏帐[15]，银烛笼纱通宵亮，金杯劝酒合席唱。今日又早早来看，恰似亲生自养，赔了妆奁，又早敲门来望。（旦）俺看杨老爷，虽是马督抚[16]至亲，却也拮据作客，为何轻掷金钱，来填烟花之窟[17]？在奴家受之有愧，在老爷施之无名；今日问个明白，以便图报。（生）香君问得有理，小弟与杨兄萍水相交，昨日承情太厚，也觉不安。（末）既蒙问及，小弟只得实告了。这些妆奁酒席，约费二百余金，皆出怀宁之手。（生）那个怀宁[18]？（末）曾做过光禄的阮圆海。（生）是那皖人阮大铖么？（末）正是。（生）他为何这样周旋？（末）不过欲纳交足下之意。

【五供养】（末）羡你风流雅望，东洛才名，西汉文章[19]。逢迎随处有，争看坐车郎[20]。秦淮妙处，暂寻个佳人相傍，也要些鸳鸯被，芙蓉妆。你道是谁的？是那南邻大阮[21]，嫁衣全忙。（生）阮圆老原是敝年伯[22]，小弟鄙其为人，绝之已久。他今日无故用情，令人不解。（末）圆老有一段苦衷，欲见白于足下。（生）请教。（末）圆老当日曾游赵梦白[23]之门，原是吾辈。后来结交魏党，只为救护东林。不料魏党一败，东林反与之水火。近日复社[24]

诸生，倡论攻击，大肆殴辱，岂非操同室之戈乎？圆老故交虽多，因其形迹可疑，亦无人代为分辩。每日向天大哭，说道："同类相残，伤心惨目，非河南侯君，不能救我。"所以今日谆谆纳交[25]。（生）原来如此。俺看圆海情辞迫切，亦觉可怜。就便真是魏党，悔过来归，亦不可绝之太甚，况罪有可原乎。定生，次尾，皆我至交，明日相见，即为分解。（末）果然如此，吾党之幸也。（旦怒介）官人是何说话，阮大铖趋附权奸，廉耻丧尽；妇人女子，无不唾骂。他人攻之，官人救之，官人自处于何等也？

【川拨棹】不思想，把话儿轻易讲。要与他消释灾殃，要与他消释灾殃，也提防旁人短长。官人之意，不过因他助俺妆奁，便要徇私废公，那知道这几件钗钏衣裙，原放不到我香君眼里。（拔簪脱衣介）脱裙衫，穷不妨；布荆人[26]，名自香。（末）阿呀！香君气性，忒也刚烈。（小旦）把好好东西，都丢一地，可惜！可惜！（拾介）（生）好！好！好！这等见识，我倒不如，真乃侯生畏友[27]也。（向末介）老兄休怪，弟非不领教，但恐为女子所笑耳。

【前腔】（生）平康巷，他能将名节讲；偏是咱学校朝堂，偏是咱学校朝堂，混贤奸不问青黄。那些社友，平日重俺侯生者，也只为这点义气；我若依附奸邪，那时群起来攻，自救不暇，焉能救人乎？节和名，非泛常；重和轻，须审详。（末）圆老一段好意，也还不可激烈。（生）我虽至愚，亦不肯从井救人[28]。（末）既然如此，小弟告辞了。（生）这些箱笼，原是阮家之物，香君不用，留之无益，还求取去罢。（末）正是"多情反被无情恼，乘兴而来兴尽还。"[29]（下）（旦恼介）（生看旦介）俺看香君天姿国色，摘了几朵珠翠，脱去一套绮罗，十分容貌，又添十分，更觉可爱。（小旦）虽如此说，舍了许多东西，倒底可惜。

【尾声】金珠到手轻轻放，惯成了娇痴模样，辜负俺辛勤做老娘。（生）些须东西，何足挂念，小生照样赔来。（小旦）这等才好。（小旦）花钱粉钞[30]费商量，（旦）裙布钗荆也不妨；（生）只有湘君能解佩[31]，（旦）风标不学世时妆。

注释

[1] 《桃花扇·却奁》：《桃花扇》全剧四十出，以侯方域和李香君的爱情故事为线索，写出了南明王朝兴亡的历史。"却奁"一出写阮大铖利用杨文骢去巴结、笼络侯方域，为李香君置办妆奁，李香君识破这个阴谋，毅然退掉妆奁。

[2] 保儿：妓院里的佣人。

[3] "龟尿"数句：是保儿的上场引子，内容低级庸俗。

[4] 上头：结婚。女子婚后发饰须作成人装束，故曰上头。妓女第一次接客也称上头。

[5] 孤老：妓女对长期固定的嫖客的称呼。

[6] 平康：唐代长安里名，为妓女聚居之处，后多泛指妓院。花郎：指卖花人。

[7] 杨文骢：即杨龙友，贵州贵阳人。善画，弘光朝任常、镇二府巡抚，后随唐王抗清，兵败被杀。侯兄：侯方域（1618年～1650年），河南商丘人，明末、社文人，与冒辟疆、陈贞慧、吴应箕合称"四公子"，以文名著称当世，后仕清。

[8] 小旦：戏曲中角色名。此指李香君的假母李贞丽，李贞丽是明末南京名妓。

[9] 黑甜共一乡：意为熟睡。俗以熟睡为黑甜乡，即甜蜜的梦乡。

[10] 交扣丁香：相互扣纽扣。丁香，即打成丁香结的纽扣。菱花：指镜子。古时多用铜磨

光制镜，并且在背面镂铸图案，以菱花最为普遍，故常用"菱花"指代铜镜。

[11] 扶头卯酒：早晨卯时前后为清醒头脑，振奋精神所饮的第一次酒。

[12] 催装拙句：指催装诗。古代风俗，新婚之夜，赋诗催促新娘梳妆。此指杨龙友在侯、李新婚之夜送的贺诗："生小倾城是李香，怀中婀娜袖中藏。缘何十二巫峰女，梦里偏来见楚王。"

[13] 金屋：精致华丽的房屋。典出汉武帝"金屋藏娇"的故事。

[14] 尤物：本指特殊的人物，一般用以称绝色美人。

[15] 缠头锦：缠头是客人给妓女的赏赐，多用锦。这里指杨文骢给李香君送来的妆奁。流苏帐：以流苏为垂饰的帐子。流苏，彩色丝线或羽毛所作的垂饰。

[16] 马督抚：即马士英，当时任凤阳督抚。弘光朝独揽朝政，后清兵攻陷南京时被杀。

[17] 烟花之窟：指妓院。烟花，宋元以来妓女的通称。

[18] 怀宁：即阮大铖，号圆海，安徽怀宁人。他先是东林党人，后投靠魏忠贤，任光禄寺卿。明亡后与马士英拥立福王，任兵部尚书，南京沦陷后降清。他是明末著名传奇作家，但因人品低劣，为人所不齿。

[19] 东洛才名：指晋代文学家左思，他琢磨十年，写成《三都赋》，人们争相传抄，致使洛阳纸贵。西汉文章：指司马相如等人，以辞赋名世。这两句是赞扬侯方域的文学才名。

[20] 坐车郎：相传潘岳貌美，每坐车出游，妇女争相看他，并掷果盈车。此借指侯方域。

[21] 南邻大阮：晋阮籍、阮咸叔侄，并有文名，时称大小阮。此处借指阮大铖。

[22] 年伯：父亲的同年，称年伯。阮大铖与侯方域的父亲侯恂同年，因而侯方域称阮为年伯。另年伯亦是对父亲同榜登科的人的尊称。

[23] 赵梦白：即赵南星，明末高邑人，东林党的领袖人物之一。熹宗时官吏部尚书，为魏忠贤所忌，贬到代州而死。

[24] 复社：明启年间成立的代表中小地主利益的政治、文化团体，张溥为其领袖。该社继承东林党精神，除讲学外，对魏阉余党祸国殃民的罪行屡加抨击，为阉党所忌。剧中所提到的陈贞慧（字定生）、吴应箕（字次尾）及侯方域都是复社的重要成员。

[25] 谆谆：殷勤。纳交：以财物礼品相结交。

[26] 布荆人：布荆，指布裙、荆钗。穿布衣、戴荆钗，是古代贫穷妇女的打扮。

[27] 畏友：方正刚直、敢于当面批评规劝人的朋友。因令人敬畏，故称畏友。

[28] 从井救人：跳下深井救人，不能救起别人，自己也会同归于尽，比喻帮不了别人又害了自己。这里指不顾自己的名节去救助别人。

[29] 多情反被无情恼：借用苏轼《蝶恋花》词句。多情，指阮大铖想结交侯方域。无情，指李香君却奁。乘兴而来兴尽还：东晋王子猷雪夜乘船去拜访好友戴安道，到了戴家后却不入门而折回，并说："乘兴而来，兴尽而返，何必见戴。"

[30] 花钱粉钞：用于买花粉装饰的钱，此指置办妆奁之资。

[31] 解佩：指香君却奁。屈原《楚辞·九歌·湘君》篇："遗余佩兮澧浦。"佩，衣带上的佩饰。

导读

《桃花扇》是一部伟大的现实主义历史剧。剧作的主题是"借离合之情，写兴亡之感"。

作品以侯朝宗和李香君坚贞不屈的爱情故事为线索，并把他们爱情生活上的波折与国家兴亡的命运结合起来，反映了明末动荡的社会现实及统治阶级内部的派系斗争，从而揭示了南明覆灭的根本原因。作者从沉痛的故国哀思出发，无情地揭露了统治阶级丑恶的本质，严厉地谴责了他们祸国殃民的罪行；同时，以激昂的爱国热情歌颂了民族英雄和热爱祖国的下层人民。实际上是以生花之妙笔，写亡国之痛，抒发了崇高的爱国主义情怀。

作者介绍

孔尚任（1648年～1718年），字聘之，又字季重，号东塘，别号岸堂，自称云亭山人。山东曲阜人，孔子六十四世孙，清初诗人、戏曲作家。时人将他与《长生殿》作者洪升并论，称"南洪北孔"。孔尚任虽高才博识，但屡试不中，35岁之前隐居石门山中。

著有诗文集有《石门山集》、《湖海集》、《岸堂稿》、《长留集》、《出山异数记》等，编辑《人瑞录》、《享金簿》、《平阳府志》、《莱州府志》、《康熙甲子重修孔子世家谱》等。戏曲作品除《桃花扇》外，尚有与顾彩合撰的《小忽雷传奇》，现存暖红室《汇刻传剧》所收本。而最享盛名的是《桃花扇》传奇，现存清康熙四十七年（1708年）初刻本等。

作品介绍

桃花扇是通过男女主人公侯方域（朝宗）和李香君的爱情故事反映明末南明灭亡的历史戏剧，共有40出，舞台上常演的有《访翠》、《寄扇》、《沉江》等几折。当时正处于明末清初，复杂的民族矛盾、阶级矛盾以及统治阶级的内部矛盾，形成了作者复杂的变化着的思想立场。当时清初正是考据学极盛时期，影响了作者忠于历史的态度，剧本中绝大部分人物是真人真事，剧本所写的一年中重大历史事件甚至考证精确到某月某日，但由于并不是历史书籍，剧中加入了故事情节、人物感情刻画，以从深度和广度上反映现实，有很高的艺术表现力，是一部对后人影响很深的历史剧。

思考与练习

1. 怎样理解文中借儿女之情，写兴亡之感的主旨？
2. 分析女主人公李香君的形象。
3. 本文表达了怎样的主题思想？

聊斋志异·婴宁[1]

蒲松龄

原文

王子服，莒[2]之罗店人，早孤，绝慧，十四入泮[3]。母最爱之，寻常不令游郊野。聘萧氏，未嫁而夭，故求凰[4]未就也。会上元[5]，有舅氏子吴生，邀同眺瞩，方至村外，舅家仆来，招吴去。生见游女如云，乘兴独游。有女郎携婢，拈梅花一枝，容华绝代，笑容可掬。生注目不移，竟忘顾忌。女过去数武[6]，顾婢子笑曰："个儿郎目灼灼似贼！"遗花地上，笑语自去。生拾花怅然，神魂丧失，怏怏遂返。

至家，藏花枕底，垂头而睡，不语亦不食。母忧之，醮禳[7]益剧，肌革锐减。医师诊视，投剂发表[8]，忽忽若迷。母抚问所由，默然不答。适吴生来，嘱秘诘之。吴至榻前，生见之泪下，吴就榻慰解，渐致研诘，生具吐其实，且求谋画。吴笑曰："君意亦痴！此愿有何难遂？当代访之。徒步于野，必非世家，如其未字[9]，事固谐矣，不然，拚以重赂，计必允遂。但得痊瘳，成事在我。"生闻之，不觉解颐[10]。吴出告母，物色女子居里[11]。而探访既穷，并无踪迹。母大忧，无所为计。然自吴去后，颜顿开，食亦略进。

数日，吴复来，生问所谋。吴绐之曰[12]："已得之矣。我以为谁何人，乃我姑之女，即君姨妹，今尚待聘。虽内戚有婚姻之嫌，实告之，无不谐者。"生喜溢眉宇，问："居何里？"吴诡曰："西南山中，去此可三十余里。"生又嘱再四，吴锐身自任[13]而去。生由是饮食渐加，日就平复。探视枕底，花虽枯，未便雕落，凝思把玩，如见其人。怪吴不至，折柬[14]招之，吴支托不肯赴招。生忿怒，悒悒不欢。母虑其复病，急为议姻，略与商榷，辄摇首不愿，惟日盼吴。

吴迄无耗，益怨恨之。转思三十里非遥，何必仰息他人？怀梅袖中，负气自往，而家人不知也。伶仃独步，无可问程，但望南山行去。约三十余里，乱山合沓，空翠爽肌，寂无人行，止有鸟道。遥望谷底，丛花乱树中，隐隐有小里落。下山入村，见舍宇无多，皆茅屋，而意甚修雅[15]。北向一家，门前皆丝柳，墙内桃杏尤繁，间以修竹，野鸟格磔[16]其中。意其园亭，不敢遽入。回顾对户，有巨石滑洁，因坐少憩。

俄闻墙内有女子长呼"小荣"，其声娇细。方伫听间，一女郎由东而西，执杏花一朵，俯首自簪；举头见生，遂不复簪，含笑拈花而入。审视之，即上元途中所遇也。心骤喜，但念无以阶进[17]。欲呼姨氏，顾从无还往，惧有讹误。门内无人可问，坐卧徘徊，自朝至于日昃[18]，盈盈望断，并忘饥渴。时见女子露半面来窥，似讶其不去者。忽一老媪扶杖出，顾生曰："何处郎君，闻自辰刻来，以至于今。意将何为？得勿饥也？"生急起揖之，答云："将以探亲。"媪聋聩不闻。又大言之。乃问："贵戚何姓？"生不能答。媪笑曰："奇哉！姓名尚自不知，何亲可探？我视郎君亦书痴耳。不如从我来，啖以粗粝，家有短榻可卧。待明朝归，询知姓氏，再来探访。"生方腹馁思啖，又从此渐近丽人，大喜。从媪入，见门内白石砌路，夹道红花片片坠阶上，曲折而西，又启一关[19]，豆棚花架满庭中。肃客[20]入舍，粉壁光如明镜，窗外海棠枝朵，探入室中，裀藉[21]几榻，罔不洁泽。甫坐，即有人自窗外隐约相窥。媪唤："小荣！可速作黍。"外有婢子嗷声而应。坐次，具展宗阀[22]。媪曰："郎君外祖，莫姓吴否？"曰："然。"媪惊曰："是吾甥也！尊堂[23]，我妹子。年来以家屡贫，又无三尺之男，遂至音问梗塞。甥长成如许，尚不相识。"生曰："此来即为姨也，匆遽遂忘姓氏。"媪曰："老身秦姓，并无诞育，弱息亦为庶产[24]。渠[25]母改醮，遗我鞠养。颇亦不钝，但少教训，嬉不知愁。少顷，使来拜识。"

未几，婢子具饭，雏尾盈握[26]。媪劝餐已，婢来敛具。媪曰："唤宁姑来。"婢应去。

良久，闻户外隐有笑声。媪又唤曰："婴宁，汝姨兄在此。"户外嗤嗤笑不已。婢推之以入，犹掩其口，笑不可遏。媪瞋目曰："有客在，咤咤叱叱，是何景象？"女忍笑而立，生揖之。媪曰："此王郎，汝姨子。一家尚不相识，可笑人也。"生问："妹子年几何矣？"媪未能解；生又言之。女复笑，不可仰视。媪谓生曰："我言少教诲，此可见矣。年已十六，呆痴如婴儿。"生曰："小于甥一岁。"曰："阿甥已十七矣，得非庚午属马者耶？"生首应之。又问："甥妇阿谁？"答曰："无之。"曰："如甥才貌，何十七岁犹未聘？婴宁亦无姑家，极相匹敌。惜有内亲之嫌。"生无语，目注婴宁，不遑他瞬[27]。婢向女小语云："目灼灼贼腔未改！"女又大笑，顾婢曰："视碧桃开未？"遽起，以袖掩口，细碎连步而出。至门外，笑声始纵。媪亦起，唤婢襆被，为生安置。曰："阿甥来不易，宜留三五日，迟迟送汝归。如嫌幽闷，舍后有小园，可供消遣；有书可读。"

次日，至舍后，果有园半亩，细草铺毡，杨花糁径。有草舍三楹，花木四合其所。穿花小步，闻树头苏苏有声，仰视，则婴宁在上，见生来，狂笑欲堕。生曰："勿尔，堕矣！"女且下且笑，不能自止。方将及地，失手而堕，笑乃止。生扶之，阴捘[28]其腕。女笑又作，倚树不能行，良久乃罢。生俟其笑歇，乃出袖中花示之。女接之，曰："枯矣！何留之？"曰："此上元妹子所遗，故存之。"问："存之何益？"曰："以示相爱不忘。自上元相遇，凝思成病，自分化为异物[29]；不图得见颜色，幸垂怜悯。"女曰："此大细事[30]，至戚何所靳惜？待郎行时，园中花，当唤老奴来，折一巨捆负送之。"生曰："妹子痴耶？"女曰："何便是痴？"生曰："我非爱花，爱拈花之人耳。"女曰："葭莩[31]之情，爱何待言。"生曰："我所为爱，非瓜葛之爱，乃夫妻之爱。"女曰："有以异乎？"曰："夜共枕席耳。"女俯首思良久，曰："我不惯与生人睡。"语未已，婢潜至，生惶恐遁去。

少时，会母所，母问："何往？"女答以园中共话。媪曰："饭熟已久，有何长言，周遮[32]乃尔。"女曰："大哥欲我共寝。"言未已，生大窘，急目瞪之。女微笑而止。幸媪不闻，犹絮絮究诘。生急以他词掩之，因小语责女。女曰："适此语不应说耶？"生曰："此背人语。"女曰："背他人，岂得背老母？且寝处亦常事，何讳之？"生恨其痴，无术可悟之。食方竟，家人捉双卫来寻生[33]。先是，母待生久不归，始疑。村中搜觅已遍，竟无踪兆，因往寻吴。吴忆曩言，因教于西南山村寻觅。凡历数村，始至于此。生出门，适相值，便入告媪，且请偕女同归。媪喜曰："我有志，匪伊朝夕[34]。但残躯不能远涉，得甥携妹子去，识认阿姨，大好！"呼婴宁，宁笑至。媪曰："有何喜，笑辄不辍？若不笑，当为全人[35]。"因怒之以目，乃曰："大哥欲同汝去，可装束。"又饷家人酒食，始送之出，曰："姨家田产丰裕，能养冗人。到彼且勿归，小学诗礼，亦好事翁姑。即烦阿姨择一良匹与汝。"二人遂发。至山坳回顾，犹依稀见媪倚门北望也。抵家，母睹姝丽，惊问为谁。生以姨妹对。母曰："前吴郎与儿言者，诈也。我未有姊，何以得甥？"问女，女曰："我非母出。父为秦氏，没时儿在褓中，不能记忆。"母曰："我一姊适秦氏良确。然殂谢已久，那得复存？"因审诘面庞、志赘[36]，一一符合。又疑曰："是矣！然亡已多年，何得复存？"疑虑间，吴生至，女避入室。吴询得故，惘然久之，忽曰："此女名婴宁耶？"生然之。吴极称怪事。问所自知，吴曰："秦家姑去世后，姑丈鳏居，祟于狐，病瘵死。狐生女名婴宁，绷卧床上，家人皆见之。姑丈没，狐犹时来。后求天师符粘壁上，狐遂携女去。将勿此耶？"彼此疑参，但闻室中嗤嗤，皆婴宁笑声。母曰："此女亦太憨。"吴生请面之。母入室，女犹浓笑不顾。母促令出，始极力忍笑，又面壁移时方出。才一展拜，翻然遽入，放声大笑。满室妇女，为之粲然。

吴请往觇其异[37]，就便执柯[38]。寻至村所，庐舍全无，山花零落而已。吴忆葬处仿佛不远，然坟垅湮没，莫可辨识，诧叹而返。母疑其为鬼，入告吴言，女略无骇意。又吊其无家，亦殊无悲意，孜孜憨笑而已。众莫之测，母令与少女同寝止，昧爽即来省问[39]，操女红精巧绝伦。但善笑，禁之亦不可止。然笑处嫣然，狂而不损其媚，人皆乐之。邻女少妇，争承迎之。母择吉为之合卺[40]，而终恐为鬼物，窃于日中窥之，形影殊无少异[41]。至日，使华装行新妇礼，女笑极不能俯仰[42]，遂罢。生以憨痴，恐泄漏房中隐事，而女殊秘密，不肯道一语。每值母忧怒，女至一笑即解。奴婢小过，恐遭鞭楚，辄求诣母共话，罪婢投见恒得免。而爱花成癖，物色遍戚党；窃典金钗，购佳种，数月，阶砌藩溷[43]，无非花者。

庭后有木香一架，故邻西家，女每攀登其上，摘供簪玩。母时遇见辄诃之，女卒不改。一日西人子见之，凝注倾倒。女不避而笑。西人子谓女意属己，心益荡。女指墙底笑而下，西人子谓示约处，大悦。及昏而往，女果在焉，就而淫之，则阴如锥刺，痛彻于心，大号而踣。细视非女，则一枯木卧墙边，所接乃水淋窍也。邻父闻声，急奔研问，呻而不言；妻来，始以实告。爇[44]火烛窥，见中有巨蝎如小蟹然，翁碎木，捉杀之。负子至家，半夜寻卒。邻人讼生，讦发婴宁妖异。邑宰素仰生才，稔知其笃行士，谓邻翁讼诬，将杖责之，生为乞免，遂释而出。母谓女曰："憨狂尔尔，早知过喜而伏忧也。邑令神明，幸不牵累。设[45]鹘突官宰，必逮妇女质公堂，我儿何颜见戚里？"女正色，矢[46]不复笑。母曰："人罔不笑，但须有时。"而女由是竟不复笑，虽故逗之亦终不笑，然竟日未尝有戚容[47]。一夕，对生零涕。异之。女哽咽曰："曩以相从日浅，言之恐致骇怪。今日察姑及郎，皆过爱无有异心，直告或无妨乎？妾本狐产。母临去，以妾托鬼母，相依十余年，始有今日。妾又无兄弟，所恃者惟君。老母岑寂山阿，无人怜而合厝之[48]，九泉辄为悼恨。君倘不惜烦费，使地下人消此怨恫，庶养女者不忍溺弃[49]。"生诺之，然虑坟冢迷于荒草。女言无虑。刻日，夫妇舆榇而往[50]。女于荒烟错楚中，指示墓处，果得媪尸，肤革犹存。女抚哭哀痛。舁归，寻秦氏墓合葬焉。是夜生梦媪来称谢，寤而述之。女曰："妾夜见之，嘱勿惊郎君耳。"生恨不邀留。女曰："彼鬼也。生人多，阳气胜，何能久居？"生问小荣，曰："是亦狐，最黠。狐母留以视妾，每摄饵相哺，故德之常不去心[51]；昨问母，云已嫁之。"由是岁值寒食[52]，夫妇登秦墓，拜扫无缺。

女逾年，生一子，在怀抱中，不畏生人，见人辄笑，亦大有母风云。

异史氏曰[53]："观其孜孜憨笑，似全无心肝者。而墙下恶作剧，其黠孰甚焉！至凄恋鬼母，反笑为哭，我婴宁殆隐于笑者矣[54]。窃闻山中有草，名'笑矣乎'，嗅之，则笑不可止。房中植此一种，则合欢、忘忧[55]，并无颜色矣。若解语花，正嫌其作态耳[56]。"

注释

[1] 婴宁：似出于《庄子·大宗师》，其中有所谓"撄宁"，指"撄而后宁"，即经困扰而后

达成合乎天道、保持自然本色的人生。

[2] 莒：莒县，今属山东。

[3] 入泮：古代学校有泮池，故称学童入学为入泮。

[4] 求凰：犹言求妻。相传司马相如以"凤求凰"琴曲向卓文君求婚。

[5] 上元：元宵节。

[6] 数武：几步。武：半步。

[7] 醮禳：请僧道祈祷做法事。

[8] 发表：中医的一种治疗方法，即通过让患者出汗使其体内邪毒发散出来。

[9] 未字：还没有订婚，女子订婚称"字"。

[10] 解颐：开怀欢笑。

[11] 居里：住所。

[12] 绐：欺诳。

[13] 锐身自任：挺身担起责任。锐身，挺身。

[14] 折柬：裁纸写信。

[15] 修雅：整齐雅致。

[16] 格磔：鸟鸣声。

[17] 无以阶进：找不到进去的理由。阶，台阶，这里喻指借口、理由。

[18] 日昃：过午。昃，日偏。

[19] 启一关：开了一道门。关，门。

[20] 肃客：迎客。肃，引导、迎接。

[21] 裀籍：坐垫，坐席。

[22] 具展宗阀：各自述说家事。宗阀，家世。阀，本指官宦人家门前记录功业的柱子，后泛指功业或家世。

[23] 尊堂：对别人母亲的敬称。

[24] 弱息：幼弱的子女。庶产：姬妾所生。

[25] 渠：她的。

[26] 雏尾盈握：（摆上来）肥鸡肥鸭。古人称幼小的鸡鸭为"雏尾盈握"，即尾巴还抓不满一把。

[27] 不遑他瞬：顾不上看其他地方。遑：闲暇。不遑：没有空闲。

[28] 阴挼：暗地里捏。

[29] 自分句：自以为要死了。异物，《庄子》称人死亡后"或化为鼠肝，或化为虫臂"。

[30] 细事：小事情。

[31] 葭莩：芦苇中的薄膜。多指疏远的亲戚，但也可泛指亲戚。这里即为泛指。

[32] 周蔗：啰嗦，唠叨。

[33] 捉双卫：牵着两头驴。卫，驴的别名。

[34] 匪伊朝夕：不止一天。

[35] "媪曰"句：谓指封建势力对婴宁自由性格的遏制。

[36] 志赘：人身上的特征。志，同痣。赘，赘疣。

[37] 觇其异：察看（有无）异常。觇，观察，窥探。

[38] 执柯：比喻做媒。

[39] 昧爽：晚上和早晨。省问：看望问候，请安。

[40] 合卺：成婚，圆房。

[41] "窃于"两句：传说鬼物在阳光下没有影子。

[42] 不能俯仰：犹言笑得直不起腰。

[43] 阶砌藩溷：台阶、围墙乃至厕所。这里是无所不在的意思。

[44] 爇：燃烧，点燃。

[45] 设：假如。

[46] 矢：立誓，决心。

[47] 戚容：悲伤的样子。

[48] 合厝：合葬。厝，埋葬。

[49] 庶养女者不忍溺弃：古时恶俗，认为女儿不能接续香烟，不能办理后事，所以把女婴溺杀。这里的意思是，我安葬了父母，或许可以改变人们轻视女儿的习俗。

[50] 舆榇：用车子运载棺材。舆，本义是车厢，引申为车子，这里做动词用，意为运载。榇，棺材。

[51] 德之常不去心：感激她，常常心中惦念。德，名词动化。不去心，心中惦念。

[52] 寒食：清明节的前两天为寒食节，旧俗这天不点火吃冷饭。

[53] 异史氏：蒲松龄自称。

[54] 殆隐于笑者矣：抄本作"何尝罃也"。

[55] 合欢、忘忧：合欢花，忘忧草。因为这两种花草的名字带有开怀之意，所以拿来与"笑矣乎"比较。

[56] 若解语花，正嫌其作态耳：解语花，意谓像花一样美丽而又善解人意，讲话能够让人开心。指解语花迎合他人，不是天性的自然流露。

导读

堪称短篇小说之王的《聊斋志异》，是中国古代文学宝库中的一颗明珠，而《婴宁》则是这颗明珠上的一束奇光。作者用一波三折的笔法，写出了婴宁同王子服浪漫的爱情奇遇，尤其刻画了婚前婴宁天真烂漫，丝毫未受世俗礼教浸染的童心性格；婚后，这种性格在封建家庭和世俗社会中受到了戕害，她因之被迫回归封建妇德本位。这不仅是婴宁个体的悲剧，而且是封建社会广大妇女的缩影；不仅是封建社会的悲哀，更是时代的悲哀。蒲松龄借婴宁意象批判了封建礼教的残忍，肯定了自由真诚之人性的美好，表达了对扭曲人性之世俗社会的忧愤。

作者介绍

蒲松龄（1640 年～1715 年），字留仙，一字剑臣，别号柳泉居士，淄川（今山东淄博）人。出身于半农半商家庭，后家道陷于贫困。因屡次失意于科场，只得以做幕宾、塾师为生。他生值明清易代的乱世，黑暗的社会现实与个人遭遇的坎坷，造成了他"孤愤"、"狂痴"的人生态度，表现在他创作的《聊斋志异》中。其诗、文、俗曲等作品今汇编为《蒲松龄集》）。

作品介绍

《聊斋志异》，简称《聊斋》，俗名《鬼狐传》，是中国清代著名小说家蒲松龄历时30多年完成的一部文言短篇小说集。"聊斋"是他的书斋名，"志"是记述的意思，"异"指奇异的故事，指在聊斋中记述奇异的故事。全书共有短篇小说491篇，题材非常广泛，内容极其丰富，多数作品通过谈狐说鬼的手法，对当时社会的腐败、黑暗进行了有力批判，在一定程度上揭露了社会矛盾，表达了人民的愿望，但其中也夹杂着一些封建伦理观念和因果报应的宿命论思想。作品成功地塑造了众多的艺术典型，人物形象鲜明生动，故事情节曲折离奇，结构布局严谨巧妙，文笔简练，描写细腻，堪称中国古典文言短篇小说之巅峰。

思考与练习

1. 分析婴宁的个性特点和性格转化轨迹，并论述小说所展示的社会人生内涵。
2. 论述作品中对花儿的描写的作用。

红楼梦·宝玉挨打

曹雪芹

原文

原来宝玉会过雨村回来听见了，便知金钏儿含羞赌气自尽，心中早又五内摧伤，进来被王夫人数落教训，也无可回说。见宝钗进来，方得便出来，茫然不知何往，背着手，低头一面感叹，一面慢慢的走着，信步来至厅上。刚转过屏门，不想对面来了一人正往里走，可巧儿撞了个满怀。只听那人喝了一声"站住！"宝玉唬了一跳，抬头一看，不是别人，却是他父亲，不觉的倒抽了一口气，只得垂手一旁站了。贾政道："好端端的，你垂头丧气嗐些什么？方才雨村来了要见你，叫你那半天你才出来；既出来了，全无一点慷慨挥洒谈吐，仍是葳葳蕤蕤萎靡不振。我看你脸上一团思欲愁闷气色，这会子又咳声叹气。你那些还不足，还不自在？无故这样，却是为何？"宝玉素日虽是口角伶俐，只是此时一心总为金钏儿感伤，恨不得此时也身亡命殒，跟了金钏儿去。如今见了他父亲说这些话，究竟不曾听见，只是怔呵呵的站着。

贾政见他惶悚[1]，应对不似往日，原本无气的，这一三分气。方欲说话，忽有回事人来回："忠顺亲王府里有人来，要见老爷。"贾政听了，心下疑惑，暗暗思忖道："素日并不和忠顺府来往，为什么今日打发人来？"一面想，一面令"快请"，急走出来看时，却是忠顺府长史官[2]，忙接进厅上坐了献茶。未及叙谈，那长史官先就说道："下官此来，并非擅造潭府[3]，皆因奉王命而来，有一件事相求。看王爷面上，敢烦老大人做主，不但王爷知情，且连下官辈亦感谢不尽。"贾政听了这话，抓不住头脑，忙陪笑起身问道："大人既奉王命而来，不知有何见谕，望大人宣明，学生好遵谕承办。"那长史官便冷笑道："也不必承办，只用大人一句话就完了。我们府里有一个做小旦的琪官，一向好好在府里，如今竟三五日不见回去，各处去找，又摸不着他的道路[4]，因此各处访察。这一城内，十停[5]人倒有八停人都说，他近日和衔玉的那位令郎相与甚厚。下官辈等听了，尊府不比别家，可以擅入索取，因此启明王爷。王爷亦云：'若是别的戏子呢，一百个也罢了，只是这琪官随机应答，谨慎老诚，甚合我老人家的心，竟断断少不得此人。'故此求老大人转谕令郎，请将琪官放回，一则可慰王爷谆谆奉恳，二则下官辈也可免操劳求觅之苦。"说毕，忙打一躬。

贾政听了这话，又惊又气，即命唤宝玉来。宝玉也不知是何原故，忙赶来时，贾政便问："该死的奴才！你在家不读书也罢了，怎么又做出这些无法无天的事来！那琪官现是忠顺王爷驾前承奉的人，你是何等草芥，无故引逗他出来，如今祸及于我。"宝玉听了唬了一跳，忙回道："实在不知此事。究竟连'琪官'两个字不知为何物，岂更又加'引逗'二字！"说着便哭了。贾政未及开言，只见那长史官冷笑道："公子也不必掩饰。或隐藏在家，或知其下落，早说了出来，我们也少受些辛苦，岂不念公子之德？"宝玉连说不知，"恐是讹传，也未见得"。那长史官冷笑道："现有据证，何必还赖？必定当着老大人说了出来，公子岂不吃亏？既云不知此人，那红汗巾子[6]怎么到了公子腰里？"宝玉听了这话，不觉轰去魂魄，目瞪口呆，心下自思："这话他如何得知！他既连这样机密事都知道了，大约别的瞒他不过，不如打发他去了，免的再说出别的事来。"因说道："大人既知他的底细，如何连他置买房舍这样大事倒不晓得了？听得说他如今在东郊离城二十里有个什么紫檀堡，他在那里置了几亩田地几间房舍。想是在那里也未可知。"那长史官听了，笑道："这样说，一定是在那里。我且去找一回，若有了便罢，若没有，还要来请教。"说着，便忙忙的走了。

贾政此时气的目瞪口歪，一面送那长史官，一面回头命宝玉"不许动！回来有话问你！"一直送那官员去了。才回身，忽见贾环带着几个小厮一阵乱跑。贾政喝令小厮"快打，快打！"贾环见了他父亲，唬的骨软筋酥，忙低头站住。贾政便问："你跑什么？带着你的那些人都不管你，不知往那里逛去，由你野马一般！"喝令叫跟上学的人来。贾环见他父亲盛怒，便乘机说道："方才原不曾跑，只因从那井边一过，那井里淹死了一个丫头，我看见人头这样大，身子这样粗，泡的实在可怕，所以才赶着跑了过来。"贾政听了惊疑，问道："好端端的，谁去跳井？我家从无这样事情，自祖宗以来，皆是宽柔以待下人。——大约我近年于家务疏懒，自然执事人[7]操克夺之权[8]，致使生出这暴殄轻生[9]的祸患。若外人知道，祖宗颜面何在！"喝令快叫贾琏、赖大、来兴。小厮们答应了一声，方欲叫去，贾环忙上前拉住贾政的袍襟，贴膝跪下道："父亲不用生气。此事除太太房里的人，别人一点也不知道。我听见我母亲说……"说到这里，便回头四顾一看。贾政知意，将眼一看众小厮，小厮们明白，都往两边后面退去。贾环便悄悄说道："我母亲告诉我说，宝玉哥哥前日在太太屋里，拉着太太的丫头金钏儿强奸不遂，打了一顿。那金钏儿便赌气投井死了。"

话未说完，把个贾政气的面如金纸，大喝"快拿宝玉来！"一面说，一面便往里边书房里去，喝令"今日再有人劝我，我把这冠带家私[10]一应[11]交与他与宝玉过去！我免不得做个罪人，把这几根烦恼鬓毛剃去，寻个干净去处[12]自了，也免得上辱先人下生逆子之罪。"众门客仆从见贾政这个形景，便知又是为宝玉了，一个个都是咂指咬舌，连忙退出。那贾政喘吁吁直挺挺坐在椅子上，满面泪痕，一叠声"拿宝玉！拿大棍！拿索子捆上！把各门都关上！有人传信往里头去，立刻打死！"众小厮们只得齐声答应，有几个来找宝玉。

那宝玉听见贾政吩咐他"不许动"，早知多凶少吉，那里承望贾环又添了许多的话。正在厅上干转，怎得个人来往里头去捎信，偏生没个人，连焙茗也不知在那里。正盼望时，只见一个老姆姆出来。宝玉如得了珍宝，便赶上来拉他，说道："快进去告诉：老爷要打我呢！快去，快去！要紧，要紧！"宝玉一则急了，说话不明白；二则老婆子偏生又聋，竟不曾听见是什么话，把"要紧"二字只听作"跳井"二字，便笑道："跳井让他跳去，二爷怕什么？"宝玉见是个聋子，便着急道："你出去叫我的小厮来罢。"那婆子道："有什么不了的事？老早的完了。太太又赏了衣服，又赏了银子，怎么不了事的！"

宝玉急的跺脚，正没抓寻处，只见贾政的小厮走来，逼着他出去了。贾政一见，眼都红紫了，也不暇问他在外流荡优伶，表赠私物，在家荒疏学业，淫辱母婢等语，只喝令"堵起嘴来，着实打死！"小厮们不敢违拗，只得将宝玉按在凳上，举起大板打了十来下。贾政犹嫌打轻了，一脚踢开掌板的，自己夺过来，咬着牙狠命盖了三四十下。众门客见打的不祥了，忙上前夺劝。贾政那里肯听，说道："你们问问他干的勾当可饶不可饶！素日皆是你们这些人把他酿[13]坏了，到这步田地还来解劝。明日酿到他弑君杀父，你们才不劝不成！"

众人听这话不好听，知道气急了，忙又退出，只得觅人进去给信。王夫人不敢先回贾母，只得忙穿衣出来，也不顾有人没人，忙忙赶往书房中来，慌的众门客小厮等避之不及。王夫人一进房来，贾政更如火上浇油一般，那板子越发下去的又狠又快。按宝玉的两个小厮忙松了手走开，宝玉早已动弹不得了。贾政还欲打时，早被王夫人抱住板子。贾政道："罢了，罢了！今日必定要气死我才罢！"王夫人哭道："宝玉虽然该打，老爷也要自重。况且炎天暑日的，老太太身上也不大好，打死宝玉事小，倘或老太太一时不自在了，岂不事大！"贾政冷笑道："倒休提这话。我养了这不肖的孽障，已不孝；教训他一番，又有众人护持；不如趁今日一发勒死了，以绝将来之患！"说着，便要绳索来勒死。

王夫人连忙抱住哭道："老爷虽然应当管教儿子，也要看夫妻分上。我如今已将五十岁的人，只有这个孽障，必定苦苦的以他为法，我也不敢深劝。今日越发要他死，岂不是有意绝我。既要勒死他，快拿绳子来先勒死我，再勒死他。我们娘儿们不敢含怨，到底在阴司里得个依靠。"说毕，爬在宝玉身上大哭起来。贾政听了此话，不觉长叹一声，向椅上坐了，泪如雨下。王夫人抱着宝玉，只见他面白气弱，底下穿着一条绿纱小衣皆是血渍，禁不住解下汗巾看，由臀至胫，或青或紫，或整或破，竟无一点好处，不觉失声大哭起来，"苦命的儿吓！"因哭出"苦命儿"来，忽又想起贾珠来，便叫着贾珠哭道："若有你活着，便死一百个我也不管了。"此时里面的人闻得王夫人出来，那李宫裁王熙凤与迎春姊妹早已出来了。王夫人哭着贾珠的名字，别人还可，惟有宫裁禁不住也放声哭了。贾政听了，那泪珠更似滚瓜一般滚了下来。

正没开交处，忽听丫鬟来说："老太太来了。"一句话未了，只听窗外颤巍巍的声气说道："先打死我，再打死他，岂不干净了！"贾政见他母亲来了，又急又痛，连忙迎接出来，只见贾母扶着丫头，喘吁吁的走来。

贾政上前躬身陪笑道："大暑热天，母亲有何生气亲自走来？有话只该叫了儿子进去吩咐。"贾母听说，便止住步喘息一回，厉声说道："你原来是和我说话！我倒有话吩咐，只是可怜我一生没养个好儿子，却教我和谁说去！"贾政听这话不像，忙跪下含泪说道："为儿的教训儿子，也为的是光宗耀祖。母亲这话，我做儿的如何禁得起？"贾母听说，便啐了一口，说道："我说一句话，你就禁不起，你那样下死手的板子，难道宝玉就禁得起了？你说教训儿子是光宗耀祖，当初你父亲怎么教训你来！"说着，不觉就滚下泪来。

贾政又陪笑道："母亲也不必伤感，皆是作儿的一时性起，从此以后再不打他了。"贾母便冷笑道："你也不必和我使性子赌气的。你的儿子，我也不该管你打不打。我猜着你也厌烦我们娘儿们。不如我们赶早儿离了你，大家干净！"说着便令人去看[14]轿马，"我和你太太宝玉立刻回南京去！"家下人只得干答应着。贾母又叫王夫人道："你也不必哭了。如今宝玉年纪小，你疼他，他将来长大成人，为官作宰的，也未必想着你是他母亲了。你如今倒不要疼他，只怕将来还少生一口气呢。"贾政听说，忙叩头哭道："母亲如此说，贾政无立足之地。"贾母冷笑道："你分明使我无立足之地，你反说起你来！只是我们回去了，你心里干净，看有谁来许你打。"一面说，一面只令快打点行李车轿回去。贾政苦苦叩求认罪。

贾母一面说话，一面又记挂宝玉，忙进来看时，只见今日这顿打不比往日，又是心疼，又是生气，也抱着哭个不了。王夫人与凤姐等解劝了一会，方渐渐的止住。早有丫鬟媳妇等上来，要搀宝玉，凤姐便骂道："糊涂东西，也不睁开眼瞧瞧！打的这么个样儿，还要搀着走！还不快进去把那藤屉子春凳[15]抬出来呢。"众人听说连忙进去，果然抬出春凳来，将宝玉抬放凳上，随着贾母王夫人等进去，送至贾母房中。

彼时贾政见贾母气未全消，不敢自便，也跟了进去。看看宝玉，果然打重了。再看看王夫人，"儿"一声，"肉"一声，"你替珠儿早死了，留着珠儿，免你父亲生气，我也不白操这半世的心了。这会子你倘或有个好歹，丢下我，叫我靠那一个！"数落一场，又哭"不争气的儿"。贾政听了，也就灰心，自悔不该下毒手打到如此地步。先劝贾母，贾母含泪说道："你不出去，还在这里做什么！难道于心不足，还要眼看着他死了才去不成！"贾政听说，方退了出来。

此时薛姨妈同宝钗、香菱、袭人、史湘云也都在这里。袭人满心委屈，只不好十分使出来，见众人围着，灌水的灌水，打扇的打扇，自己插不下手去，便越性走出来到二门前，令小厮们找了焙茗来细问："方才好端端的，为什么打起来？你也不早来透个信儿！"焙茗急的说："偏生我没在跟前，打到半中间我才听见了。忙打听原故，却是为琪官金钏姐姐的事。"袭人道："老爷怎么得知道的？"焙茗道："那琪官的事，多半是薛大爷素日吃醋，没法儿出气，不知在外头唆挑了谁来，在老爷跟前下的火[16]。那金钏儿的事是三爷说的，我也是听见老爷的人说的。"袭人听了这两件事都对景[17]，心中也就信了八九分。然后回来，只见众人都替宝玉疗治。调停完备，贾母令"好生抬到他房内去"。众人答应，七手八脚，忙把宝玉送入怡红院内自己床上卧好。又乱了半日，众人渐渐散去，袭人方进前来经心服侍，问他端的。且听下回分解。

话说袭人见贾母王夫人等去后，便走来宝玉身边坐下，含泪问他："怎么就打到这步田地？"宝玉叹气说道："不过为那些事，问他做什么！只是下半截疼的很，你瞧瞧打坏了那里。"袭人听说，便轻轻的伸手进去，将中衣褪下。宝玉略动一动，便咬着牙叫"嗳哟"，袭人连忙停住手，如此三四次才褪了下来。袭人看时，只见腿上半段青紫，都有四指宽的僵痕高了起来。袭人咬着牙说道："我的娘，怎么下这般的狠手！你但凡听我一句话，也不得到这步地位。幸而没动筋骨，倘或打出个残疾来，可叫人怎么样呢！"

正说着，只听丫鬟们说："宝姑娘来了。"袭人听见，知道穿不及中衣，便拿了一床袷纱被[18]替宝玉盖了。只见宝钗手里托着一丸药走进来，向袭人说道："晚上把这药用酒研开，替他敷上，把那淤血的热毒散开，可以就好了。"说毕，递与袭人，又问道："这会子可好些？"宝玉一面道谢说："好了。"又让坐。宝钗见他睁开眼说话，不像先时，心中也宽慰了好些，便点头叹道："早听人一句话，也不至今日。别说老太太、太太心疼，就是我们看着，心里也疼"刚说了半句又忙咽住，自悔说的话急了，不觉的就红了脸，低下头来。宝玉听得这话如此亲切稠密，大有深意，忽见他又咽住不往下说，红了脸，低下头只管弄衣带，那一种娇羞怯怯，非可形容得出者，不觉心中大畅，将疼痛早丢在九霄云外，心中自思："我不过挨了几下打，他们一个个就有这些怜惜悲感之态露出，令人可玩可观，可怜可敬。假若我一时竟遭殃横死，他们还不知是何等悲感呢！既是他们这样，我便一时死了，得他们如此，一生事业纵然尽付东流，亦无足叹惜，冥冥之中若不怡然自得，亦可谓糊涂鬼祟矣。"想着，只听宝钗问袭人道："怎么好好的动了气，就打起来了？"袭人便把焙茗的话说了出来。

宝玉原来还不知道贾环的话，见袭人说出方才知道。因又拉上薛蟠，惟恐宝钗沉心[19]，忙又止住袭人道："薛大哥哥从来不这样的，你们不可混猜度。"宝钗听说，便知道是怕他多心，用话相拦袭人，因心中暗暗想道："打的这个形象，疼还顾不过来，还是这样细心，怕得罪了人，可见在我们身上也算是用心。你既这样用心，何不在外头大事上做工夫，老爷也欢喜了，也不能吃这样亏。但你固然怕我沉心，所以拦袭人的话，难道我就不知我的哥哥素日恣心纵欲，毫无防范的那种心性。当日为一个秦钟，还闹的天翻地覆，自然如今比先又更利害了。"想毕，因笑道："你们也不必怨这个，怨那个。据我想，到底宝兄弟素日不正，肯和那些人来往，老爷才生气。就是我哥哥说话不防头[20]，一时说出宝兄弟来，也不是有心调唆：一则也是本来的实话，二则他原不理论[21]这些防嫌小事。袭姑娘从小儿只见宝兄弟这么样细心的人，你何尝见过天不怕地不怕、心里有什么口里就说什么的人。"袭人因说出薛蟠来，见宝玉拦他的话，早已明白自己说造次了，恐宝钗没意思，听宝钗如此说，更觉羞愧无言。宝玉又听宝钗这番话，一半是堂皇正大，一半是去己疑心，更觉比先畅快了。方欲说话时，只见宝钗起身说道："明儿再来看你，你好生养着罢。方才我拿了药来交给袭人，晚上敷上管就好了。"说着便走出门去。袭人赶着送出院外，说："姑娘倒费心了。改日宝二爷好了，亲自来谢。"宝钗回头笑道："有什么谢处。你只劝他好生静养，别胡思乱想的就好了。不必惊动老太太、太太众人，倘或吹到老爷耳朵里，虽然彼时不怎么样，将来对景，终是要吃亏的。"说着，一面去了。

袭人抽身回来，心内着实感激宝钗。进来见宝玉沉思默默似睡非睡的模样，因而退出房外，自去栉沐[22]。宝玉默默的躺在床上，无奈臀上作痛，如针挑刀挖一般，更又热如火炙，略展转时，禁不住"嗳哟"之声。那时天色将晚，因见袭人去了，却有两三个丫鬟伺候，此时并无呼唤之事，因说道："你们且去梳洗，等我叫时再来。"众人听了，也都退出。

这里宝玉昏昏默默，只见蒋玉菡走了进来，诉说忠顺府拿他之事，又见金钏儿进来哭说为他投井之情。宝玉半梦半醒，都不在意。忽又觉有人推他，恍恍忽忽听得有人悲戚之声。宝玉从梦中惊醒，睁眼一看，不是别人，却是林黛玉。宝玉犹恐是梦，忙又将身子欠起来，向脸上细细一认，只见两个眼睛肿的桃儿一般，满面泪光，不是黛玉，却是那个？宝玉还欲看时，怎奈下半截疼痛难忍，支持不住，便"嗳哟"一声，仍就倒下，叹了一声，说道："你又做什么跑来！虽说太阳落下去，那地上的余热未散，走两趟又要受了暑。我虽然挨了打，并不觉疼痛。我这个样儿，只装出来哄他们，好在外头布散与老爷听，其实是假的。你不可认真。"此时林黛玉虽不是嚎啕大哭，然越是这等无声之泣，气噎喉堵，更觉得利害。听了宝玉这番话，心中虽然有万句言词，只是不能说得，半日，方抽抽噎噎的说道："你从此可都改了罢！"宝玉听说，便长叹一声，道："你放心，别说这样话。就便为这些人死了，也是情愿的！"

一句话未了，只见院外人说："二奶奶来了。"林黛玉便知是凤姐来了，连忙立起身说道："我从后院子去罢，回来再来。"宝玉一把拉住道："这可奇了，好好的怎么怕起他来。"林黛玉急的跺脚，悄悄的说道："你瞧瞧我的眼睛，又该他取笑开心呢。"宝玉听说赶忙的放手。黛玉三步两步转过床后，出后院而去。

注释

[1] 惶悚（sǒng）：惶恐。悚，害怕，恐惧。

[2] 长史官：总管王府内事务的官吏。从南朝起始设，以后各代王府都沿设。

[3] 潭府：深宅大院。常用作对他人住宅的尊称。潭，深邃的样子。

[4] 道路：行踪，去向。

[5] 停：总数分成几份，其中一份叫一停。

[6] 汗巾子：系内裤用的腰巾，因近身受汗，故名。

[7] 执事人：具体操办某件事务的人。

[8] 克夺之权：生杀予夺之权。

[9] 暴殄（tiǎn）轻生：暴殄，恣意糟踏。殄，灭绝。轻生，不爱惜生命。

[10] 冠带家私：冠带，帽子和束带，是官服的代称，这里代指官爵。家私，财产，代指家业。

[11] 一应：所有的一切。

[12] 烦恼鬓毛……干净去处鬓毛，即头发，佛家称为"烦恼丝"。干净，佛家以为人世污浊不净，唯有佛门才能通向清净世界，即所谓净土。剃去烦恼鬓毛与寻个干净去处，都是出家当和尚的意思。

[13] 酿：惯，纵容。

[14] 看：料理，备办。

[15] 藤屉子春凳：一种面较宽的可坐可卧的长凳。藤屉子，凳面用藤皮编成。

[16] 下的火：使坏进谗的意思。

[17] 对景：对得上号，情况符合。

[18] 袷（jiá）纱被：表里两层的纱被。袷，同"夹"。

[19] 沉心：多指言者无意而听者有心，陡生不快。也叫"吃心"或"嗔心"。

[20] 不防头：不留神，不经意。

[21] 不理论：不注意，不在意。

[22] 栉（zhì）沐：梳洗。

导读

本文选自《红楼梦》第 33 回和第 34 回，即"手足耽耽小动唇舌，不肖种种大承笞挞"，"情中情因情感妹妹，错里错以错劝哥哥"。宝玉挨打是全书的第一个高潮，本文抓住了"宝玉挨打"的核心及为何挨打，写出众人的反应，显示出各人的性情。

事实上，贾政与宝玉的矛盾是价值观念、人生道路的选择、正统与非正统的矛盾。以贾政为代表的长辈觉得宝玉是唯一可以继承家业之人，故迫切希望宝玉成才、光宗耀祖，希望他走上仕途之路，但宝玉却厌恶读书做官，拒绝成才，天天只知在女儿堆中混，得过且过。宝玉的所作所为就让贾政的愿望落了空，在正统的贾政看来，宝玉是叛逆、顽劣、不肖之徒。可见，两人的矛盾实际上是两种世界观、两种价值取向、两种文化思潮、两种人生道路的大冲突，而这种冲突一旦激化，就会成为激烈斗争。

作者介绍

曹雪芹，中国清代伟大的文学家、诗人，名沾，字梦阮，号雪芹，又号芹圃、芹溪。先世原是汉人，后为满洲正白旗"包衣"人，是为旗人。大约 1715 年出生于清朝江宁府（今南京），卒于 1763 年或 1764 年，祖籍河北唐山丰润，一说辽宁辽阳、江西武阳，尚无确切定论。曹雪芹经历了家道从昌盛到衰落的过程，深感世态炎凉，以其坚忍不拔的毅力专心致志地从事小说《红楼梦》的写作和修订，披阅十载，增删五次，写出了这部把中国古典小说创作推向巅峰的文学巨著。

作品介绍

《红楼梦》，中国古代四大名著之一，章回体长篇小说，成书于清乾隆四十九年（1784年），梦觉主人序本正式题为《红楼梦》，其原名有《石头记》《情僧录》《风月宝鉴》《金陵十二钗》等。前 80 回曹雪芹著，后 40 回无名氏续，程伟元、高鹗整理。

《红楼梦》以荣国府的日常生活为中心，以宝玉、黛玉、宝钗的爱情婚姻悲剧及大观园中点滴琐事为主线，以金陵贵族名门贾、史、王、薛四大家族由鼎盛走向衰亡的历史为暗线，展现了穷途末路的封建社会终将走向灭亡的必然趋势。

本书是一部具有高度思想性和高度艺术性的伟大作品，作者具有初步的民主主义思想，他对现实社会、宫廷、官场的黑暗，对封建贵族阶级及其家族的腐朽，对封建的科举、婚姻、奴婢、等级制度及社会统治思想等都进行了深刻的批判，并且提出了朦胧的带有初步民主主义性质的理想和主张。

思考与练习

1. 宝玉挨打的原因是什么？他挨打后众人的反应怎样？
2. 黛玉的思想性格中除了对爱情的大胆追求处，还有什么可贵的东西？
3. 宝钗探望宝玉时说了哪些话？从中可以概括出宝钗有什么样的性格特点？

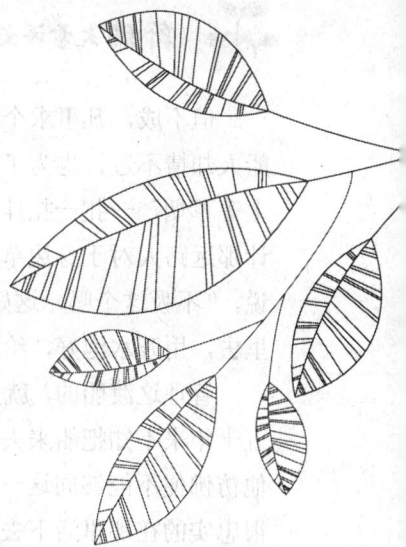

第八章　中国现代文学

第一节　现代小说

翠翠

沈从文

原文

由四川过湖南去，靠东有一条官路。这官路将近湘西边境到了一个地方名为"茶峒"的小山城时，有一小溪，溪边有座白色小塔，塔下住了一户单独的人家。这人家只一个老人，一个女孩子，一只黄狗。

小溪流下去，绕山岨流，约三里便汇入茶峒的大河。人若过溪越小山走去，则只一里路就到了茶峒城边。溪流如弓背，山路如弓弦，故远近有了小小差异。小溪宽约二十丈，河床为大片石头作成。静静的水即或深到一篙不能落底，却依然清澈透明，河中游鱼来去皆可以计数。小溪既为川湘来往孔道，水常有涨落，限于财力不能搭桥，就安排了一只方头渡船。这渡船一次连人带马，约可以载二十位搭客过河，人数多时则反复来去。渡船头竖了一枝小小竹竿，挂着一个可以活动的铁环，溪岸两端水槽牵了一段废缆，有人过渡时，把铁环挂在废缆上，船上人就引手攀缘那条缆索，慢慢的牵船过对岸去。船将拢岸了，管理这渡船的，一面口中嚷着"慢点慢点"，自己霍的跃上了岸，拉着铁环，于是人货牛马全上了岸，翻过小山不见了。渡头为公家所有，故过渡人不必出钱。有人心中不安，抓了一把钱掷到船板上时，管渡船的必为一一拾起，依然塞到那人手心里去，俨然吵嘴时的认真神气："我有了口量，三斗米，七百钱，够了。谁要这个！"

但不成，凡事求个心安理得，出气力不受酬谁好意思，不管如何还是有人把钱的。管船人却情不过，也为了心安起见，便把这些钱托人到茶峒去买茶叶和草烟，将茶峒出产的上等草烟，一扎一扎挂在自己腰带边，过渡的谁需要这东西必慷慨奉赠。有时从神气上估计那远路人对于身边草烟引起了相当的注意时，便把一小束草烟扎到那人包袱上去，一面说，"不吸这个吗，这好的，这妙的，味道蛮好，送人也合式！"茶叶则在六月里放进大缸里去，用开水泡好，给过路人解渴。

管理这渡船的，就是住在塔下的那个老人。活了七十年，从二十岁起便守在这小溪边，五十年来不知把船来去渡了若干人。年纪虽那么老了。本来应当休息了，但天不许他休息，他仿佛便不能够同这一分生活离开。他从不思索自己的职务对于本人的意义，只是静静的很忠实的在那里活下去。代替了天，使他在日头升起时，感到生活的力量，当日头落下时，又不至于思量与日头同时死去的，是那个伴在他身旁的女孩子。他唯一的朋友为一只渡船与一只黄狗，唯一的亲人便只那个女孩子。

女孩子的母亲，老船夫的独生女，十五年前同一个茶峒军人，很秘密的背着那忠厚爸爸发生了暧昧关系。有了小孩子后，这屯戍军士便想约了她一同向下游逃去。但从逃走的行为上看来，一个违悖了军人的责任，一个却必得离开孤独的父亲。经过一番考虑后，军人见她无远走勇气自己也不便毁去作军人的名誉，就心想：一同去生既无法聚首，一同去死当无人可以阻拦，首先服了毒。女的却关心腹中的一块肉，不忍心，拿不出主张。事情业已为作渡船夫的父亲知道，父亲却不加上一个有分量的字眼儿，只作为并不听到过这事情一样，仍然把日子很平静的过下去。女儿一面怀了羞惭一面却怀了怜悯，仍守在父亲身边，待到腹中小孩生下后，却到溪边吃了许多冷水死去了。在一种近于奇迹中，这遗孤居然已长大成人，一转眼间便十三岁了。为了住处两山多篁竹，翠色逼人而来，老船夫随便为这可怜的孤雏拾取了一个近身的名字，叫作"翠翠"。

翠翠在风日里长养着，把皮肤变得黑黑的，触目为青山绿水，一对眸子清明如水晶。自然既长养她且教育她，为人天真活泼，处处俨然如一只小兽物。人又那么乖，如山头黄麂一样，从不想到残忍事情，从不发愁，从不动气。平时在渡船上遇陌生人对她有所注意时，便把光光的眼睛瞅着那陌生人，作成随时皆可举步逃入深山的神气，但明白了人无机心后，就又从从容容的在水边玩耍了。

老船夫不论晴雨，必守在船头。有人过渡时，便略弯着腰，两手缘引了竹缆，把船横渡过小溪。有时疲倦了，躺在临溪大石上睡着了，人在隔岸招手喊过渡，翠翠不让祖父起身，就跳下船去，很敏捷的替祖父把路人渡过溪，一切皆溜刷在行，从不误事。有时又和祖父黄狗一同在船上，过渡时和祖父一同动手，船将近岸边，祖父正向客人招呼："慢点，慢点"时，那只黄狗便口衔绳子，最先一跃而上，且俨然懂得如何方为尽职似的，把船绳紧衔着拖船拢岸。

风日清和的天气，无人过渡，镇日长闲，祖父同翠翠便坐在门前大岩石上晒太阳。或把一段木头从高处向水中抛去，嗾使身边黄狗自岩石高处跃下，把木头衔回来。或翠翠与黄狗皆张着耳朵，听祖父说些城中多年以前的战争故事。或祖父同翠翠两人，各把小竹作成的竖笛，逗在嘴边吹着迎亲送女的曲子。过渡人来了，老船夫放下了竹管，独自跟到船边去，横溪渡人，在岩上的一个，见船开动时，于是锐声喊着：

"爷爷，爷爷，你听我吹，你唱！"

爷爷到溪中央便很快乐的唱起来，哑哑的声音同竹管声振荡在寂静空气里，溪中仿佛也热闹了一些。（实则歌声的来复，反而使一切更寂静一些了。）

有时过渡的是从川东过茶峒的小牛，是羊群，是新娘子的花轿，翠翠必争看作渡船夫，站在船头，懒懒的攀引缆索，让船缓缓的过去。牛羊花轿上岸后，翠翠必跟着走，站到小山头，目送这些东西走去很远了，方回转船上，把船牵靠近家的岸边。且独自低低的学小羊叫着，学母牛叫着，或采一把野花缚在头上，独自装扮新娘子。

茶峒山城只隔渡头一里路，买油买盐时，逢年过节祖父得喝一杯酒时，祖父不上城，黄狗就伴同翠翠入城里去备办东西。到了卖杂货的铺子里，有大把的粉条，大缸的白糖，有炮仗，有红蜡烛，莫不给翠翠很深的印象，回到祖父身边，总把这些东西说个半天。那里河边还有许多上行船，百十船夫忙着起卸百货。这种船只比起渡船来全大得多，有趣味得多，翠翠也不容易忘记。

……

翠翠一天比一天大了，无意中提到什么时会红脸了。时间在成长她，似乎正催促她，使她在另外一件事情上负点儿责。她欢喜看扑粉满脸的新嫁娘，欢喜说到关于新嫁娘的故事，欢喜把野花戴到头上去，还欢喜听人唱歌。茶峒人的歌声，缠绵处她已领略得出。她有时仿佛孤独了一点，爱坐在岩石上去，向天空一起云一颗星凝眸。祖父若问："翠翠，想什么？"她便带着点儿害羞情绪，轻轻的说："在看水鸭子打架！"照当地习惯意思就是"翠翠不想什么"。但在心里却同时又自问："翠翠，你真在想什么？"同是自己也在心里答着："我想的很远，很多。可是我不知想些什么。"她的确在想，又的确连自己也不知在想些什么。这女孩子身体既发育得很完全，在本身上因年龄自然而来的一件"奇事"，到月就来，也使她多了些思索，多了些梦。

祖父明白这类事情对于一个女子的影响，祖父心情也变了些。祖父是一个在自然里活了七十年的人，但在人事上的自然现象，就有了些不能安排处。因为翠翠的长成，使祖父记起了些旧事，从掩埋在一大堆时间里的故事中，重新找回了些东西。

翠翠的母亲，某一时节原同翠翠一个样子。眉毛长，眼睛大，皮肤红红的。也乖得使人怜爱——也懂在一些小处，起眼动眉毛，使家中长辈快乐。也仿佛永远不会同家中这一个分开。但一点不幸来了，她认识了那个兵。到末了丢开老的和小的，却陪那个兵死了。这些事从老船夫说来谁也无罪过，只应"天"去负责。翠翠的祖父口中不怨天，心却不能完全同意这种不幸的安排。摊派到本身的一份，说来实在不公平！说是放下了，也正是不能放下的莫可奈何容忍到的一件事！

那时还有个翠翠。如今假若翠翠又同妈妈一样，老船夫的年龄，还能把小雏儿再育下去吗？人愿意神却不同意！人太老了，应当休息了，凡是一个良善的乡下人，所应得到的劳苦与不幸，全得到了。假若另外高处有一个上帝，这上帝且有一双手支配一切，很明显的事，十分公道的办法，是应把祖父先收回去，再来让那个年青的在新的生活上得到应分接受那幸或不幸，才合道理。

可是祖父并不那么想。他为翠翠担心。他有时便躺到门外岩石上，对着星子想他的心事。他以为死是应当快到了的，正因为翠翠人已长大了，证明自己也真正老了。无论如何，得让翠翠有个着落。翠翠既是她那可怜母亲交把他的，翠翠大了，他也得把翠翠交给一个人，他的事才算完结！交给谁？必需什么样的人方不委屈她？

前几天顺顺家天保大老过溪时，同祖父谈话，这心直口快的青年人，第一句话就说：

"老伯伯，你翠翠长得真标致，象个观音样子。再过两年，若我有闲空能留在茶峒照料事情，不必象老鸦到处飞，我一定每夜到这溪边来为翠翠唱歌。"

祖父用微笑奖励这种自白。一面把船拉动，一面把那双小眼睛瞅着大老。

于是大老又说：

"翠翠太娇了，我担心她只宜于听点茶峒人的歌声，不能作茶峒女子做媳妇的一切正经事。我要个能听我唱歌的情人，却更不能缺少个照料家务的媳妇。'又要马儿不吃草，又要马儿走得好，'唉，这两句话恰是古人为我说的！"

祖父慢条斯理把船掉了头，让船尾傍岸，就说：

"大老，也有这种事儿！你瞧着吧。"究竟是什么事，祖父可并不明白说下去。那青年走去后，祖父温习着那些出于一个男子口中的真话，实在又愁又喜。翠翠若应当交把一个人，这个人是不是适宜于照料翠翠？当真交把了他，翠翠是不是愿意？

……

有人带了礼物到碧溪岨，掌水码头的顺顺，当真请了媒人为儿子向渡船的攀亲起来了。老船夫慌慌张张把这个人渡过溪口，一同到家里去。翠翠正在屋门前剥豌豆，来了客并不如何注意。但一听到客人进门说"贺喜贺喜"，心中有事，不敢再呆在屋门边，就装作追赶菜园地的鸡，拿了竹响篙唰唰的摇着，一面口中轻轻喝着，向屋后白塔跑去了。

来人说了些闲话，言归正传转述到顺顺的意见时，老船夫不知如何回答，只是很惊惶的搓着两只茧结的大手，好象这不会真有其事，而且神气中只象在说："那好，那好，"其实这老头子却不曾说过一句话。

马兵把话说完后，就问作祖父的意见怎么样。老船夫笑着把头点着说："大老想走车路，这个很好。可是我得问问翠翠，看她自己主意怎么样。"来人走后，祖父在船头叫翠翠下河边来说话。

翠翠拿了一簸箕豌豆下到溪边，上了船，娇娇的问他的祖父："爷爷，你有什么事？"祖父笑着不说什么，只偏着个白发盈颠的头看着翠翠，看了许久。翠翠坐到船头，低下头去剥豌豆，耳中听着远处竹篁里的黄鸟叫。翠翠想："日子长喇，爷爷话也长了。"翠翠心轻轻的跳着。

过了一会祖父说："翠翠，翠翠，先前来的那个伯伯来做什么，你知道不知道？"

翠翠说："我不知道。"说后脸同颈脖全红了。

祖父看看那种情景，明白翠翠的心事了，便把眼睛向远处望去，在空雾里望见了十五年前翠翠的母亲，老船夫心中异常柔和了。轻轻的自言自语说："每一只船总要有个码头，每一只雀儿得有个巢。"他同时想起那个可怜的母亲过去的事情，心中有了一点隐痛，却勉强笑着。

翠翠呢，正从山中黄鸟杜鹃叫声里，以及山谷中伐竹人咿咿一下一下的砍伐竹子声音里，想到许多事情。老虎咬人的故事，与人对骂时四句头的山歌，造纸作坊中的方坑，铁工厂熔铁炉里泄出的铁汁……耳朵听来的，眼睛看到的，她似乎都要去温习温习。她其所以这样作，又似乎全只为了希望忘掉眼前的一桩事而起。但她实在有点误会了。

　　祖父说："翠翠，船总顺顺家里请人来作媒，想讨你作媳妇，问我愿不愿。我呢，人老了，再过三年两载会过去的，我没有不愿的事情。这是你自己的事，你自己想想，自己来说。愿意，就成了；不愿意，也好。"

　　翠翠不知如何处理这个问题，装作从容，怯怯的望着老祖父。又不便问什么，当然也不好回答。

　　祖父又说："大老是个有出息的人，为人又正直，又慷慨，你嫁了他，算是命好！"

　　翠翠明白了，人来做媒的大老！不曾把头抬起，心忡忡的跳着，脸烧得厉害，仍然剥她的豌豆，且随手把空豆荚抛到水中去，望着它们在流水中从从容容的流去，自己也俨然从容了许多。

　　见翠翠总不作声，祖父于是笑了，且说："翠翠，想几天不碍事。洛阳桥并不是一个晚上造得好的，要日子咧。前次那人来的就向我说到这件事，我已经就告过他：车是车路，马是马路，各有规矩。想爸爸作主，请媒人正正经经来说是车路；要自己作主，站到对溪高崖竹林里为你唱三年六个月的歌是马路，——你若欢喜走马路，我相信人家会为你在日头下唱热情的歌，在月光下唱温柔的歌，一直唱到吐血喉咙烂！"

　　翠翠不作声，心中只想哭，可是也无理由可哭。祖父再说下去，便引到死去的母亲来了。老人说了一阵，沉默了。翠翠悄悄把头撇过一些，祖父眼中业已酿了一汪眼泪。翠翠又惊又怕怯生生的说："爷爷，你怎么的？"祖父不作声，用大手掌擦着眼睛，小孩子似的咕咕笑着，跳上岸跑回家中去了。

　　翠翠心中乱乱的，想赶去却不赶去。

　　……

　　大老坐了那只新油船向下河走去了，留下傩送二老在家。老船夫方面还以为上次歌声既归二老唱的，在此后几个日子里，自然还会听到那种歌声。一到了晚间就故意从别样事情上，促翠翠注意夜晚的歌声。两人吃完饭坐在屋里，因屋前滨水，长脚蚊子一到黄昏就嗡嗡的叫着，翠翠便把蒿艾束成的烟包点燃，向屋中角隅各处晃着驱逐蚊子。晃了一阵，估计全屋子里已为蒿艾烟气熏透了，才搁到床前地上去，再坐在小板凳上来听祖父说话。从一些故事上慢慢的谈到了唱歌，祖父话说得很妙。祖父到后发问道：

　　"翠翠，梦里的歌可以使你爬上高崖去摘那虎耳草，若当真有谁来在对溪高崖上为你唱歌，你怎么样？"祖父把话当笑话说着的。

　　翠翠便也当笑话答道："有人唱歌我就听下去，他唱多久我也听多久！"

　　"唱三年六个月呢？"

　　"唱得好听，我听三年六个月。"

　　"这不公平吧。"

　　"怎么不公平？为我唱歌的人，不是极愿意我长远听他的歌吗？"

"照理说：炒菜要人吃，唱歌要人听。可是人家为你唱，是要你懂他歌里的意思！"

"爷爷，懂歌里什么意思？"

"自然是他那颗想同你要好的真心！不懂那点心事，不是同听竹雀唱歌一样了吗？"

"我懂了他的心又怎么样？"

祖父用拳头把自己腿重重的捶着，且笑着："翠翠，你人乖，爷爷笨得很，话也不说得温柔，莫生气。我信口开河，说个笑话给你听。你应当当笑话听。河街天保大老走车路，请保山来提亲，我告给过你这件事了，你那神气不愿意，是不是？可是，假若那个人还有个兄弟，走马路，为你来唱歌，向你求婚，你将怎么说？"

翠翠吃了一惊，低下头去。因为她不明白这笑话有几分真，又不清楚这笑话是谁诌的。

祖父说："你告诉我，愿意哪一个？"

翠翠便微笑着轻轻的带点儿恳求的神气说：

"爷爷莫说这个笑话吧。"翠翠站起身了。

"我说的若是真话呢？"

"爷爷你真是个……"翠翠说着走出去了。

祖父说："我说的是笑话，你生我的气吗？"

翠翠不敢生祖父的气，走近门限边时，就把话引到另外一件事情上去："爷爷看天上的月亮，那么大！"说着，出了屋外，便在那一派清光的露天中站定。站了一忽儿，祖父也从屋中出到外边来了。翠翠于是坐到那白日里为强烈阳光晒热的岩石上去，石头正散发日间所储的余热。祖父就说："翠翠，莫坐热石头，免得生坐板疮。"但自己用手摸摸后，自己便也坐到那岩石上了。

月光极其柔和，溪面浮着一层薄薄白雾，这时节对溪若有人唱歌，隔溪应和，实在太美丽了。翠翠还记着先前祖父说的笑话。耳朵又不聋，祖父的话说得极分明，一个兄弟走马路，唱歌来打发这样的晚上，算是怎么回事？她似乎为了等着这样的歌声，沉默了许久。

她在月光下坐了一阵，心里却当真愿意听一个人来唱歌。久之，对溪除了一片草虫的清音复奏以外别无所有。翠翠走回家里去，在房门边摸着了那个芦管，拿出来在月光下自己吹着。觉吹得不好，又递给祖父要祖父吹。老船夫把那个芦管竖在嘴边，吹了个长长的曲子，翠翠的心被吹柔软了。

……

老船夫讨了个没趣，很懊恼的赶回碧溪岨去，到了渡船上时，就装作把事情看得极随便似的，告给翠翠。

"翠翠，今天城里出了件新鲜事情，天保大老驾油船下辰州，运气不好，掉到茨滩淹坏了。"

翠翠因为听不懂，对于这个报告最先好象全不在意。祖父又说：

"翠翠，这是真事。上次来到这里做保山的杨马兵，还说我早不答应亲事，极有见识！"

翠翠瞥了祖父一眼，见他眼睛红红的，知道他喝了酒，且有了点事情不高兴，心中想："谁撩你生气？"船到家边时，祖父不自然的笑着向家中走去。翠翠守船，半天不闻祖父声息，赶回家去看看，见祖父正坐在门槛上编草鞋耳子。

翠翠见祖父神气极不对，就蹲到他身前去。

"爷爷，你怎么的？"

"天保当真死了！二老生了我们的气，以为他家中出这件事情，是我们分派的！"

有人在溪边大声喊渡船过渡，祖父匆匆出去了。翠翠坐在那屋角隅稻草上，心中极乱，等等还不见祖父回来，就哭起来了。

黄昏时天气十分郁闷，溪面各处飞着红蜻蜓。天上已起了云，热风把两山竹篁吹得声音极大，看样子到晚上必落大雨。翠翠守在渡船上，看着那些溪面飞来飞去的蜻蜓，心也极乱。看祖父脸上颜色惨惨的，放心不下，便又赶回家中去。先以为祖父一定早睡了，谁知还坐在门限上打草鞋！

"爷爷，你要多少双草鞋，床头上不是还有十四双吗？怎么不好好的躺一躺？"

老船夫不作声，却站起身来昂头向天空望着，轻轻的说：

"翠翠，今晚上要落大雨响大雷的！回头把我们的船系到岩下去，这雨大哩。"

翠翠说："爷爷，我真吓怕！"翠翠怕的似乎并不是晚上要来的雷雨。

老船夫似乎也懂得那个意思，就说："怕什么？一切要来的都得来，不必怕！"

夜间果然落了大雨，夹以吓人的雷声。电光从屋脊上掠过时，接着就是訇的一个炸电。翠翠在暗中抖着。祖父也醒了，知道她害怕，且担心她着凉，还起身来把一条布单搭到她身上去。祖父说：

"翠翠，不要怕！"

翠翠说："我不怕！"说了还想说："爷爷你在这里我不怕！"訇的一个大雷，接着是一种超越雨声而上的洪大闷重倾圮声。两人都以为一定是溪岸悬崖崩塌了，担心到那只渡船会压在崖石下面去了。

祖孙两人便默默的躺在床上听雨声雷声。

但无论如何大雨，过不久，翠翠却依然睡着了。醒来时天已亮了，雨不知在何时业已止息，只听到溪两岸山沟里注水入溪的声音。翠翠爬起身来，看看祖父还似乎睡得很好，开了门走出去。门前已成为一个水沟，一股水便从塔后哗哗的流来，从前面悬崖直堕而下。并且各处都是那么一种临时的水道。屋旁菜园地已为山水冲乱了，菜秧皆掩在粗砂泥里了。再走过前面去看看溪里，才知道溪中也涨了大水，已漫过了码头，水脚快到茶缸边了。下到码头去的那条路，正同一条小河一样，哗哗的泄着黄泥水。过渡的那一条横溪牵定的缆绳，也被水淹没了，泊在崖下的渡船，已不见了。

翠翠看看屋前悬崖并不崩坍，故当时还不注意渡船的失去。但再过一阵，她上下搜索不到这东西，无意中回头一看，屋后白塔已不见了。一惊非同小可，赶忙向屋后跑去，才知道白塔业已坍倒，大堆砖石极凌乱的摊在那儿。翠翠吓慌得不知所措，只锐声叫她的祖父。祖父不起身，也不答应，就赶回家里去，到得祖父床边摇祖父许久，祖父还不作声。原来这个老年人在雷雨将息时已死去了。

翠翠于是大哭起来。

……

碧溪岨的白塔，与茶峒风水有关系，塔圮坍了，不重新做一个自然不成。除了城中营管，税局以及各商号各平民捐了些钱以外，各大寨子也有人拿册子去捐钱。为了这塔成就并不是给谁一个人的好处，应尽每个人来积德造福，尽每个人皆有捐钱的机会，因此在渡船上也放了个两头有节的大竹筒，中部锯了一口，尽过渡人自由把钱投进去，竹筒满了马兵就捎进城中首事人处去，另外又带了个竹筒回来。过渡人一看老船夫不见了，翠翠辫子上扎了白线，就明白那老的已做完了自己分上的工作，安安静静躺到土坑里去了，必一面用同情的眼色瞧着翠翠，一面就摸出钱来塞到竹筒中去。"天保佑你，死了的到西方去，活下的永保平安。"翠翠明白那些捐钱人的意思，心里酸酸的，忙把身子背过去拉船。

可是到了冬天，那个圮坍了的白塔，又重新修好了。那个在月下唱歌，使翠翠在睡梦里为歌声把灵魂轻轻浮起的青年人，还不曾回到茶峒来。

……

这个人也许永远不回来了，也许"明天"回来！

导读

《翠翠》选自于《边城》，以撑渡老人的外孙女翠翠与船总的两个儿子天保、傩送的爱情为线索，抒写青年男女之间的纯正情爱、祖孙之间的真挚亲爱、邻里之间的善良互爱，表达了对田园牧歌式生活的向往和追求。这种宁静的生活若和当时动荡的社会相对比，就像是一处"世外桃源"。在这处世外桃源中生活的人们充满了原始的、内在的、本质的"爱"。

作者想要通过翠翠、傩送的爱情悲剧，去淡化现实的黑暗与痛苦，去讴歌一种古朴的象征着"爱"与"美"的人性与生活方式。

作者介绍

沈从文（1902年～1988年），原名沈岳焕，湖南凤凰县人，现代著名作家、历史文物研究家、京派小说代表人物，笔名休芸芸、甲辰、上官碧、璇若等。14岁时，他投身行伍，浪迹湘川黔边境地区，1924年开始文学创作，抗战爆发后到西南联大任教，1946年回到北京大学任教，建国后在中国历史博物馆和中国社会科学院历史研究所工作，主要从事中国古代服饰的研究，1988年病逝于北京。沈从文一生创作的结集约有80多部，是现代作家中成书最多的一个。主要成集的小说有《龙朱》、《旅店及其他》、《石子船》、《虎雏》、《阿黑小史》、《月下小景》、《八骏图》、《如蕤集》、《从文小说习作选》、《新与旧》、《主妇集》、《春灯集》、《黑凤集》等，中长篇有《阿丽思中国游记》、《边城》、《长河》，散文有《从文自传》、《记丁玲》、《湘行散记》、《湘西》，文论有《废邮存底》及续集、《烛虚》、《云南看云集》等。

思考与练习

1. 试分析翠翠与爷爷这两个人物的性格特征。
2. 本文在环境描写方面有何特点？

风　波[1]

鲁　迅

🌸 原文

临河的土场上，太阳渐渐的[2]收了他通黄的光线了。场边靠河的乌桕树叶，干巴巴的才喘过气来，几个花脚蚊子在下面哼着飞舞。面河的农家的烟突里，逐渐减少了炊烟，女人孩子们都在自己门口的土场上泼些水，放下小桌子和矮凳；人知道，这已经是晚饭的时候了。

老人男人坐在矮凳上，摇着大芭蕉扇闲谈，孩子飞也似的跑，或者蹲在乌桕树下赌玩石子。女人端出乌黑的蒸干菜和松花黄的米饭，热蓬蓬冒烟。河里驶过文人的酒船，文豪见了，大发诗兴，说，[3]"无思无虑，这真是田家乐呵！"

但文豪的话有些不合事实，就因为他们没有听到九斤老太的话。这时候，九斤老太正在大怒，拿破芭蕉扇敲着凳脚说：

"我活到七十九岁了，活够了，不愿意眼见这些败家相，——还是死的好。立刻就要吃饭了，还吃炒豆子，吃穷了一家子！"

伊的曾孙女儿六斤捏着一把豆，正从对面跑来，见这情形，便直奔河边，藏在乌桕树后，伸出双丫角的小头，大声说，"这老不死的！"

九斤老太虽然高寿，耳朵却还不很聋，但也没有听到孩子的话，仍旧自己说，"这真是一代不如一代！"

这村庄的习惯有点特别，女人生下孩子，多喜欢用秤称了轻重，便用斤数当作小名。九斤老太自从庆祝了五十大寿以后，便渐渐的变了不平家，常说伊年青的时候，天气没有现在这般热，豆子也没有现在这般硬；总之现在的时世是不对了。何况六斤比伊的曾祖，少了三斤，比伊父亲七斤，又少了一斤，这真是一条颠扑不破的实例。所以伊又用劲说，"这真是一代不如一代！"

伊的儿媳[4]七斤嫂子正捧着饭篮走到桌边，便将饭篮在桌上一摔，愤愤的说，"你老人家又这么说了。六斤生下来的时候，不是六斤五两么？你家的秤又是私秤，加重称，十八两秤；用了准十六，我们的六斤该有七斤多哩。我想便是太公和公公，也不见得正是九斤八斤十足，用的秤也许是十四两……"

"一代不如一代！"

七斤嫂还没有答话，忽然看见七斤从小巷口转出，便移了方向，对他嚷道，"你这死尸怎么这时候才回来，死到那里去了！不管人家等着你开饭！"

七斤虽然住在农村，却早有些飞黄腾达的意思。从他的祖父到他，三代不捏锄头柄了；他也照例的帮人撑着航船，每日一回，早晨从鲁镇进城，傍晚又回到鲁镇，因此很知道些时事：例如什么地方，雷公劈死了蜈蚣精；什么地方，闺女生了一个夜叉[5]之类。他在村人里面，的确已经是一名出场人物了。但夏天吃饭不点灯，却还守着农家习惯，所以回家太迟，是该骂的。

七斤一手捏着象牙嘴白铜斗六尺多长的湘妃竹烟管，低着头，慢慢地走来，坐在矮凳上。六斤也趁势溜出，坐在他身边，叫他爹爹。七斤没有应。

"一代不如一代！"九斤老太说。

七斤慢慢地抬起头来，叹一口气说，"皇帝坐了龙庭了。"

七斤嫂呆了一刻，忽而恍然大悟的道，"这可好了，这不是又要皇恩大赦[6]了么！"

七斤又叹一口气，说，"我没有辫子[7]。"

"皇帝要辫子么？"

"皇帝要辫子。"

"你怎么知道呢？"七斤嫂有些着急，赶忙的问。

"咸亨酒店里的人，都说要的。"

七斤嫂这时从直觉上觉得事情似乎有些不妙了，因为咸亨酒店是消息灵通的所在。伊一转眼瞥见七斤的光头，便忍不住动怒，怪他恨他怨他；忽然又绝望起来，装好一碗饭，搡[8]在七斤的面前道，"还是赶快吃你的饭罢！哭丧着脸，就会长出辫子来么？"

太阳收尽了他最末的光线了，水面暗暗地回复过凉气来；土场上一片碗筷声响，人人的脊梁上又都吐出汗粒。七斤嫂吃完三碗饭，偶然抬起头，心坎里便禁不住突突地发跳。伊透过乌柏叶，看见又矮又胖的赵七爷正从独木桥上走来，而且穿着宝蓝色竹布的长衫。

赵七爷是邻村茂源酒店的主人，又是这三十里方圆以内的唯一的出色人物兼学问家；因为有学问，所以又有些遗老的臭味。他有十多本金圣叹批评的《三国志》[9]，时常坐着一个字一个字的读；他不但能说出五虎将姓名，甚而至于还知道黄忠表字汉升和马超表字孟起。革命以后，他便将辫子盘在顶上，像道士一般；常常叹息说，倘若赵子龙在世，天下便不会乱到这地步了。七斤嫂眼睛好，早望见今天的赵七爷已经不是道士，却变成光滑头皮，乌黑发顶；伊便知道这一定是皇帝坐了龙庭，而且一定须有辫子，而且七斤一定是非常危险。因为赵七爷的这件竹布长衫，轻易是不常穿的，三年以来，只穿过两次：一次是和他怄气的麻子阿四病了的时候，一次是曾经砸烂他酒店的鲁大爷死了的时候；现在是第三次了，这一定又是于他有庆，于他的仇家有殃了。

七斤嫂记得，两年前七斤喝醉了酒，曾经骂过赵七爷是"贱胎"，所以这时便立刻直觉到七斤的危险，心坎里突突地发起跳来。

赵七爷一路走来，坐着吃饭的人都站起身，拿筷子点着自己的饭碗说，"七爷，请在我们这里用饭！"七爷也一路点头，说道"请请"，却一径走到七斤家的桌旁。七斤们连忙招呼，七爷也微笑着说"请请"，一面细细的研究他们的饭菜。

"好香的菜干，——听到了风声了么？"赵七爷站在七斤的后面七斤嫂的对面说。

"皇帝坐了龙庭了。"七斤说。

七斤嫂看着七爷的脸，竭力陪笑道，"皇帝已经坐了龙庭，几时皇恩大赦呢？"

"皇恩大赦？——大赦是慢慢的总要大赦罢。"七爷说到这里，声色忽然严厉起来，"但是你家七斤的辫子呢，辫子？这倒是要紧的事。你们知道：长毛时候，留发不留头，留头不留发，……"

七斤和他的女人没有读过书，不很懂得这古典的奥妙，但觉得有学问的七爷这么说，事情自然非常重大，无可挽回，便仿佛受了死刑宣告似的，耳朵里嗡的一声，再也说不出一句话。

"一代不如一代，——"九斤老太正在不平，趁这机会，便对赵七爷说，"现在的长毛，只是剪人家的辫子，僧不僧，道不道的。从前的长毛，这样的么？我活到七十九岁了，活够了。从前的长毛是——整匹的红缎子裹头，拖下去，拖下去，一直拖到脚跟；王爷是黄缎子，拖下去，黄缎子；红缎子，黄缎子，——我活够了，七十九岁了。"

七斤嫂站起身，自言自语的说，"这怎么好呢？这样的一班老小，都靠他养活的人，……"

赵七爷摇头道，"那也没法。没有辫子，该当何罪，书上都一条一条明明白白写着的。不管他家里有些什么人。"

七斤嫂听到书上写着，可真是完全绝望了；自己急得没法，便忽然又恨到七斤。伊用筷子指着他的鼻尖说，"这死尸自作自受！造反的时候，我本来说，不要撑船了，不要上城了。他偏要死进城去，滚进城去，进城便被人剪去了辫子。从前是绢光乌黑的辫子，现在弄得僧不僧道不道的。这囚徒自作自受，带累了我们又怎么说呢？这活死尸的囚徒……"

村人看见赵七爷到村，都赶紧吃完饭，聚在七斤家饭桌的周围。七斤自己知道是出场人物，被女人当大众这样辱骂，很不雅观，便只得抬起头，慢慢地说道：

"你今天说现成话，那时你……"

"你这活死尸的囚徒……"

看客中间，八一嫂是心肠最好的人，抱着伊的两周岁的遗腹子，正在七斤嫂身边看热闹；这时过意不去，连忙解劝说，"七斤嫂，算了罢。人不是神仙，谁知道未来事呢？便是七斤嫂，那时不也说，没有辫子倒也没有什么丑么？况且衙门里的大老爷也还没有告示，……"

七斤嫂没有听完，两个耳朵早通红了；便将筷子转过向来，指着八一嫂的鼻子，说，"阿呀，这是什么话呵！八一嫂，我自己看来倒还是一个人，会说出这样昏诞胡涂话么？那时我是，整整哭了三天，谁都看见；连六斤这小鬼也都哭，……"六斤刚吃完一大碗饭，拿了空碗，伸手去嚷着要添。七斤嫂正没好气，便用筷子在伊的双丫角中间，直扎下去，大喝道，"谁要你来多嘴！你这偷汉的小寡妇！"

扑的一声，六斤手里的空碗落在地上了，恰巧又碰着一块砖角，立刻破成一个很大的缺口。七斤直跳起来，捡起破碗，合上检查一回，也喝道，"入娘的！"一巴掌打倒了六斤。六斤躺着哭，九斤老太拉了伊的手，连说着"一代不如一代"，一同走了。

八一嫂也发怒，大声说，"七斤嫂，你'恨棒打人'……"

赵七爷本来是笑着旁观的；但自从八一嫂说了"衙门里的大老爷没有告示"这话以后，却有些生气了。这时他已经绕出桌旁，接着说，"'恨棒打人'，算什么呢。大兵是就要到的。你可知道，这回保驾的是张大帅[10]。张大帅就是燕人张翼德的后代，他一支丈八蛇矛，就有万夫不当之勇，谁能抵挡他，"他两手同时捏起空拳，仿佛握着无形的蛇矛模样，向八一嫂抢进几步道，"你能抵挡他么！"

八一嫂正气得抱着孩子发抖，忽然见赵七爷满脸油汗，瞪着眼，对准伊冲过来，便十分害怕，不敢说完话，回身走了。赵七爷也跟着走去，众人一面怪八一嫂多事，一面让开路，几个剪过辫子重新留起的便赶快躲在人丛后面，怕他看见。赵七爷也不细心察访，通过人丛，忽然转入乌桕树后，说道"你能抵挡他么！"跨上独木桥，扬长去了。

村人们呆呆站着，心里计算，都觉得自己确乎抵不住张翼德，因此也决定七斤便要没有性命。七斤既然犯了皇法，想起他往常对人谈论城中的新闻的时候，就不该含着长烟管显出那般骄傲模样，所以对七斤的犯法，也觉得有些畅快。他们也仿佛想发些议论，却又觉得没有什么议论可发。嗡嗡的一阵乱嚷，蚊子都撞过赤膊身子，闯到乌桕树下去做市；他们也就慢慢地走散回家，关上门去睡觉。七斤嫂咕哝着，也收了家伙和桌子矮凳回家，关上门睡觉了。

七斤将破碗拿回家里，坐在门槛上吸烟；但非常忧愁，忘却了吸烟，象牙嘴六尺多长湘妃竹烟管的白铜斗里的火光，渐渐发黑了。他心里但觉得事情似乎十分危急，也想想些方法，想些计画[11]，但总是非常模糊，贯穿不得："辫子呢辫子？丈八蛇矛。一代不如一代！皇帝坐龙庭。破的碗须得上城去钉好。谁能抵挡他？书上一条一条写着。入娘的！……"

第二日清晨，七斤依旧从鲁镇撑航船进城，傍晚回到鲁镇，又拿着六尺多长的湘妃竹烟管和一个饭碗回村。他在晚饭席上，对九斤老太说，这碗是在城内钉合的，因为缺口大，所以要十六个铜钉，三文一个，一总用了四十八文小钱。

九斤老太很不高兴的说，"一代不如一代，我是活够了。三文钱一个钉；从前的钉，这样的么？从前的钉是……我活了七十九岁了，——"

此后七斤虽然是照例日日进城，但家景总有些黯淡，村人大抵回避着，不再来听他从城内得来的新闻。七斤嫂也没有好声气，还时常叫他"囚徒"。

过了十多日，七斤从城内回家，看见他的女人非常高兴，问他说，"你在城里可听到些什么？"

"没有听到些什么。"

"皇帝坐了龙庭没有呢？"

"他们没有说。"

"咸亨酒店里也没有人说么？"

"也没人说。"

"我想皇帝一定是不坐龙庭了。我今天走过赵七爷的店前，看见他又坐着念书了，辫子又盘在顶上了，也没有穿长衫。"

"……"

"你想，不坐龙庭了罢？"

"我想，不坐了罢。"

现在的七斤，是七斤嫂和村人又都早给他相当的尊敬，相当的待遇了。到夏天，他们仍旧在自家门口的土场上吃饭；大家见了，都笑嘻嘻的招呼。九斤老太早已做过八十大寿，仍然不平而且健康。六斤的双丫角，已经变成一支大辫子了；伊虽然新近裹脚，却还能帮同七斤嫂做事，捧着十八个铜钉[12]的饭碗，在土场上一瘸一拐的往来。

一九二○年十月[13]。

注释

[1]　《风波》最初发表于 1920 年 9 月《新青年》第八卷第一号，后收入《呐喊》。

[2]　的："五四"运动开始的白话文，结构助词"的"、"地"，在一些作品中已有所分工，但是不严格。

[3]　此处标点符号用的是逗号，现在一般用冒号。本文中类似的情况较多，这是五四白话文运动开始时候新式标点符号还不成熟的一种历史现象。

[4]　伊的儿媳：从上下文看，这里的"儿媳"应是"孙媳"。

[5]　夜叉：佛教指恶鬼。后来用来比喻相貌丑陋、凶恶的人。

[6]　大赦：国家在一些特殊时期依法对犯人实行赦免（减轻或免除）。

[7]　辫子：我国满族旧俗男子剃发垂辫。

[8]　搡：猛推。

[9]　金圣叹批评的《三国志》：指小说《三国演义》，不是史书《三国志》。

[10]　张大帅：指张勋（1854 年～1923 年），江西奉新人，北洋军阀之一。

[11]　计画：同"计划"。

[12]　十八个铜钉：据上文应是"十六个"。作者在 1926 年 11 月 23 日致李霁野的信中曾说："六斤家只有这一个钉过的碗，钉是十六或十八，我也记不清了。总之两数之一是错的，请改成一律。"

[13]　据《鲁迅日记》，本篇当作于 1920 年 8 月 5 日。

导读

《风波》选自小说集《呐喊》，通过对江南水乡中一场辫子风波的描述，展示了辛亥革命后中国农村的封闭、愚昧、保守的沉重氛围，帝制余孽还在向农民肆虐，农民还处于封建势力和封建思想的统治和控制之下，愚昧落后，冷漠保守，缺乏民族主义觉悟。这说明辛亥革命并没有给封建统治下的中国农村带来真正的变革。

小说运用白描手法塑造人物，通过富有个性色彩和乡土气息的人物对话来刻画人物性格，通过细节描写来揭示人物的内在心理。另外，作品开头的环境描绘和场面描写，不仅是一幅充满地方色彩和生活气息的风景画和风俗画，而且以其场景的恬静与结尾相呼应，对辫子风波的波澜起伏起到了对比衬托作用。

作者介绍

周树人（1881 年～1936 年），男，汉族。浙江绍兴人，字豫才，原名周樟寿，字豫山、豫亭，以笔名鲁迅闻名于世。鲁迅先生青年时代曾受进化论、尼采超人哲学和托尔斯泰博爱思想的影响。1904 年初，入仙台医科专门学医，后从事文艺创作，希望以此改变国民精神。鲁迅先生一生写作计有 600 万字，其中著作约 500 万字，辑校和书信约 100 万字。作品包括杂文、短篇小说、评论、散文、翻译作品。对于"五四运动"以后的中国文学产生了深刻的影响，被毛泽东同志评价为伟大的文学家、思想家、革命家，是中国文化革命的主将。

思考与练习

1．本文通过细节描写、心理描写刻画了七斤这个人物什么样的性格特征？
2．分析小说开头和结尾处的场景描写在烘托、深化主题方面的作用。
3．论述通过人物对话及对人物的刻画表现出的小说的主题思想。

第二节 现代诗歌

雪落在中国的土地上

艾 青

原文

雪落在中国的土地上，
寒冷在封锁着中国呀……
风，
像一个太悲哀了的老妇。
紧紧地跟随着，
伸出寒冷的指爪，
拉扯着行人的衣襟。
用着像土地一样古老的话，
一刻也不停地絮聒[1]着……
那从林间出现的，
赶着马车的，
你中国的农夫，
戴着皮帽，
冒着大雪，
你要到哪儿去呢？
告诉你，
我也是农人的后裔——
由于你们的，
刻满了痛苦的皱纹的脸，
我能如此深深地，
知道了，
生活在草原上的人们的，

岁月的艰辛。
而我，
也并不比你们快乐啊，
——躺在时间的河流上，
苦难的浪涛，
曾经几次把我吞没而又卷起——
流浪与监禁，
已失去了我的青春的最可贵的日子，
我的生命，
也像你们的生命，
一样的憔悴呀。
雪落在中国的土地上，
寒冷在封锁着中国呀……
沿着雪夜的河流，
一盏小油灯在徐缓地移行，
那破烂的乌篷船里，
映着灯光，垂着头，
坐着的是谁呀？
——啊，你，
蓬发垢面的少妇，
是不是
你的家，
——那幸福与温暖的巢穴
——已被暴戾[2]的敌人，
烧毁了么？
是不是
也像这样的夜间，
失去了男人的保护，
在死亡的恐怖里，
你已经受尽敌人刺刀的戏弄？
咳，就在如此寒冷的今夜，
无数的，
我们的年老的母亲，
都蜷伏在不是自己的家里，
就像异邦人，
不知明天的车轮，
要滚上怎样的路程？

——而且，

中国的路，

是如此的崎岖，

是如此的泥泞呀。

雪落在中国的土地上，

寒冷在封锁着中国呀……

透过雪夜的草原，

那些被烽火所啮啃着的地域，

无数的，土地的垦植者，

失去了他们所饲养的家畜，

失去了他们肥沃的田地，

拥挤在，

生活的绝望的污巷里；

饥馑的大地，

朝向阴暗的天，

伸出乞援的，

颤抖着的两臂。

中国的苦痛与灾难，

像这雪夜一样广阔而又漫长呀！

雪落在中国的土地上，

寒冷在封锁着中国呀……

中国，

我的在没有灯光的晚上，

所写的无力的诗句，

能给你些许的温暖么？

1937 年 12 月 28 日 夜间

注释

[1] 絮聒（guō）：唠叨不休。

[2] 暴戾（lì）：残暴，凶狠。

导读

《雪落在中国的土地上》是在民族危机空前严重的时刻，一个满怀正义和激愤之情的诗人所唱出的一支深沉而激越的歌。

大自然的季节更替所给予人的感受只能是感官上的触觉，重要的是诗人的内心深切地感到了寒冷的封锁，这使他不能不爆发出这强烈的呐喊。诗人把自己的感情关注于北方的"中国的农夫"和"生活在草原上的人们的岁月的艰辛"上，关注于南方的"蓬发垢面的少妇"和"年老的母亲"的坎坷的命运上。这一切，正是构成"寒冷在封锁着中国"的具体形象和生活画面，而诗人的一腔深情也是透过这一切而传达出来的。

这首诗所极力渲染的气氛、所描绘的悲惨景象，正是人们在当时的现实中体验到的。作者以艺术的手段把这一切表现出来，正表明了诗人对时代命运的关切、对人民苦难的感同身受。

作者介绍

艾青（1910年～1996年），原名蒋正涵，号海澄，曾用笔名莪加、克阿、林壁等，浙江省金华人，中国现代诗人，被认为是中国现代诗的代表诗人之一。主要作品有《大堰河——我的保姆》、《艾青诗选》。

思考与练习

1. 本诗写作背景是什么？表达了诗人怎样的情怀？
2. 分析诗歌中描写了哪几个画面，各自蕴含什么样的内容。
3. 本诗中的环境描写对表现主题起到了什么作用？

断章

卞之琳

原文

你站在桥上看风景，
看风景的人在楼上看你。
明月装饰了你的窗子，
你装饰了别人的梦。

导读

《断章》写于1935年10月，原为诗人一首长诗中的片段，但全诗仅有这四行使他满意，于是抽出来独立成章，因此标题名之为《断章》。这是中国现代文学史上文字简短、意蕴丰富而又朦胧的著名短诗。

节选四句精巧短小、明白如话，乍一看并不难懂，细思量却觉得意味无穷。它是以两组具体物象构成的图景中人、明月、窗子、梦通过主客位置的调换，表达了世间万物相互关联、平衡相对、彼此依存的哲理。在诗人看来，一切事物都不是孤立的存在，而是与其他事物相对关联而存在的。事物相对关联与运动的变化是永恒的规律。

作者介绍

卞之琳（1910 年～2000 年），男，汉族，祖籍江苏溧水，生于江苏海门汤家镇，笔名季陵，"新月派"诗人。作品语言凝练含蓄，体现了其诗作朦胧曲隐的艺术特点，代表作为《断章》。

长期从事莎士比亚等外国作家作品的翻译和研究工作，著译有《莎士比亚悲剧论痕》、《英国诗选》等，此外还出版诗论集《人与诗：忆旧说新》。

思考与练习

1. 作者用简单的词语营造了两个优美的意境，分别是什么？
2. 作者所要表达的主旨是什么？

雨巷

戴望舒

原文

撑着油纸伞，独自
彷徨在悠长、悠长
又寂寥的雨巷，
我希望逢着一个丁香一样的
结着愁怨的姑娘。
她是有
丁香一样的颜色，
丁香一样的芬芳，
丁香一样的忧愁，
在雨中哀怨，哀怨又彷徨；
她彷徨在这寂寥的雨巷，
撑着油纸伞
像我一样，
像我一样地
默默彳亍着
冷漠、凄清，又惆怅
她静默地走近，走近
又投出
太息一般的眼光
她飘过
像梦一般地，

像梦一般地凄婉迷茫。

像梦中飘过
一枝丁香地，
我身旁飘过这女郎；
她静默地远了，远了，
到了颓圮的篱墙，
走尽这雨巷。
在雨的哀曲里，
消了她的颜色，
散了她的芬芳
消散了，甚至她的
太息般的眼光，
丁香般的惆怅。
撑着油纸伞，独自
彷徨在悠长，悠长
又寂寥的雨巷，
我希望飘过
一个丁香一样的
结着愁怨的姑娘。

🌿 导读

《雨巷》写于 1927 年夏，是戴望舒的成名作，他因此而赢得了"雨巷诗人"的雅号。当时全国正处于白色恐怖之中，戴望舒因曾参加进步活动而不得不避居于松江的友人家中，虽处于大革命失败阴霾之中，但诗人心中仍充满了希望。《雨巷》创设了一个富于浓重象征色彩的抒情意境，把当时黑暗而沉闷的社会现实暗喻为悠长狭窄而寂寥的"雨巷"；而诗人自己，就是在这样的雨巷中彳亍彷徨的孤独者，他在孤寂中怀着一个美好的希望，希望遇着一个"丁香一样的"姑娘。《雨巷》是诗人当时心情的表现，其中交织着失望和希望、幻灭和追求的双重情调。

🌿 作者介绍

戴望舒（1905 年～1950 年），浙江杭县人，祖籍南京，现代诗人。原名戴梦鸥，笔名艾昂甫、江思等，被称为"雨巷诗人"。1929 年出版诗集《我的记忆》（包括《旧锦囊》、《雨巷》、《我的记忆》三辑）。同年 11 月赴法国，游学于巴黎大学、里昂中法大学，并继续从事著、译活动，结集《望舒草》，于 1933 年 8 月出版。

作为一位有成就的诗人，戴望舒文艺实践的领域是宽阔的。他不仅创作诗歌，而且写散文、论文等，研究、论述的范围不仅有大量外国文学，而且包括中国古典小说、戏曲等，同时，还作了大量的翻译介绍外国文学的工作。

思考与练习

1. "丁香姑娘"具有怎样的象征内涵？
2. 这首诗的音乐性主要体现在哪些方面？
3. 这首诗表现了诗人怎样的思想感情？

再别康桥

徐志摩

原文

轻轻的我走了，
正如我轻轻的来；
我轻轻的招手，
作别西天的云彩。
那河畔的金柳，
是夕阳中的新娘；
波光里的艳影，
在我的心头荡漾。
软泥上的青荇，
油油的在水底招摇；
在康河的柔波里，
我甘心做一条水草。
那榆阴下的一潭，
不是清泉，是天上虹；
揉碎在浮藻间，
沉淀着彩虹似的梦。
寻梦？撑一支长篙，
向青草更青处漫溯；
满载一船星辉，
在星辉斑斓里放歌。
但我不能放歌，
悄悄是别离的笙箫；
夏虫也为我沉默，
沉默是今晚的康桥！
悄悄的我走了，

正如我悄悄的来；

我挥一挥衣袖，

不带走一片云彩。

导读

这是一首优美的抒情诗，是新月派诗歌的代表作品。

全诗以"轻轻的"、"走"、"来"、"招手"、"作别云彩"起笔，接着用虚实相间的手法，描绘了一幅幅流动的画面，构成了一处处美妙的意境，细致入微地将诗人对康桥的爱恋、对往昔生活的憧憬、对眼前无可奈何的离愁，表现得真挚、浓郁、隽永。

这首诗表现出诗人高度的艺术技巧。诗人将具体景物与想象糅合在一起，构成诗的鲜明生动的艺术形象，巧妙地把气氛、感情、景象融汇为意境，景中有情，情中有景。诗的语言清新秀丽，节奏轻柔委婉、和谐自然，伴随着情感的起伏跳跃，犹如一曲悦耳徐缓的散板，轻盈婉转，拨动着读者的心弦。

作者介绍

徐志摩（1897年～1931年），名章垿，小字槱森，后改名志摩，曾用笔名南湖、云中鹤，现代诗人、散文家。浙江海宁县硖石镇人。在剑桥留学期间深受西方教育的熏陶及欧美浪漫主义和唯美派诗人的影响。1921年开始创作新诗。与闻一多、胡适、梁实秋等人发起组织新月社，加入文学研究会，参与创办新月书店；次年《新月》月刊创刊后任主编。先后任北京大学、清华大学教授，兼任南京中央大学教授，曾在北京女子大学任教。著有《志摩的诗》、《翡冷翠的一夜》、《猛虎集》、《云游》等。

思考与练习

1. 本诗首尾在内容和形式上的前后呼应有何艺术效果？
2. 这首诗的美感主要体现在哪几个方面？
3. 诗中主要运用了哪些抒情方法？请举例说明它们的特点和作用。

第三节 现 代 散 文

再寄小读者 通讯四

冰心

原文

我不敢说生命是什么，我只能说生命像什么。生命像向东流的一江春水，他从最高处发源，冰雪是他的前身。他聚集起许多细流，合成一股有力的洪涛，向下奔注，他曲折的穿过了悬崖峭壁，冲倒了层沙积土，挟卷着滚滚的沙石，快乐勇敢地流走，一路上他享受着他所遭遇的一切。有时候他遇到巉岩前阻，他愤激地奔腾了起来，怒吼着，回旋着，前波后浪地起伏催逼，直到冲倒了这危崖，他才心平气和地一泻千里。有时候他经过了细细的平沙，斜阳芳草里，看见了夹岸红艳的桃花，他快乐而又羞怯，静静地流着，低低地吟唱着，轻轻地度过这一段浪漫的行程。有时候他遇到暴风雨，这激电，这迅雷，使他心魂惊骇，疾风吹卷起他，大雨击打着他，他暂时浑浊了，扰乱了，而雨过天晴，又加给他许多新生的力量。有时候他遇到了晚霞和新月，向他照耀，向他投影，清冷中带些幽幽的温暖：这时他只想休憩，只想睡眠，而那股前进的力量，仍催逼着他向前走……终于有一天，他远远地望见了大海，啊！他已到了行程的终结，这大海，使他屏息，使他低头，她多么辽阔，多么伟大！多么光明，又多么黑暗！大海庄严的伸出臂儿来接引他，他一声不响地流入她的怀里。他消融了，归化了，说不上快乐，也没有悲哀！也许有一天，他再从海上蓬蓬地雨点中升起，飞向西来，再形成一道江流，再冲倒两旁的石壁，再来寻夹岸的桃花。然而我不敢说来生，也不敢相信来生！生命又像一棵小树，他从地底聚集起许多生力，在冰雪下欠伸，在早春润湿的泥土中，勇敢快乐的破壳出来。他也许长在平原上，岩石上，城墙上，只要他抬头看见了天，啊！看见了天！他便伸出嫩叶来吸收空气，承受阳光，在雨中吟唱，在风中跳舞。他也许受着大树的荫蔽，也许受着大树的覆压，而他青春生长的力量，终使他穿枝拂叶地挣脱了出来，在烈日下挺立抬头！他遇着骄奢的春天，他也许开出满树的繁花，蜂蝶围绕着他飘翔喧闹，小鸟在他枝头欣赏唱歌，他会听见黄莺清吟，杜鹃啼血，也许还听见枭鸟的怪鸣。他长到最茂盛的中年，他伸展出他如盖的浓荫，来荫庇树下的幽花芳草，他结出累累的果实，来呈现大地无尽的甜美与芳馨。秋风起了，将他叶子，由浓绿吹到绯红，秋阳下他再有一番的庄严灿烂，不是开花的骄傲，也不是结果的快乐，而是成功后的宁静和怡悦！终于有一天，冬天的朔风把他的黄叶干枝，卷落吹抖，他无力的在空中旋舞，在根下呻吟，大地庄严的伸出臂儿来接引他，他一声不响的落在她的怀里。他消融了，归化了，他说不上快乐，也没有悲哀！也许有一天，他再从地下的果仁中，破裂了出来。又长成一棵小树，再穿过丛莽的严遮，再来听黄莺的歌唱。然而我不敢说来生，也不敢信来生。宇宙是一个大生命，我们是宇宙大气中之一息。江流入海，叶落归根，我们是大生命中之一叶，大生命中之一滴。在宇宙的大生命中，我们是多么卑微，多么渺小，而一滴一叶的活动生长合成了整个宇宙的进化运行。要记住：不是每一道江流都能入海，不流动的便成了死湖；不是每一粒种子都能成树，不生长的便成了空壳！生命中不是永远快乐，也不是永远痛苦，快乐和痛苦是相生相成的。好比水道要经过不同的两岸，树木要经过常变的四时。在快乐中我们要感谢生命，在痛苦中我们也要感谢生命。快乐固然兴奋，苦痛又何尝不美丽？我曾读到一个警句，它说"愿你生命中有够多的云翳，来造成一个美丽的黄昏"。

世界、国家和个人的生命中的云翳没有比今天的再多的了。

❧ 导读

作者从一个独特的视角，用两个新颖的比喻，以"一江春水"和"一棵小树"为例，揭示生命由生长到壮大，再到衰弱的过程和一般规律，以及生命中的苦痛与幸福相伴相生的一般法则，同时表达生命不止、奋斗不息的意志与豁达乐观的精神，揭示了宇宙生命之间的关系及其相互作用，这些都是文章哲理意味、理性精神的表现。

本文文字清新，感情真挚，描写细腻，富有哲理，尤其是动词运用得准确而传神，于含蓄凝练之中透出酣畅和流利，耐人寻味，意趣无穷。生命诞生于自然，最终又回归于自然，是战胜困难，享受快乐，不停地前进或生长，去争取成功的过程。

❧ ❧ 作者介绍

冰心（1900 年～1999 年），原名谢婉莹，现代著名女作家、儿童文学作家、翻译家、诗人。从 1919 年起，以冰心这一笔名写了许多问题小说，如《两个家庭》、《斯人独憔悴》、《秋风秋雨愁杀人》、《去国》等，引起了较为强烈的社会反响。

从 1920 年开始，冰心又以诗歌体裁抒唱对人生的感受。由于受泰戈尔《飞鸟集》的影响，她写出了为文坛瞩目的短诗集《繁星》和《春水》。冰心的诗歌风格含蓄、温婉、隽美。1923 年，冰心出版了小说集《超人》，另著有通讯集《寄小读者》。

❧ ❧ 思考与练习

1. 通过阅读本文，读者从课文中领悟到生命的本质是什么？生命的规律又是怎样的？

2. "一江春水"和"一棵小树"分别经历了哪几个生命历程或哪几种生命状态？暗示了怎样的人生历程和人生状态？

3. 简要分析人类或自然界中痛苦与幸福相伴共生的其他生命现象。

4. 综观全文，作者意在暗示一种什么样的人生观？

西南联大纪念碑碑文

冯友兰

❧ ❧ 原文

中华民国三十四年九月九日，我国家受日本之降于南京，上距二十六年七月七日卢沟桥之变为时八年，再上距二十年九月十八日沈阳之变为时十四年，再上距清甲午之役为时五十一年。举凡五十年间，日本所掠吞蚕食于我国家者，至是悉备图籍献还。全胜之局，秦汉以来所未有也。

国立北京大学、国立清华大学原设北平，私立南开大学原设天津。自沈阳之变，我国家之威权逐渐南移，惟以文化力量与日本争持于平津，此三校实为其中坚。二十六年平津失守，三校奉命迁移湖南，合组为国立长沙临时大学，以三校校长蒋梦麟、梅贻琦、张伯苓为常务委员主持校务，设法、理、工学院于长沙，文学院于南岳，于十一月一日开始上课。迨京沪失守，武汉震动，临时大学又奉命迁云南。师生徒步经贵州，于二十七年四月二十六日抵昆明。旋奉命改名为国立西南联合大学，设理、工学院于昆明，文、法学院于蒙自，于五月四日开始上课。一学期后，文、法学院亦迁昆明。二十七年，增设师范学校。二十九年，设分校于四川叙永，一学年后并于本校。昆明本为后方名城，自日军入安南，陷缅甸，乃成后方重镇。联合大学支持其间，先后毕业学生二千余人，从军旅者八百余人。

河山既复，日月重光，联合大学之战时使命既成，奉命于三十五年五月四日结束。原有三校，即将返故居，复旧业。缅维八年支持之苦辛，与夫三校合作之协和，可纪念者，盖有四焉：

我国家以世界之古国，居东亚之天府，本应绍汉唐之遗烈，作并世之先进，将来建国完成，必于世界历史居独特之地位。盖并世列强，虽新而不古；希腊罗马，有古而无今。惟我国家，亘古亘今，亦新亦旧，斯所谓"周虽旧邦，其命维新"者也！旷代之伟业，八年之抗战已开其规模、立其基础。今日之胜利，于我国家有旋乾转坤之功，而联合大学之使命，与抗战相终如，此其可纪念一也。

文人相轻，自古而然，昔人所言，今有同慨。三校有不同之历史，各异之学风，八年之久，合作无间，同无妨异，异不害同，五色交辉，相得益彰，八音合奏，终和且平，此其可纪念者二也。

万物并育而不相害，天道并行而不相悖，小德川流，大德敦化，此天地之所以为大。斯虽先民之恒言，实为民主之真谛。联合大学以其兼容并包之精神，转移社会一时之风气，内树学术自由之规模，外来民主堡垒之称号，违千夫之诺诺，作一士之谔谔，此其可纪念者三也。

稽之往史，我民族若不能立足于中原、偏安江表，称曰南渡。南渡之人，未有能北返者。晋人南渡，其例一也；宋人南渡，其例二也；明人南渡，其例三也。风景不殊，晋人之深悲；还我河山，宋人之虚愿。吾人为第四次之南渡，乃能于不十年间，收恢复之全功，庾信不哀江南，杜甫喜收蓟北，此其可纪念者四也。

联合大学初定校歌，其辞始叹南迁流难之苦辛，中颂师生不屈之壮志，终寄最后胜利之期望；校以今日之成功，历历不爽，若合符契。联合大学之始终，岂非一代之盛事、旷百世而难遇者哉！爰就歌辞，勒为碑铭。铭曰：痛南渡，辞官阙。驻衡湘，又离别。更长征，经峣嵲。望中原，遍洒血。抵绝徼，继讲说。诗书器，犹有舌。尽笳吹，情弥切。千秋耻，终已雪。见倭寇，如烟灭。起朔北，迄南越，视金瓯，已无缺。大一统，无倾折，中兴业，继往烈。维三校，兄弟列，为一体，如胶结。同艰难，共欢悦，联合竟，使命彻。神京复，还燕碣，以此石，象坚节，纪嘉庆，告来哲。

🌿 **导读**

云南师范大学东北侧，绿树环合之中，有一座"一二·一"烈士墓，其中安息着为民主献身的四烈士。墓西，耸立着一块由著名学者冯友兰撰文、闻一多篆额、罗庸书丹的中国一代名校——西南联合大学纪念碑。

碑文叙道，1937年"七·七"卢沟桥一声炮响，拉开了抗日战争的序幕。日寇南侵，平津告急，北大、清华、南开三大名校奉命迁往湖南，在长沙组成临时大学，后来局势日艰，上海、南京相继沦入敌手，临时大学正式迁往云南。1938年初夏抵昆明，更名"西南联合大学"。学校分设理工学院，文法学院和师范学院。1946年5月4日联大撤销，三校迁返平津，历时整整8年。

联大荟萃北大、清华、南开三大名校的精英，师生中不少人曾参与"五四"运动和"一二·九"运动，开创了中国教育史上最辉煌灿烂的一页，当时中国最有成就的学者、专家、教授，几乎集于一园，培养出中国近当代最著名的人才。

作者介绍

冯友兰，字芝生，河南南阳唐河人，著名哲学家，1924年获哥伦比亚大学博士学位，历任中州大学（现在的河南大学）、广东大学、燕京大学教授、清华大学文学院院长兼哲学系主任，西南联大哲学系教授兼文学院院长，清华大学校务会议主席，北京大学哲学系教授，其哲学作品为中国哲学史的学科建设做出了重大贡献，被誉为"现代新儒家"。

思考与练习

1. 了解碑文所述西南联大的历史，并分析文章的叙事方法。
2. 本文中最感人之处何在？请结合你最喜欢的片段加以分析。
3. 此文铿锵有力，请问文章的气势表现在哪些地方？

家书二则

傅雷

原文

1954年10月2日

聪，亲爱的孩子。收到9月22日晚发的第六信，很高兴。我们并没为你前信感到什么烦恼或是不安。我在第八封信中还对你预告，这种精神消沉的情形，以后还是会有的。我是过来人，决不至于大惊小怪。你也不必为此担心，更不必硬压在肚里不告诉我们。心中的苦闷不在家信中发泄，又哪里去发泄呢？孩子不向父母诉苦向谁诉呢？我们不来安慰你，又该谁来安慰你呢？人一辈子都在高潮——低潮中浮沉，惟有庸碌的人，生活才如死水一般；或者要有极高的修养，方能廓然无累，真正的解脱。只要高潮不过分使你紧张，低潮不过分使你颓废，就好了。太阳太强烈，会把五谷晒焦；雨水太猛，也会淹死庄稼。我们只求心理相当平衡，不至于受伤而已。你也不是栽了筋斗爬不起来的人。我预料国外这几年，对你整个的人也有很大的帮助。这次来信所说的痛苦，我都理会得；我很同情，我愿意尽量安慰你、鼓励你。克利斯朵夫[1]不是经过多少回这种情形吗？他不是一切艺术家的缩影与结晶吗？慢慢的你会养成另外一种心情对付过去的事：就是能够想到而不再惊心动魄，能够从客观的立场分析前因后果，做将来的借鉴，以免重蹈覆辙。一个人惟有敢于正视现实，正视错误，用理智分析，彻底感悟，才不至于被回忆侵蚀。我相信你逐渐会学会这一套,越来越坚强的。我以前在信中和你提过感情的 ruin(创伤,覆灭),就是要你把这些事当做心灵的灰烬看,看的时候当然不免感触万端,但不要刻骨铭心地伤害自己,而要像对着古战场一般的存着凭吊的心怀。倘若你认为这些话是对的,对你有些启发作用,那么将来在遇到因回忆而痛苦的时候(那一定免不了会再来的),拿出这封信来重读几遍。

1955 年 1 月 26 日

早预算新年中必可接到你的信,我们都当作等待什么礼物一般的等着。果然昨天早上收到你来信,而且是多少可喜的消息。孩子!要是我们在会场上,一定会禁不住涕泗横流的。世界上最高的最纯洁的欢乐,莫过于欣赏艺术,更莫过于欣赏自己的孩子的手和心传达出来的艺术!其次,我们也因为你替祖国增光而快乐!更因为你能借音乐而使多少人欢笑而快乐!想到你将来一定有更大的成就,没有止境的进步,为更多的人更广大的群众服务,鼓舞他们的心情,抚慰他们的创痛,我们真是心都要跳出来了!能够把不朽的大师的不朽的作品发扬光大,传布到地球上每一个角落去,真是多神圣,多光荣的使命!孩子,你太幸福了,天待你太厚了。我更高兴的更安慰的是:多少过分的谀词与夸奖,都没有使你丧失自知之明,众人的掌声、拥抱,名流的赞美,都没有减少你对艺术的谦卑!总算我的教育没有白费,你二十年的折磨没有白受!你能坚强(不为胜利冲昏了头脑是坚强的最好的证据),只要你能坚强,我就一辈子放了心!成就的大小、高低,是不在我们掌握之内的,一半靠人力,一半靠天赋,但只要坚强,就不怕失败,不怕挫折,不怕打击——不管是人事上的,生活上的,技术上的,学习上的——打击;从此以后你可以孤军奋斗了。何况事实上有多少良师益友在周围帮助你,扶掖你。还加上古今的名著,时时刻刻给你精神上的养料!孩子,从今以后,你永远不会孤独的了,即使孤独也不怕的了!

赤子之心这句话,我也一直记住的。赤子便是不知道孤独的。赤子孤独了,会创造一个世界,创造许多心灵的朋友!永远保持赤子之心,到老也不会落伍,永远能够与普天下的赤子之心相接相契相抱!你那位朋友说得不错,艺术表现的动人,一定是从心灵的纯洁来的!不是纯洁到像明镜一般,怎能体会到前人的心灵?怎能打动听众的心灵?

音乐院长说你的演奏像流水、像河,更令我想到克利斯朵夫的象征。天舅舅说你小时候常以克利斯朵夫自命,而你的个性居然和罗曼·罗兰的理想有些相像了。河,莱茵,江声浩荡……钟声复起,天已黎明……中国正到了"复旦"的黎明时期,但愿你做中国的——新中国的——钟声,响遍世界,响遍每个人的心!滔滔不竭的流水,流到每个人的心坎里去,把大家都带着,跟你一块到无边无岸的音响的海洋中去吧!名闻世界的扬子江与黄河,比莱茵的气势还要大呢!……黄河之水天上来,奔流到海不复回!……无边落木萧萧下,不尽长江滚滚来!……有这种诗人灵魂的传统的民族,应该有气吞牛斗的表现才对。

你说常在矛盾与快乐之中,但我相信艺术家没有矛盾不会进步,不会演变,不会深入。有矛盾正是生机蓬勃的明证。眼前你感到的还不过是技巧与理想的矛盾,将来你还有反复不已更大的矛盾呢:形式与内容的枘凿,自己内心的许许多多不可预料的矛盾,都在前途等着你。别担心,解决一个矛盾,便是前进一步!矛盾是解决不完的,所以艺术没有止境,没有 perfect[完美,十全十美]的一天,人生也没有 perfect 的一天!唯其如此,才需要我们日以继夜,终生的追求、苦练;要不然大家做了羲皇上人,垂手而天下治,做人也太腻了!

注释

[1]《约翰克里斯朵夫》是傅雷翻译的，主人公是以贝多芬为原型塑造的，是父子二人都非常熟悉和喜爱的人物，傅聪从小常以克里斯朵夫自勉。作者举他的例子更容易被儿子接受。

导读

《傅雷家书》是傅雷写给儿子的书信编纂而成的一本集子，摘编了傅雷先生 1954 年至 1966 年的 186 封书信，最长的一封信长达七千多字。字里行间，充满了父亲对儿子的挚爱、期望，以及对国家和世界的高尚情感。

傅雷用自己的经历现身说法，以自身的人生经验教导儿子待人要谦虚，做事要严谨，礼仪要得体；遇困境不气馁，获大奖不骄傲；要有国家和民族的荣辱感，要有艺术、人格的尊严，做一个"德艺兼备、人格卓越的艺术家"。同时，对儿子的生活，傅雷也进行了有益的引导，对日常生活中如何劳逸结合，正确理财，以及如何正确处理恋爱婚姻等问题，都像良师益友一样提出意见和建议。

作者介绍

傅雷，字怒安，号怒庵，著名文学翻译家、文艺评论家以及美术批评家。留学回国后，致力于法国文学的翻译与介绍工作，译作丰富，行文流畅，文笔传神，翻译态度严谨，几乎译遍法国重要作家，如伏尔泰、巴尔扎克、罗曼·罗兰的重要作品。数百万言的译作成了中国译界备受推崇的范文，形成了"傅雷体华文语言"。他多艺兼通，在绘画、音乐、文学等方面，均显示出独特的高超的艺术鉴赏力。傅雷翻译的作品，共 30 余种，主要为法国文学作品，如巴尔扎克《高老头》、《欧也妮·葛朗台》，罗曼·罗兰《约翰·克利斯朵夫》、《托尔斯泰传》。60 年代初，傅雷因在翻译巴尔扎克作品方面的卓越贡献，被法国巴尔扎克研究会吸收为会员。

傅雷翻译的作品，共 30 余种，主要为法国文学作品。傅雷写给长子傅聪的家书，辑录为《傅雷家书》（1981 年），整理出版后，也为读者所注目。

思考与练习

1. 两封家书分别是针对儿子的哪种心境写的？两封家书表达的主题分别是什么？
2. 谈谈你对贯穿两封信主旋律的词语——"坚强"的理解。

赠与今年的大学毕业生

胡适

原文

这一两个星期里，各地的大学都有毕业的班次，都有很多的毕业生离开学校去开始他们的成人事业。学生的生活是一种享有特殊优待的生活，不妨幼稚一点，不妨吵吵闹闹，社会都能纵容他们，不肯严格的要他们负行为的责任。现在他们要撑起自己的肩膀来挑他们自己的担子了。在这个国难最紧急的年头，他们的担子真不轻！我们祝他们的成功，同时也不忍不依据我们自己的经验，赠与他们几句送行的赠言——虽未必是救命毫毛，也许作个防身的锦囊罢！

你们毕业之后，可走的路不出这几条：绝少数的人还可以在国内或国外的研究院继续作学术研究；少数的人可以寻着相当的职业；此外还有做官，办党，革命三条路；此外就是在家享福或者失业闲居了。第一条继续求学之路，我们可以不讨论。走其余几条路的人，都不能没有堕落的危险。堕落的方式很多，总括起来，约有这两大类：

第一是容易抛弃学生时代的求知识的欲望。你们到了实际社会里，往往所用非所学，往往所学全无用处，往往可以完全用不着学问，而一样可以胡乱混饭吃，混官做。在这种环境里，即使向来抱有求知识学问的决心的人，也不免心灰意懒，把求知的欲望渐渐冷淡下去。况且学问是要有相当的设备的；书籍，试验室，师友的切磋指导，闲暇的工夫，都不是一个平常要糊口养家的人所能容易办到的。没有做学问的环境，又谁能怪我们抛弃学问呢？

第二是容易抛弃学生时代的理想的人生的追求。少年人初次与冷酷的社会接触，容易感觉理想与事实相去太远，容易发生悲观和失望。多年怀抱的人生理想，改造的热诚，奋斗的勇气，到此时候，好像全不是那么一回事。渺小的个人在那强烈的社会炉火里，往往经不起长时期的烤炼就熔化了，一点高尚的理想不久就幻灭了。抱着改造社会的梦想而来，往往是弃甲曳兵而走，或者做了恶势力的俘虏。你在那俘虏牢狱里，回想那少年气壮时代的种种理想主义，好像都成了自误误人的迷梦！从此以后，你就甘心放弃理想人生的追求，甘心做现成社会的顺民了。

要防御这两方面的堕落，一面要保持我们求知识的欲望，一面要保持我们对于理想人生的追求。有什么好法子呢？依我个人的观察和经验，有三种防身的药方是值得一试的。

第一个方子只有一句话："总得时时寻一两个值得研究的问题！"问题是知识学问的老祖宗；古今来一切知识的产生与积聚，都是因为要解答问题，——要解答实用上的困难或理论上的疑难。所谓"为知识而求知识"，其实也只是一种好奇心追求某种问题的解答，不过因为那种问题的性质不必是直接应用的，人们就觉得这是"无所为"的求知识了。我们出学校之后，离开了做学问的环境，如果没有一个两个值得解答的疑难问题在脑子里盘旋，就很难继续保持追求学问的热心。可是，如果你有了一个真有趣的问题天天逗你去想他，天天引诱你去解决他，天天对你挑衅笑你无可奈他，——这时候，你就会同恋爱一个女子发了疯一样，坐也坐不下，睡也睡不安，没工夫也得偷出工夫去陪她，没钱也得搏衣节食去巴结她。没有书，你自会变卖家私去买书；没有仪器，你自会典押衣服去置办仪器；没有师友，你自会不远千里去寻师访友。你只要能时时有疑难问题来逼你用脑子，你自然会保持发展你对学问的兴趣，即使在最贫乏的智识环境中，你也会慢慢的聚起一个小图书馆来，或者设置起一所小试验室来。所以我说：第一要寻问题，脑子里没有问题之日，就是你的智识生活寿终正寝之时！古人说，"待文王而兴者，凡民也。若夫豪杰之士，虽无文王犹兴。"试想葛理略（Galieo）和牛敦（Newton）有多少藏书？有多少仪器？他们不过是有问题而已。有了问题而后，他们自会造出仪器来解答他们的问题。没有问题的人们，关在图书馆里也不会用书，锁在试验室里也不会有什么发现。

第二个方子也只有一句话："总得多发展一点非职业的兴趣。"离开学校之后，大家总得寻个吃饭的职业。可是你寻得的职业未必就是你所学的，或者未必是你所心喜的，或者是你所学而实在和你的性情不想近的。在这种状况之下，工作就往往成了苦工，就不感觉兴趣了。为糊口而作那种非"性之所近而力之所能勉"的工作，就很难保持求知的兴趣和生活的理想主义。最好的救济方法只有多多发展职业以外的正当兴趣与活动。一个人应该有他的职业，又应该有他的非职业的顽艺儿，可以叫做业余活动。凡一个人用他的闲暇来做的事业，都是他的业余活动。往往他的业余活动比他的职业还重要，因为一个人的前程往往会靠他怎样用他的闲暇时间。他用他的闲暇来打麻将，他就成个赌徒；你用你的闲暇来做社会服务，你也许成个社会改革者；或者你用你的闲暇去研究历史，你也许成个史学家。你的闲暇往往定你的终身。英国十九世纪的两个哲人，弥儿（J.S.Mill）终身做东印度公司的秘书，然而他的业余工作使他在哲学上，经济学上，政治思想史上都占一个很高的位置；斯宾塞（Spencer）是一个测量工程师，然而他的业余工作使他成为前世纪晚期世界思想界的一个重镇。古来成大学问的人，几乎没有一个不是善用他的闲暇时间的。特别在这个组织不健全的中国社会，职业不容易适合我们性情，我们要想生活不苦痛或不堕落，只有多方发展业余的兴趣，使我们的精神有所寄托，使我们的剩余精力有所施展。有了这种心爱的顽艺儿，你就做六个钟头的抹桌子工夫也不会感觉烦闷了，因为你知道，抹了六点钟的桌子之后，你可以回家去做你的化学研究，或画完你的大幅山水，或写你的小说戏曲，或继续你的历史考据，或做你的社会改革事业。你有了这种称心如意的活动，生活就不枯寂了，精神也就不会烦闷了。

第三个方子也只有一句话："你总得有一点信心。"我们生当这个不幸的时代，眼中所见，耳中所闻，无非是叫我们悲观失望的。特别是在这个年头毕业的你们，眼见自己的国家民族沉沦到这步田地，眼看世界只是强权的世界，望极天边好像看不见一线的光明，——在这个年头不发狂自杀，已算是万幸了，怎么还能够希望保持一点内心的镇定和理想的信心呢？我要对你们说：这时候正是我们培养我们的信心的时候！只要我们有信心，我们还有救。古人说："信心（Faith）可以移山。"又说："只要工夫深，生铁磨成绣花针。"你不信吗？当拿破仑的军队征服普鲁士占据柏林的时候，有一位穷教授叫做菲希特（Fichte）的，天天在讲堂上劝他的国人要有信心，要信仰他们的民族是有世界的特殊使命的，是必定要复兴的。菲希特死的时候（1814），谁也不能预料德意志统一帝国何时可以实现。然而不满五十年，新的统一的德意志帝国居然实现了。

一个国家的强弱盛衰，都不是偶然的，都不能逃出因果的铁律的。我们今日所受的苦痛和耻辱，都只是过去种种恶因种下的恶果。我们要收将来的善果，必须努力种现在的新因。一粒一粒的种，必有满仓满屋的收，这是我们今日应该有的信心。

我们要深信：今日的失败，都由于过去的不努力。

我们要深信：今日的努力，必定有将来的大收成。

佛典里有一句话："福不唐捐。"唐捐就是白白的丢了，我们也应该说："功不唐捐！"没有一点努力是会白白的丢了的。在我们看不见想不到的时候，在我们看不见想不到的方向，你瞧！你下的种子早已生根发叶开花结果了！

你不信吗？法国被普鲁士打败之后，割了两省地，赔了五十万万佛郎的赔款。这时候有一位刻苦的科学家巴斯德（Pasteur）终日埋头在他的试验室里做他的化学试验和微菌学研究。他是一个最爱国的人，然而他深信只有科学可以救国。他用一生的精力证明了三个科学问题：（1）每一种发酵作用都是由于一种微菌的发展；（2）每一种传染病都是由于一种微菌在生物体中的发展；（3）传染病的微菌，在特殊的培养之下，可以减轻毒力，使它从病菌变成防病的药苗。——这三个问题，在表面上似乎都和救国大事业没有多大的关系。然而从第一个问题的证明，巴斯德定出做醋酿酒的新法，使全国的酒醋业每年减除极大的损失。从第二个问题的证明，巴斯德教全国的蚕丝业怎样选种防病，教全国的畜牧农家怎样防止牛羊瘟疫，又教全世界的医学界怎样注重消毒以减除外科手术的死亡率。从第三个问题的证明，巴斯德发明了牲畜的脾热瘟的疗治药苗，每年替法国农家灭除了二千万佛郎的大损失；又发明了疯狗咬毒的治疗法，救济了无数的生命。所以英国的科学家赫胥黎（Huxley）在皇家学会里称颂巴斯德的功绩道："法国给了德国五十万万佛郎的赔款，巴斯德先生一个人研究科学的成绩足够还清这一笔赔款了。"

巴斯德对于科学有绝大的信心，所以他在国家蒙奇辱大难的时候，终不肯抛弃他的显微镜与试验室。他绝不想他的显微镜底下能偿还五十万万佛郎的赔款，然而在他看不见想不到的时候，他已收获了科学救国的奇迹了。

朋友们，在你最悲观最失望的时候，那正是你必须鼓起坚强的信心的时候。你要深信：天下没有白费的努力。成功不必在我，而功力必不唐捐。

导读

文章首先指出，毕业生无论走哪条就业之路，都不能没有堕落的危险。然后，为防御毕业后学生时代"求知识的欲望"和"理想的人生的追求"被抛弃这"两方面的堕落"，胡适开出了"三种防身的药方"或称"防身的锦囊"：要寻问题，要培养业余兴趣，要有信心。不难看出，这位启蒙先驱是借此阐发他一以贯之的理想。他对学生的企盼，也是他对自己的要求。

本文虽不是演讲的实录，而是一篇拟写的演讲稿，但其口吻、结构方式、遣词造句，都是瞄准演说词而为。作者以师长、名家身份，面对自己教过的学子，却毫无盛气凌人之气，而是口气平和，字里行间蕴藏着诚恳与真情，谆谆嘱咐，娓娓而谈，语重心长，使人感动奋发。这不但是为人的根本，也正是为文的根本。

作者介绍

胡适（1891年~1962年），汉族，安徽绩溪人。现代著名学者、诗人、历史家、文学家、哲学家。因提倡文学革命而成为新文化运动的领袖之一。原名嗣穈，学名洪骍，字希疆，后改名胡适，字适之，笔名天风、藏晖等，其名与字，乃取自达尔文学说"物竞天择，适者生存”典故。

胡适是第一位提倡白话文、新诗的学者，与陈独秀同为“五四运动”的轴心人物。他兴趣广泛，著述丰富，在文学、哲学、史学、考据学、教育学、伦理学、红学等诸多领域都有深入的研究，1939 年获得诺贝尔文学奖的提名。

思考与练习

1. 步入社会之后，人何以会“堕落”？
2. 如何防止“堕落”？
3. 面对今天的实际，胡适的建议对你有什么启示？

乡土情结

柯灵

原文

君自故乡来，应知故乡事，来日绮窗前，寒梅着花未？——王维

每个人的心里，都有一方魂牵梦萦的土地。得意时想到它，失意时想到它。逢年逢节，触景生情，随时随地想到它。海天茫茫，风尘碌碌，酒阑灯灺人散后，良辰美景奈何天，洛阳秋风，巴山夜雨，都会情不自禁地惦念它。离得远了久了，使人愁肠百结：“客舍并州数十霜，归心日夜忆咸阳，无端又渡桑乾水，却望并州是故乡。”好不容易能回家了，偏又忐忑不安：“岭外音书断，经冬复历春。近乡情更怯，不敢问来人。”异乡人这三个字，听起来音色苍凉；“他乡遇故知”，则是人生一快。一个怯生生的船家女，偶尔在江上听到乡音，就不觉喜上眉梢，顾不得娇羞，和隔船的陌生男子搭讪：“君家居何处？妾住在横塘。停船暂借问，或恐是同乡。”辽阔的空间，悠邈的时间，都不会使这种感情褪色：这就是乡土情结。

人生旅途崎岖修远，起点站是童年。人第一眼看见的世界——几乎是世界的全部，就是生我育我的乡土。他开始感觉饥饱寒暖，发为悲啼笑乐。他从母亲的怀抱，父亲的眼神，亲族的逗弄中开始体会爱。但懂得爱的另一面——憎和恨，却须在稍稍接触人事以后。乡土的一山一水，一虫一鸟，一草一木，一星一月，一寒一暑，一时一俗，一丝一缕，一饮一啜，都溶化为童年生活的血肉，不可分割。而且可能祖祖辈辈都植根在这片土地上，有一部悲欢离合的家史。在听祖母讲故事的同时，就种在小小的心坎里。邻里乡亲，早晚在街头巷尾、桥上井边、田塍篱角相见，音容笑貌，闭眼塞耳也彼此了然，横竖呼吸着同一的空气，濡染着同一的风习，千丝万缕沾着边。一个人为自己的一生定音定调定向定位，要经过千磨百折的摸索，前途充满未知数，但童年的烙印，却像春蚕作茧，紧紧地包着自己，又像文身的花纹，一辈子附在身上。

金窝银窝，不如家里的草窝。但人是不安分的动物，多少人仗着年少气盛，横一横心，

咬一咬牙，扬一扬手，向恋恋不舍的家乡告别，万里投荒，去寻找理想，追求荣誉，开创事业，富有浪漫气息。有的只是一首朦胧诗，——为了闯世界。多数却完全是沉重的现实主义格调：许多稚弱的童男童女，为了维持最低限度的生存要求，被父母含着眼泪打发出门，去串演各种悲剧。人一离开乡土，就成了失根的兰花，逐浪的浮萍，飞舞的秋蓬，因风四散的蒲公英，但乡土的梦，却永远追随着他们。"慈母手中线，游子身上衣"，这根线的长度，足够绕地球三匝，随卫星上天。

浪荡乾坤的结果，多数是少年子弟江湖老，黄金、美人、虚名、实惠，都成了竹篮打水一场空。有的侘傺无聊，铩羽而归。有的春花秋月，流连光景，"未老莫还乡，还乡须断肠"。有的倦于奔竞，跳出名利场，远离是非地，"只应守寂寞，还掩故园扉"。有的素性恬淡，误触尘网，不愿为五斗米折腰，归去来兮，种菊东篱，怡然自得。——但要达到这境界，至少得有几亩薄田，三间茅舍作退步，否则就只好寄人篱下，终老他乡。只有少数中的少数、个别中的个别，在亿万分之一的机会里冒险成功，春风得意，衣锦还乡，——"富贵不归故乡，如衣绣夜行，谁知之者！"这句名言的创作者是楚霸王项羽，但他自己功败垂成，并没有做到。他带着江东八千子弟出来造反，结果无一生还，自觉无颜再见江东父老，毅然在乌江慷慨自刎。项羽不愧为盖世英雄，论力量对比，他比他的对手刘邦强得多，但在政治策略上棋输一着：他自恃无敌，所过大肆杀戮，乘胜火烧咸阳；而刘邦虽然酒色财货无所不好，入关以后，却和百姓约法三章，秋毫无犯，终于天下归心，奠定了汉室江山，当了皇上。回到家乡，大摆筵席，宴请故人父老兄弟，狂歌酣舞，足足闹了十几天。"大风起兮云飞扬，威加海内兮归故乡，安得猛士兮守四方！"这就是刘邦当时的得意之作，载在诗史，流传至今。

灾难使成批的人流离失所，尤其是战争，不但造成田园寥落，骨肉分离，还不免导致道德崩坏，人性扭曲。刘邦同项羽交战败北，狼狈逃窜，为了顾自己轻车脱险，三次把未成年的亲生子女狠心从车上推下来。项羽抓了刘邦的父亲当人质，威胁要烹了他，刘邦却说：咱哥儿们，我爹就是你爹，你要是烹了他，别忘记"分我杯羹"。为了争天下，竟可以丧心病狂到这种地步！当然，战争有正义与非正义之分，"国家兴亡，匹夫有责"；"匈奴未灭，何以家为"；"四方丈夫事，平心铁石心"；"男儿何不带吴钩，收取关山五十州"，都是千古美谈。但正义战争的终极目的，正在于以战止战，缔造和平，而不是以战养战、以暴易暴。比灾难、战争更使人难以为怀的，是放逐：有家难归，有国难奔。屈原、贾谊、张俭、韩愈、柳宗元、苏东坡，直至康有为、梁启超，真可以说无代无之。——也许还该特别提一提林则徐，这位揭开中国近代史开宗明义第一章的伟大爱国前贤，为了严禁鸦片，结果获罪革职，遣戍伊犁。他在赴戍登程的悲凉时刻，口占一诗，告别家人："苟利国家生死以，岂因祸福避趋之。谪居正是君恩厚，养拙刚于戍卒宜。"百年后重读此诗，还令人寸心如割，百脉沸涌，两眼发酸，低徊歔欷不已。

安土重迁是中华民族的传统，我们祖先有个根深蒂固的观念，以为一切有生之伦，都有返本归元的倾向：鸟恋旧林，鱼思故渊，胡马依北风，狐死必首丘，树高千丈，落叶归根。有一种聊以慰情的迷信，还以为人在百年之后，阴间有个望乡台，好让死者的幽灵在月明之夜，登台望一望阳世的亲人。但这种缠绵的情致，并不能改变冷酷的现实，百余年来，许多人依然不得不离乡别井，乃至飘洋过海，谋生异域。有清一代，出国的华工不下一千万，足迹遍于世界，新兴资本主义国家的金矿、铁路、种植园里，渗透了他们的血汗。美国南北战争以后，黑奴解放了，我们这些黄皮肤的同胞，恰恰以刻苦、耐劳、廉价的特质，成了奴隶劳动的后续部队，他们当然做梦也没有想到什么叫人权。为了改变祖国的命运，孙中山领导的革命运动发轫于美国檀香山，第一代中国共产党人，很多曾在法国勤工俭学。改革开放后掀起的出国潮，汹涌澎湃，方兴未艾。还有一种颇似难料而其实易解的矛盾现象：鸦片战争期间被清王朝割弃的香港，经过一百五十年的沧桑世变，终于回到了祖国的怀抱，这是何等的盛事！而不少生于斯、食于斯、惨淡经营于斯的香港人，却看作"头上一片云"，宁愿抛弃家业，纷纷作移民计。这一代又一代炎黄子孙浮海远游的潮流，各有其截然不同的背景、色彩和内涵，不可一概而论，却都是时代浮沉的倒影，历史浩荡前进中飞溅的浪花。民族向心力的凝聚，并不取决于地理距离的远近。我们第一代的华侨，含辛茹苦，寄籍外洋，生儿育女，却世代翘首神州，不忘桑梓之情，当祖国需要的时候，他们都作了慷慨的奉献。香港蕞尔一岛，从普通居民到各业之王、绅士爵士、翰苑名流，对大陆踊跃输将，表示休戚相关、风雨同舟的情谊，是近在眼前的动人事例。"美不美，故乡水，亲不亲，故乡人"，此中情味，离故土越远，就体会越深。

科学进步使天涯比邻，东西文化的融会交流使心灵相通，地球会变得越来越小。但乡土之恋不会因此消失。株守乡井，到老没见过轮船火车，或者魂丧域外，飘泊无归的现象，早该化为陈迹。我们应该有鹏举鸿飞的豪情，鱼游濠水的自在，同时拥有温暖安稳的家园，还有足以自豪的祖国，屹立于现代世界文明之林。

🌸 导读

《乡土情结》是柯灵为纪念《香港文学》创刊七周年而作的散文，作品以故园之思为线索，由"小家"到"大家"，由"离家"到"归家"，将乡土情结升华为爱国主义的思想感情。柯灵早年辗转各地，饱受战争与灾难的离乱之苦。因此，他对家园之思有特别的体会，再加上香港特别行政区回归这一特殊的背景，作者从家到国展开联想就十分自然了。作品叙古写今，纵横捭阖，酣畅淋漓，文中征引了大量的诗文、史料和典故，不仅说明了乡土情结的久远、普遍，根深蒂固，而且还通过它们营造了一个具体的历史场景，使文章显得更加生动、感人。

🌸 作者介绍

柯灵（1909年~2000年），原名高季琳，笔名朱梵、宋约。原籍浙江绍兴，生于广州。中国电影理论家、剧作家、评论家。1926年在《妇女杂志》发表第一篇作品——叙事诗《织布的女人》。1941年与师陀合作，根据高尔基的话剧《底层》改编成话剧剧本《夜店》，有广泛影响。1948年到香港特别行政区《文汇报》工作，担任副社长兼副总编辑。曾任《文汇报》副社长兼副总编、上海电影剧本创作所所长、上海电影艺术研究所所长、《大众电影》主编、上海作协书记处书记、上海影协常务副主席等职。

思考与练习

1. 作者为乡土情结赋予了什么样的时代内涵?
2. 请谈谈作者引用韦庄、孟浩然、项羽等诗文的作用。

雅舍

梁实秋

原文

到四川来,觉得此地人建造房屋最是经济。火烧过的砖,常常用来做柱子,孤零零的砌起四根砖柱,上面盖上一个木头架子,看上去瘦骨嶙嶙,单薄得可怜;但是顶上铺了瓦,四面编了竹篦墙,墙上敷了泥灰,远远的看过去,没有人能说不像是座房子。我现在住的"雅舍"正是这样一座典型的房子。不消说,这房子有砖柱,有竹篦墙,一切特点都应有尽有。

讲到住房,我的经验不算少,什么"上支下摘","前廊后厦","一楼一底","三上三下","亭子间","茅草棚","琼楼玉宇"和"摩天大厦"各式各样,我都尝试过。我不论住在哪里,只要住得稍久,对那房子便发生感情,非不得已我还舍不得搬。这"雅舍",我初来时仅求其能蔽风雨,并不敢存奢望[1],现在住了两个多月,我的好感油然而生[2]。虽然我已渐渐感觉它是并不能蔽风雨,因为有窗而无玻璃,风来则洞若凉亭,有瓦而空隙不少,雨来则渗如滴漏。纵然不能蔽风雨,"雅舍"还是自有它的个性。有个性就可爱。

"雅舍"的位置在半山腰,下距马路约有七八十层的土阶。前面是阡陌螺旋的稻田。再远望过去是几抹葱翠的远山,旁边有高粱地,有竹林,有水池,有粪坑,后面是荒僻的榛莽[3]未除的土山坡。若说地点荒凉,则月明之夕,或风雨之日,亦常有客到,大抵好友不嫌路远,路远乃见情谊。客来则先爬几十级的土阶,进得屋来仍须上坡,因为屋内地板乃依山势而铺,一面高,一面低,坡度甚大,客来无不惊叹,我则久而安之,每日由书房走到饭厅是上坡,饭后鼓腹而出是下坡,亦不觉有大不便处。

"雅舍"共是六间,我居其二。篦墙不固,门窗不严,故我与邻人彼此均可互通声息。邻人轰饮作乐,咿唔诗章,喁喁[4]细语,以及鼾声,喷嚏声,吮汤声,撕纸声,脱皮鞋声,均随时由门窗户壁的隙处荡漾而来,破我岑寂[5]。入夜则鼠子瞰灯,才一合眼,鼠子便自由行动,或搬核桃在地板上顺坡而下,或吸灯油而推翻烛台,或攀援而上帐顶,或在门框棹脚上磨牙,使得人不得安枕。但是对于鼠子,我很惭愧的承认,我"没有法子"。"没有法子"一语是被外国人常常引用着的,以为这话最足代表中国人的懒惰隐[6]忍的态度。其实我的对付鼠子并不懒惰。窗上糊纸,纸一戳就破;门户关紧,而相鼠有牙,一阵咬便是一个洞洞。试问还有什么法子?洋鬼子住到"雅舍"里,不也是"没有法子"？比鼠子更骚扰的是蚊子。"雅舍"的蚊虱之盛，是我前所未见的。"聚蚊成雷"真有其事！每当黄昏时候，满屋里磕头碰脑的全是蚊子，又黑又大，骨骼都像是硬的。在别处蚊子早已肃清的时候，在"雅舍"则格外猖獗[7]，来客偶不留心，则两腿伤处累累隆起如玉蜀黍，但是我仍安之。冬天一到，蚊子自然绝迹，明年夏天——谁知道我还是住在"雅舍"！

"雅舍"最宜月夜——地势较高，得月较先。看山头吐月，红盘乍涌，一霎间，清光四射，天空皎洁，四野无声，微闻犬吠，坐客无不悄然！舍前有两株梨树，等到月升中天，清光从树间筛洒而下，地上阴影斑斓[8]，此时尤为幽绝。直到兴阑人散，归房就寝，月光仍然逼进窗来，助我凄凉。细雨蒙蒙之际，"雅舍"亦复有趣。推窗展望，俨然[9]米氏章法，若云若雾，一片弥漫。但若大雨滂沱[10]，我就又惶悚不安[11]了，屋顶湿印到处都有，起初如碗大，俄而扩大如盆，继则滴水乃不绝，终乃屋顶灰泥突然崩裂，如奇葩初绽，素然一声而泥水下注，此刻满室狼藉，抢救无及。此种经验，已数见不鲜[12]。

"雅舍"之陈设，只当得简朴二字，但洒扫拂拭，不使有纤尘。我非显要，故名公巨卿之照片不得入我室；我非牙医，故无博士文凭张挂壁间；我不业理发，故丝织西湖十景以及电影明星之照片亦均不能张我四壁。我有一几一椅一榻，醋睡写读，均已有着，我亦不复他求。但是陈设虽简，我却喜欢翻新布置。西人常常讥笑妇人喜欢变更桌椅位置，以为这是妇人天性喜变之一征。诬否且不论，我是喜欢改变的。中国旧式家庭，陈设千篇一律[13]，正厅上是一条案，前面一张八仙桌，一旁一把靠椅，两旁是两把靠椅夹一只茶几。我以为陈设宜求疏落参差[14]之致，最忌排偶。"雅舍"所有，毫无新奇，但一物一事之安排布置俱不从俗。人入我室，即知此是我室。笠翁《闲情偶寄》之所论，正合我意。

"雅舍"非我所有，我仅是房客之一。但思"天地者万物之逆旅[15]"，人生本来如寄，我住"雅舍"一日，"雅舍"即一日为我所有。即使此一日亦不能算是我有，至少此一日"雅舍"所能给予之苦辣酸甜我实躬受亲尝[16]。刘克庄词："客里似家家似寄。"我此时此刻卜居"雅舍"，"雅舍"即似我家。其实似家似寄，我亦分辨不清。

长日无俚[17]，写作自遣，随想随写，不拘篇章，冠以"雅舍小品"四字，以示写作所在，且志因缘[18]。

注释

[1] 奢望：因要求过高而难以实现的希望。

[2] 油然而生：形容思想感情自然而然地产生。

[3] 榛（zhēn）莽：茂盛，茂密，盛多。

[4] 喁喁（yú）细语：低声说悄悄话。

[5] 岑寂：高而静，清冷。

[6] 隐忍：将事情藏在内心，强力克制忍耐，不作表示。

[7] 猖獗：凶恶而放肆。

[8] 斑斓：色彩错杂灿烂的样子。

[9] 俨然：形容特别像。

[10] 滂（pāng）沱（tuó）：形容雨下得很大。

[11] 惶惊不安：形容惊慌害怕，心神不宁。

[12] 数见不鲜：多次见到，并不新鲜。

[13] 千篇一律：机械地重复或无变化；外观（如表面、颜色或款式）无差异。

[14] 疏落参差：稀疏零落，稀稀落落，排列不整齐，互相错杂。

[15] 逆旅：客舍，旅店。

[16] 躬受亲尝：亲自动手做。

[17] 无俚：百无聊赖，没有寄托。

[18] 因缘：佛教指产生结果的直接原因和辅助促成其结果的条件。此处指作者写作的缘由。

导读

1940 年作者同社会学家吴景超夫妻在北碚主湾（今梨园村）购置平房一栋，以吴景超夫人龚业雅之名，命名为"雅舍"。梁实秋在雅舍寓居了 7 年，翻译、创作了大量作品，《雅舍小品》为其成名之作，名噪于世，久传不衰。

这篇散文最突出的特点是：作者以简陋为美、以清贫为乐的独特审美心态，抒写了既亲切又闲适的生活情趣。表现出一种豁达开朗、诙谐的个性特征。本文的另一特点，即表明了作者的处世态度：一是对物质需求不存奢望，也不追求十全十美；二是坚守独立的人格，不攀附权贵，不随意从俗。

文章文笔轻松洒脱，或自嘲自解，或正话反说，或文白相间，或巧用典故，形成言简意丰、谐趣横生的独特风格。

作者介绍

梁实秋（1902 年~1987 年），中国散文家、文学评论家、翻译家。原名治华，浙江杭县（今余杭）人，生于北京。1915 年就学于清华学校（今清华大学）。1923 年留学美国。回国后，曾先后任教于东南大学、暨南大学、青岛大学、北京大学等校，主编《时事新报》副刊《青光》、《益世报·文学周刊》、《中央日报》副刊《平明》等，一度主编《新月》月刊。其创作以散文小品著称，风格朴实隽永，有幽默感，以《雅舍小品》为代表作。他是中国现代文学史上著名的学者、文学家和翻译家。

思考与练习

1. 作者为何称他所住的地方为"雅舍"？
2. 本文表现了作者的何种人生态度？
3. 从哪里可见"雅舍"的简陋？
4. "雅舍"具有哪些"个性"？
5. 本文与刘禹锡《陋室铭》一文有何神似之处？

江南的冬景

郁达夫

原文

凡在北国过过冬天的人，总都道围炉煮茗，或吃涮羊肉，剥花生米，饮白干的滋味。而有地炉，暖炕等设备的人家，不管它门外面是雪深几尺，或风大若雷，而躲在屋里过活的两三个月的生活，却是一年之中最有劲的一段蛰居异境；老年人不必说，就是顶喜欢活动的小孩子们，总也是个个在怀恋的，因为当这中间，有的萝卜，雅儿梨等水果的闲食，还有大年夜，正月初一元宵等热闹的节期。

但在江南，可又不同；冬至过后，大江以南的树叶，也不至于脱尽。寒风——西北风——间或吹来，至多也不过冷了一日两日。到得灰云扫尽，落叶满街，晨霜白得像黑女脸上的脂粉似的。清早，太阳一上屋檐，鸟雀便又在吱叫，泥地里便又放出水蒸气来，老翁小孩就又可以上门前的隙地里去坐着曝背谈天，营屋外的生涯了；这一种江南的冬景，岂不也可爱得很么？

我生长江南，儿时所受的江南冬日的印象，铭刻特深；虽则渐入中年，又爱上了晚秋，以为秋天正是读读书，写写字的人的最惠节季，但对于江南的冬景，总觉得是可以抵得过北方夏夜的一种特殊情调，说得摩登些，便是一种明朗的情调。

我也曾到过闽粤，在那里过冬天，和暖原极和暖，有时候到了阴历的年边，说不定还不得不拿出纱衫来着；走过野人的篱落，更还看得见许多杂七杂八的秋花！一番阵雨雷鸣过后，凉冷一点；至多也只好换上一件夹衣，在闽粤之间，皮袍棉袄是绝对用不着的；这一种极南的气候异状，并不是我所说的江南的冬景，只能叫它作南国的长春，是春或秋的延长。

江南的地质丰腴而润泽，所以含得住热气，养得住植物；因而长江一带，芦花可以到冬至而不败，红时也有时候会保持得三个月以上的生命。像钱塘江两岸的乌桕树，则红叶落后，还有雪白的桕子着在枝头，一点一丛，用照相机照将出来，可以乱梅花之真。草色顶多成了赭色，根边总带点绿意，非但野火烧不尽，就是寒风也吹不倒的。若遇到风和日暖的午后，你一个人肯上冬郊去走走，则青天碧落之下，你不但感不到岁时的肃杀，并且还可以饱觉着一种莫名其妙的含蓄在那里的生气；"若是冬天来了，春天也总马上会来"的诗人的名句，只有在江南的山野里，最容易体会得出。

说起了寒郊的散步，实在是江南的冬日，所给与江南居住者的一种特异的恩惠；在北方的冰天雪地里生长的人，是终他的一生，也决不会有享受这一种清福的机会的。我不知道德国的冬天，比起我们江浙来如何，但从许多作家的喜欢以 Spaziergang 一字来做他们的创造题目的一点看来，大约是德国南部地方，四季的变迁，总也和我们的江南差仿不多。譬如说十九世纪的那位乡土诗人洛在格（Peter Rosegger, 1843—1918）罢，他用这一个"散步"做题目的文章尤其写得多，而所写的情形，却又是大半可以拿到中国江浙的山区地方来适用的。

　　江南河港交流，且又地滨大海，湖沼特多，故空气里时含水分；到得冬天，不时也会下着微雨，而这微雨寒村里的冬霖景象，又是一种说不出的悠闲境界。你试想想，秋收过后，河流边三五家人家会聚在一道的一个小村子里，门对长桥，窗临远阜，这中间又多是树枝槎丫的杂木树林；在这一幅冬日农村的图上，再洒上一层细得同粉也似的白雨，加上一层淡得几不成墨的背景，你说还够不够悠闲？若再要点景致进去，则门前可以泊一只乌篷小船，茅屋里可以添几个喧哗的酒客，天垂暮了，还可以加一味红黄，在茅屋窗中画上一圈暗示着灯光的月晕。人到了这一个境界，自然会得胸襟洒脱起来，终至于得失俱亡，死生不问了；我们总该还记得唐朝那位诗人做的"暮雨潇潇江上村"的一首绝句罢？诗人到此，连对绿林豪客都客气起来了，这不是江南冬景的迷人又是什么？

　　一提到雨，也就必然的要想到雪："晚来天欲雪，能饮一杯无？"自然是江南日暮的雪景。"寒沙梅影路，微雪酒香村"，则雪月梅的冬宵三友，会合在一道，在调戏酒姑娘了。"柴门闻犬吠，风雪夜归人"，是江南雪夜，更深人静后的景况。"前村深雪里，昨夜一枝开"又到了第二天的早晨，和狗一样喜欢弄雪的村童来报告村景了。诗人的诗句，也许不尽是在江南所写，而做这几句诗的诗人，也许不尽是江南人，但假了这几句诗来描写江南的雪景，岂不直截了当，比我这一枝愚劣的笔所写的散文更美丽得多？

　　有几年，在江南，在江南也许会没有雨没有雪的过一个冬，到了春间阴历的正月底或二月初再冷一冷下一点春雪的；去年（一九三四）的冬天是如此，今年的冬天恐怕也不得不然，以节气推算起来，大约太冷的日子，将在一九三六年的二月尽头，最多也总不过是七八天的样子。象这样的冬天，乡下人叫作旱冬，对于麦的收成或者好些，但是人口却要受到损伤；旱得久了，白喉，流行性感冒等疾病自然容易上身，可是想恣意享受江南的冬景的人，在这一种冬天，倒只会得到快活一点，因为晴和的日子多了，上郊外去闲步逍遥的机会自然也多；日本人叫作 Hiking，德国人叫作 Spaziergang 狂者，所最欢迎的也就是这样的冬天。

　　窗外的天气晴朗得象晚秋一样；晴空的高爽，日光的洋溢，引诱得使你在房间里坐不住，空言不如实践，这一种无聊的杂文，我也不再想写下去了，还是拿起手杖，搁下纸笔，上湖上散散步罢！

导读

　　作者从各个角度描写江南的冬天，写自己的切身感受，描绘出一幅江南暖冬的水墨画。文中的雨雪天气以及晴和的日子变换频繁，但读来没有生硬凑合的感觉，仍觉是浑然天成的一个整体，归因于作者高超的构思已将读者引导到了江南冬天的温润和煦之中。文章语言平实而又活泼，行云流水般的描述，作者的情绪已经带领读者完全融入江南冬景的优美意境中去了。

　　全文语调舒缓，恰似江南冬天的悠闲；语言清新、淳朴，和江南冬景的清朗相得益彰。声调平和、叙述节奏徐缓，有利于作者对描写对象进行多角度的反复渲染，实现景物描写的绘画美。

作者介绍

郁达夫（1896 年~1945 年），原名郁文，幼名荫生，字达夫，浙江富阳人，中国现代著名小说家、散文家、诗人。他擅长小说与散文，小说代表作有《春风沉醉的晚上》、《沉沦》；散文主要有《故都的秋》、《江南的冬景》，著有散文集《屐痕处处》、《闲书》。郁达夫的散文具有极强的美学特征：清新隽永，明丽真挚，富有神韵；行文如行云流水，自然有致，笔随意转，舒卷自如。

思考与练习

1. 郁达夫笔下的"江南"是指哪些地方？
2. 作者为表现江南冬景的美好，为我们展现了几幅画面？请试着为它们命名。
3. "日暮"、"冬宵"、"雪夜"、"早晨"，按时间先后顺序引用诗句、避实就虚的好处是什么？

桨声灯影里的秦淮河

朱自清

原文

一九二三年八月的一晚，我和平伯同游秦淮河；平伯是初泛，我是重来了。我们雇了一只"七板子"，在夕阳已去，皎月方来的时候，便下了船。于是桨声汩——汩，我们开始领略那晃荡着蔷薇色的历史的秦淮河的滋味了。

秦淮河里的船，比北京万牲园，颐和园的船好，比西湖的船好，比扬州瘦西湖的船也好。这几处的船不是觉着笨，就是觉着简陋、局促；都不能引起乘客们的情韵，如秦淮河的船一样。秦淮河的船约略可分为两种：一是大船；一是小船，就是所谓"七板子"。大船舱口阔大，可容二三十人。里面陈设着字画和光洁的红木家具，桌上一律嵌着冰凉的大理石面。窗格雕镂颇细，使人起柔腻之感。窗格里映着红色蓝色的玻璃；玻璃上有精致的花纹，也颇悦人目。"七板子"规模虽不及大船，但那淡蓝色的栏干，空敞的舱，也足系人情思。而最出色处却在它的舱前。舱前是甲板上的一部。上面有弧形的顶，两边用疏疏的栏干支着。里面通常放着两张藤的躺椅。躺下，可以谈天，可以望远，可以顾盼两岸的河房。大船上也有这个，便在小船上更觉清隽罢了。舱前的顶下，一律悬着灯彩；灯的多少，明暗，彩苏的精粗，艳晦，是不一的。但好歹总还你一个灯彩。这灯彩实在是最能钩人的东西。夜幕垂垂地下来时，大小船上都点起灯火。从两重玻璃里映出那辐射着的黄黄的散光，反晕出一片朦胧的烟霭；透过这烟霭，在黯黯的水波里，又逗起缕缕的明漪。在这薄霭和微漪里，听着那悠然的间歇的桨声，谁能不被引入他的美梦去呢？只愁梦太多了，这些大小船儿如何载得起呀？我们这时模模糊糊的谈着明末的秦淮河的艳迹，如《桃花扇》及《板桥杂记》里所载的。我们真神往了。我们仿佛亲见那时华灯映水，画舫凌波的光景了。于是我们的船便成了历史的重载了。我们终于恍然秦淮河的船所以雅丽过于他处，而又有奇异的吸引力的，实在是许多历史的影像使然了。

秦淮河的水是碧阴阴的；看起来厚而不腻，或者是六朝金粉所凝么？我们初上船的时候，天色还未断黑，那漾漾的柔波是这样的恬静，委婉，使我们一面有水阔天空之想，一面又憧憬着纸醉金迷之境了。等到灯火明时，阴阴的变为沉沉了：黯淡的水光，像梦一般；那偶然闪烁着的光芒，就是梦的眼睛了。我们坐在舱前，因了那隆起的顶棚，仿佛总是昂着首向前走着似的；于是飘飘然如御风而行的我们，看着那些自在的湾泊着的船，船里走马灯般的人物，便像是下界一般，迢迢的远了，又像在雾里看花，尽朦朦胧胧的。这时我们已过了利涉桥，望见东关头了。沿路听见断续的歌声：有从沿河的妓楼飘来的，有从河上船里度来的。我们明知那些歌声，只是些因袭的言词，从生涩的歌喉里机械的发出来的；但它们经了夏夜的微风的吹漾和水波的摇拂，袅娜着到我们耳边的时候，已经不单是她们的歌声，而混着微风和河水的密语了。于是我们不得不被牵惹着，震撼着，相与浮沉于这歌声里了。从东关头转湾，不久就到大中桥。大中桥共有三个桥拱，都很阔大，俨然是三座门儿；使我们觉得我们的船和船里的我们，在桥下过去时，真是太无颜色了。桥砖是深褐色，表明它的历史的长久；但都完好无缺，令人太息于古昔工程的坚美。桥上两旁都是木壁的房子，中间应该有街路？这些房子都破旧了，多年烟熏的迹，遮没了当年的美丽。我想象秦淮河的极盛时，在这样宏阔的桥上，特地盖了房子，必然是鬈漆得富富丽丽的；晚间必然是灯火通明的。现在却只剩下一片黑沉沉！但是桥上造着房子，毕竟使我们多少可以想见往日的繁华；这也慰情聊胜无了。过了大中桥，便到了灯月交辉，笙歌彻夜的秦淮河；这才是秦淮河的真面目哩。

大中桥外，顿然空阔，和桥内两岸排着密密的人家的大异了。一眼望去，疏疏的林，淡淡的月，衬着蓝蔚的天，颇像荒江野渡光景；那边呢，郁丛丛的，阴森森的，又似乎藏着无边的黑暗：令人几乎不信那是繁华的秦淮河了。但是河中眩晕着的灯光，纵横着的画舫，悠扬着的笛韵，夹着那吱吱的胡琴声，终于使我们认识绿如茵陈酒的秦淮水了。此地天裸露着的多些，故觉夜来的独迟些；从清清的水影里，我们感到的只是薄薄的夜——这正是秦淮河的夜。大中桥外，本来还有一座复成桥，是船夫口中的我们的游踪尽处，或也是秦淮河繁华的尽处了。我的脚曾踏过复成桥的脊，在十三四岁的时候。但是两次游秦淮河，却都不曾见着复成桥的面；明知总在前途的，却常觉得有些虚无缥缈似的。我想，不见倒也好。这时正是盛夏。我们下船后，借着新生的晚凉和河上的微风，暑气已渐渐销散；到了此地，豁然开朗，身子顿然轻了——习习的清风荏苒在面上，手上，衣上，这便又感到了一缕新凉了。南京的日光，大概没有杭州猛烈；西湖的夏夜老是热蓬蓬的，水像沸着一般，秦淮河的水却尽是这样冷冷地绿着。任你人影的憧憧，歌声的扰扰，总像隔着一层薄薄的绿纱面幂似的；它尽是这样静静的，冷冷的绿着。我们出了大中桥，走不上半里路，船夫便将船划到一旁，停了桨由它宕着。他以为那里正是繁华的极点，再过去就是荒凉了；所以让我们多多赏鉴一会儿。他自己却静静的蹲着。他是看惯这光景的了，大约只是一个无可无不可。这无可无不可，无论是升的沉的，总之，都比我们高了。

那时河里闹热极了；船大半泊着，小半在水上穿梭似的来往。停泊着的都在近市的那一边，我们的船自然也夹在其中。因为这边略略的挤，便觉得那边十分的疏了。在每一只船从那边过去时，我们能画出它的轻轻的影和曲曲的波，在我们的心上；这显着是空，且显着是静了。那时处处都是歌声和凄厉的胡琴声，圆润的喉咙，确乎是很少的。但那生涩的，尖脆的调子能使人有少年的，粗率不拘的感觉，也正可快我们的意。况且多少隔开些儿听着，因为想象与渴慕的做美，总觉更有滋味；而竞发的喧嚣，抑扬的不齐，远近的杂沓，和乐器的嘈嘈切切，合成另一意味的谐音，也使我们无所适从，如随着大风而走。这实在因为我们的心枯涩久了，变为脆弱；故偶然润泽一下，便疯狂似的不能自主了。但秦淮河确也腻人。即如船里的人面，无论是和我们一堆儿泊着的，无论是从我们眼前过去的，总是模模糊糊的，甚至渺渺茫茫的；任你张圆了眼睛，揩净了眦垢，也是枉然。这真够人想呢。在我们停泊的地方，灯光原是纷然的；不过这些灯光都是黄而有晕的。黄已经不能明了，再加上了晕，便更不成了。灯愈多，晕就愈甚；在繁星般的黄的交错里，秦淮河仿佛笼上了一团光雾。光芒与雾气腾腾的晕着，什么都只剩了轮廓了；所以人面的详细的曲线，便消失于我们的眼底了。但灯光究竟夺不了那边的月色；灯光是浑的，月色是清的，在浑沌的灯光里，渗入了一派清辉，却真是奇迹！那晚月儿已瘦削了两三分。她晚妆才罢，盈盈的上了柳梢头。天是蓝得可爱，仿佛一汪水似的；月儿便更出落得精神了。岸上原有三株两株的垂杨树，淡淡的影子，在水里摇曳着。它们那柔细的枝条浴着月光，就像一支支美人的臂膊，交互的缠着，挽着；又像是月儿披着的发。而月儿偶然也从它们的交叉处偷偷窥看我们，大有小姑娘怕羞的样子。岸上另有几株不知名的老树，光光的立着；在月光里照起来，却又俨然是精神矍铄的老人。远处——快到天际线了，才有一两片白云，亮得现出异彩，像美丽的贝壳一般。白云下便是黑黑的一带轮廓；是一条随意画的不规则的曲线。这一段光景，和河中的风味大异了。但灯与月竟能并存着，交融着，使月成了缠绵的月，灯射着渺渺的灵辉；这正是天之所以厚秦淮河，也正是天之所以厚我们了。

这时却遇着了难解的纠纷。秦淮河上原有一种歌妓，是以歌为业的。从前都在茶舫上，唱些大曲之类。每日午后一时起；什么时候止，却忘记了。晚上照样也有一回。也在黄晕的灯光里。我从前过南京时，曾随着朋友去听过两次。因为茶舫里的人脸太多了，觉得不大适意，终于听不出所以然。前年听说歌妓被取缔了，不知怎的，颇涉想了几次——却想不出什么。这次到南京，先到茶舫上去看看，觉得颇是寂寥，令我无端的怅怅了。不料她们却仍在秦淮河里挣扎着，不料她们竟会纠缠到我们，我于是很张皇了。她们也乘着"七板子"，她们总是坐在舱前的。舱前点着石油汽灯，光亮眩人眼目：坐在下面的，自然是纤毫毕见了——引诱客人们的力量，也便在此了。舱里躲着乐工等人，映着汽灯的余辉蠕动着；他们是永远不被注意的。每船的歌妓大约都是二人；天色一黑，她们的船就在大中桥外往来不息的兜生意。无论行着的船，泊着的船，都要来兜揽的。这都是我后来推想出来的。那晚不知怎样，忽然轮着我们的船了。我们的船好好的停着，一只歌舫划向我们来的；渐渐和我们的船并着了。铮铮的灯光逼得我们皱起了眉头；我们的风尘色全给它托出来了，这使我踟蹰不安了。那时一个伙计跨过船来，拿着摊开的歌折，就近塞向我的手里，说，"点几出吧"！他跨过来的时候，我们船上似乎有许多眼光跟着。同时相近的别的船上也似乎有许多眼睛炯炯的向我们船上看着。我真窘了！我也装出大方的样子，向歌妓们瞥了一眼，但究竟是不成的！我勉强将那歌折翻了一翻，却不曾看清了几个字；便赶紧递还那伙计，一面不好意思地说，"不要，我们……不要。"他便塞给平伯。平伯掉转头去，摇手说，"不要！"那人还腻着不走。平伯又回过脸来，摇着头道，"不要！"于是那人重到我处。我窘着再拒绝了他。他这才有所不屑似的走了。我的心立刻放下，如释了重负一般。我们就开始自白了。

我说我受了道德律的压迫，拒绝了她们；心里似乎很抱歉的。这所谓抱歉，一面对于她们，一面对于我自己。她们于我们虽然没有很奢的希望；但总有些希望的。我们拒绝了她们，无论理由如何充足，却使她们的希望受了伤；这总有几分不做美了。这是我觉得很怅怅的。至于我自己，更有一种不足之感。我这时被四面的歌声诱惑了，降服了；但是远远的，远远的歌声总仿佛隔着重衣搔痒似的，越搔越搔不着痒处。我于是憧憬着贴耳的妙音了。在歌舫划来时，我的憧憬，变为盼望；我固执的盼望着，有如饥渴。虽然从浅薄的经验里，也能够推知，那贴耳的歌声，将剥去了一切的美妙；但一个平常的人像我的，谁愿凭了理性之力去丑化未来呢？我宁愿自己骗着了。不过我的社会感性是很敏锐的；我的思力能拆穿道德律的西洋镜，而我的感情却终于被它压服着，我于是有所顾忌了，尤其是在众目昭彰的时候。道德律的力，本来是民众赋予的；在民众的面前，自然更显出它的威严了。我这时一面盼望，一面却感到了两重的禁制：一，在通俗的意义上，接近妓者总算一种不正当的行为；二，妓是一种不健全的职业，我们对于她们，应有哀矜勿喜之心，不应赏玩的去听她们的歌。在众目睽睽之下，这两种思想在我心里最为旺盛。她们暂时压倒了我的听歌的盼望，这便成就了我的灰色的拒绝。那时的心实在异常状态中，觉得颇是昏乱。歌舫去了，暂时宁靖之后，我的思绪又如潮涌了。两个相反的意思在我心头往复：卖歌和卖淫不同，听歌和狎妓不同，又干道德甚事？——但是，但是，她们既被逼的以歌为业，她们的歌必无艺术味的；况她们的身世，我们究竟该同情的。所以拒绝倒也是正办。但这些意思终于不曾撇开我的听歌的盼望。它力量异常坚强；它总想将别的思绪踏在脚下。从这重重的争斗里，我感到了浓厚的不足之感。这不足之感使我的心盘旋不安，起坐都不安宁了。唉！我承认我是一个自私的人！平伯呢，却与我不同。他引周启明先生的诗，"因为我有妻子，所以我爱一切的女人，因为我有子女，所以我爱一切的孩子。"他的意思可以见了。他因为推及的同情，爱着那些歌妓，并且尊重着她们，所以拒绝了她们。在这种情形下，他自然以为听歌是对于她们的一种侮辱。但他也是想听歌的，虽然不和我一样，所以在他的心中，当然也有一番小小的争斗；争斗的结果，是同情胜了。至于道德律，在他是没有什么的；因为他很有蔑视一切的倾向，民众的力量在他是不大觉着的。这时他的心意的活动比较简单，又比较松弱，故事后还怡然自若；我却不能了。这里平伯又比我高了。

在我们谈话中间，又来了两只歌舫。伙计照前一样的请我们点戏，我们照前一样的拒绝了。我受了三次窘，心里的不安更甚了。清艳的夜景也为之减色。船夫大约因为要赶第二趟生意，催着我们回去；我们无可无不可的答应了。我们渐渐和那些晕黄的灯光远了，只有些月色冷清清的随着我们的归舟。我们的船竟没个伴儿，秦淮河的夜正长哩！到大中桥近处，才遇着一只来船。这是一只载妓的板船，黑漆漆的没有一点光。船头上坐着一个妓女；暗里看出，白地小花的衫子，黑的下衣。她手里拉着胡琴，口里唱着青衫的调子。

她唱得响亮而圆转；当她的船箭一般驶过去时，余音还袅袅的在我们耳际，使我们倾听而向往。想不到在弩末的游踪里，还能领略到这样的清歌！这时船过大中桥了，森森的水影，如黑暗张着巨口，要将我们的船吞了下去，我们回顾那渺渺的黄光，不胜依恋之情；我们感到了寂寞了！这一段地方夜色甚浓，又有两头的灯火招邀着；桥外的灯火不用说了，过了桥另有东关头疏疏的灯火。我们忽然仰头看见依人的素月，不觉深悔归来之早了！走过东关头，有一两只大船湾泊着，又有几只船向我们来着。嚣嚣的一阵歌声人语，仿佛笑我们无伴的孤舟哩。东关头转湾，河上的夜色更浓了；临水的妓楼上，时时从帘缝里射出一线一线的灯光；仿佛黑暗从酣睡里眨了一眨眼。我们默然的对着，静听那汩——汩的桨声，几乎要入睡了；朦胧里却温寻着适才的繁华的余味。我那不安的心在静里愈显活跃了！这时我们都有了不足之感，而我的更其浓厚。我们却只不愿回去，于是只能由懊悔而怅惘了。船里便满载着怅惘。直到利涉桥下，微微嘈杂的人声，才使我豁然一惊；那光景却又不同。右岸的河房里，都大开了窗户，里面亮着晃晃的电灯，电灯的光射到水上，蜿蜒曲折，闪闪不息，正如跳舞着的仙女的臂膊。我们的船已在她的臂膊里了；如睡在摇篮里一样，倦了的我们便又入梦了。那电灯下的人物，只觉像蚂蚁一般，更不去萦念。这是最后的梦；可惜是最短的梦！黑暗重复落在我们面前，我们看见傍岸的空船上一星两星的，枯燥无力又摇摇不定的灯光。我们的梦醒了，我们知道就要上岸了；我们心里充满了幻灭的情思。

导读

本文记叙了夏夜泛舟秦淮河的见闻感受，作者在声光色彩的协奏中，敏锐地捕捉到了秦淮河不同时地、不同情境中的绰约风姿，引发人思古之幽情。富有诗情画意是文章的最大特色，秦淮河在作者笔下如诗、如画、如梦一般。作者的笔触是细致的，描绘秦淮河风光时，不求气势豪放，而以精巧展现美，具体细腻地描绘秦淮河的秀丽安逸，充分体现了作者细致的描写手法。作者从现实走进历史回忆，从形态与神态两方面唤醒了秦淮河。

作者将自然景色、历史影像、真实情感融合起来，洋溢着一股真挚深沉而又细腻的感情，给人以眷恋思慕、追怀的感受。文中展现了一幅令人缅怀的桨声灯影里的秦淮河景。

作者介绍

朱自清（1898 年～1948 年），字佩弦，号秋实。生于江苏省东海县。1916 年考入北京大学哲学系，1920 年毕业后在江苏、浙江多所中学教书。他在大学学习和中学任教时期开始了新诗创作。1923 年发表长诗《毁灭》，影响很大。1925 年任清华大学教授，开始创作散文并致力于古典文学的研究。1928 年出版第一本散文集《背影》，成了著名散文作家。1937 年抗日战争爆发后，南下任西南联大教授。

思考与练习

1. 找出并阅读俞平伯的同名散文，试比较分析两篇文章风格的不同之处。
2. 作者通过景色描写寄寓了他怎样的人生态度和情感状态？

第四节 现代戏剧

雷雨（节选）

曹禺

❧ 原文

朴园点着一枝吕宋烟，看见桌上的雨衣。

朴 （向鲁妈）这是太太找出来的雨衣吗？

鲁 （看着他）大概是的。

朴 （拿起看看）不对，不对，这都是新的。我要我的旧雨衣，你回头跟太太说。

鲁 嗯。

朴 （看她不走）你不知道这间房子底下人不准随便进来么？

鲁 （看着他）不知道，老爷。

朴 你是新来的下人？

鲁 不是的，我找我的女儿来的。

朴 你的女儿？

鲁 四凤是我的女儿。

朴 那你走错屋子了。

鲁 哦。——老爷没有事了？

朴 （指窗）窗户谁叫打开的？

鲁 哦。（很自然地走到窗户，关上窗户，慢慢地走向中门。）

朴 （看她关好窗门，忽然觉得她很奇怪）你站一站，（鲁妈停）你——你贵姓？

鲁 我姓鲁。

朴 姓鲁。你的口音不像北方人。

鲁 对了，我不是，我是江苏的。

朴 你好像有点无锡口音。

鲁 我自小就在无锡长大的。

朴 （沉思）无锡？嗯，无锡（忽而）你在无锡是什么时候？

鲁 光绪二十年，离现在有三十多年了。

朴 哦，三十年前你在无锡？

鲁 是的，三十多年前呢，那时候我记得我们还没有用洋火呢。

朴 （沉思）三十多年前，是的，很远啦，我想想，我大概是二十多岁的时候。那时候

204

我还在无锡呢。

鲁　老爷是那个地方的人？

朴　嗯，（沉吟）无锡是个好地方。

鲁　哦，好地方。

朴　你三十年前在无锡么？

鲁　是，老爷。

朴　三十年前，在无锡有一件很出名的事情——

鲁　哦。

朴　你知道么？

鲁　也许记得，不知道老爷说的是哪一件？

朴　哦，很远的，提起来大家都忘了。

鲁　说不定，也许记得的。

朴　我问过许多那个时候到过无锡的人，我想打听打听。可是呢个时候在无锡的人，到现在不是老了就是死了，活着的多半是不知道的，或者忘了。

鲁　如若老爷想打听的话，无论什么事，无锡那边我还有认识的人，虽然许久不通音信，托他们打听点事情总还可以的。

朴　我派人到无锡打听过。——不过也许凑巧你会知道。三十年前在无锡有一家姓梅的。

鲁　姓梅的？

朴　梅家的一个年轻小姐，很贤慧，也很规矩，有一天夜里，忽然地投水死了，后来，后来，——你知道么？

鲁　不敢说。

朴　哦。

鲁　我倒认识一个年轻的姑娘姓梅的。

朴　哦？你说说看。

鲁　可是她不是小姐，她也不贤慧，并且听说是不大规矩的。

朴　也许，也许你弄错了，不过你不妨说说看。

鲁　这个梅姑娘倒是有一天晚上跳的河，可是不是一个，她手里抱着一个刚生下三天的男孩。听人说她生前是不规矩的。

朴　（苦痛）哦！

鲁　这是个下等人，不很守本分的。听说她跟那时周公馆的少爷有点不清白，生了两个儿子。生了第二个，才过三天，忽然周少爷不要了她，大孩子就放在周公馆，刚生的孩子抱在怀里，在年三十夜里投河死的。

朴　（汗涔涔地）哦。

鲁　她不是小姐，她是无锡周公馆梅妈的女儿，她叫侍萍。

朴　（抬起头来）你姓什么？

鲁　我姓鲁，老爷。

朴　（喘出一口气，沉思地）侍萍，侍萍，对了。这个女孩子的尸首，说是有一个穷人见着埋了。你可以打听得她的坟在哪儿么？

鲁　老爷问这些闲事干什么？

朴　这个人跟我们有点亲戚。

鲁　亲戚？

朴　嗯，——我们想把她的坟墓修一修。

鲁　哦——那用不着了。

朴　怎么？

鲁　这个人现在还活着。

朴　（惊愕）什么？

鲁　她没有死。

朴　她还在？不会吧？我看见她河边上的衣服，里面有她的绝命书。

鲁　不过她被一个慈善的人救活了。

朴　哦，救活啦？

鲁　以后无锡的人是没见着她，以为她那夜晚死了。

朴　那么，她呢？

鲁　一个人在外乡活着。

朴　那个小孩呢？

鲁　也活着。

朴　（忽然立起）你是谁？

鲁　我是这儿四凤的妈，老爷。

朴　哦。

鲁　她现在老了，嫁给一个下等人，又生了个女孩，境况很不好。

朴　你知道她现在在哪儿？

鲁　我前几天还见着她！

朴　什么？她就在这儿？此地？

鲁　嗯，就在此地。

朴　哦！

鲁　老爷，你想见一见她么？

朴　不，不，谢谢你。

鲁　她的命很苦。离开了周家，周家少爷就娶了一位有钱有门第的小姐。她一个单身人，无亲无故，带着一个孩子在外乡什么事都做，讨饭，缝衣服，当老妈，在学校里伺候人。

朴　她为什么不再找到周家？

鲁　大概她是不愿意吧？为着她自己的孩子，她嫁过两次。

朴　以后她又嫁过两次？

鲁　嗯，都是很下等的人。她遇人都很不如意，老爷想帮一帮她么？

朴　好，你先下去。让我想一想。

鲁　老爷，没有事了？（望着朴园，眼泪要涌出）老爷，您那雨衣，我怎么说？

朴　你去告诉四凤，叫她把我樟木箱子里那件旧雨衣拿出来，顺便把那箱子里的几件旧衬衣也捡出来。

鲁　旧衬衣？

朴　你告诉她在我那顶老的箱子里，纺绸的衬衣，没有领子的。

鲁　老爷那种纺绸衬衣不是一共有五件？您要哪一件？

朴　要哪一件？

鲁　不是有一件，在右袖襟上有个烧破的窟窿，后来用丝线绣成一朵梅花补上的？还有一件，——

朴　（惊愕）梅花？

鲁　还有一件绸衬衣，左袖襟也绣着一朵梅花，旁边还绣着一个萍字。还有一件，——

朴　（徐徐立起）哦，你，你，你是——

鲁　我是从前伺候过老爷的下人。

朴　哦，侍萍！（低声）怎么，是你？

鲁　你自然想不到，侍萍的相貌有一天也会老得连你都不认识了。

朴　你——侍萍？（不觉地望望柜上的相片，又望鲁妈。）

鲁　朴园，你找侍萍么？侍萍在这儿。

朴　（忽然严厉地）你来干什么？

鲁　不是我要来的。

朴　谁指使你来的？

鲁　（悲愤）命！不公平的命指使我来的。

朴　（冷冷地）三十年的工夫你还是找到这儿来了。

鲁　（愤怨）我没有找你，我没有找你，我以为你早死了。我今天没想到到这儿来，这是天要我在这儿又碰见你。

朴　你可以冷静点。现在你我都是有子女的人，如果你觉得心里有委屈，这么大年纪，我们先可以不必哭哭啼啼的。

鲁　哭？哼，我的眼泪早哭干了，我没有委屈，我有的是恨，是悔，是三十年一天一天我自己受的苦。你大概已经忘了你做的事了！三十年前，过年三十的晚上我生下你的第二个儿子才三天，你为了要赶紧娶那位有钱有门第的小姐，你们逼着我冒着大雪出去，要我离开你们周家的门。

朴　从前的恩怨，过了几十年，又何必再提呢？

鲁　那是因为周大少爷一帆风顺，现在也是社会上的好人物。可是自从我被你们家赶出来以后，我没有死成，我把我的母亲可给气死了，我亲生的两个孩子你们家里逼着我留在你们家里。

朴　你的第二个孩子你不是已经抱走了么？

鲁　那是你们老太太看着孩子快死了，才叫我抱走的。（自语）哦，天哪，我觉得我像在做梦。

朴　我看过去的事不必再提起来吧。

鲁　我要提，我要提，我闷了三十年了！你结了婚，就搬了家，我以为这一辈子也见不着你了；谁知道我自己的孩子个个命定要跑到周家来，又做我从前在你们家做过的事。

朴　怪不得四凤这样像你。

鲁　我伺候你，我的孩子再伺候你生的少爷们。这是我的报应，我的报应。

朴　你静一静。把脑子放清醒点。你不要以为我的心是死了，你以为一个人做了一件于心不忍的是就会忘了么？你看这些家俱都是你从前顶喜欢的动向，多少年我总是留着，为着纪念你。

鲁　（低头）哦。

朴　你的生日——四月十八——每年我总记得。一切都照着你是正式嫁过周家的人看，甚至于你因为生萍儿，受了病，总要关窗户，这些习惯我都保留着，为的是不忘你，弥补我的罪过。

鲁　（叹一口气）现在我们都是上了年纪的人，这些傻话请你不必说了。

朴　那更好了。那么我见可以明明白白地谈一谈。

鲁　不过我觉得没有什么可谈的。

朴　话很多。我看你的性情好像没有大改，——鲁贵像是个很不老实的人。

鲁　你不明白。他永远不会知道的。

朴　那双方面都好。再有，我要问你的，你自己带走的儿子在哪儿？

鲁　他在你的矿上做工。

朴　我问，他现在在哪儿？

鲁　就在门房等着见你呢。

朴　什么？鲁大海？他！我的儿子？

鲁　他的脚趾头因为你的不小心，现在还是少一个的。

朴　（冷笑）这么说，我自己的骨肉在矿上鼓励罢工，反对我！

鲁　他跟你现在完完全全是两样的人。

朴　（沉静）他还是我的儿子。

鲁　你不要以为他还会认你做父亲。

朴　（忽然）好！痛痛快快地！你现在要多少钱吧？

鲁　什么？

朴　留着你养老。

鲁　（苦笑）哼，你还以为我是故意来敲诈你，才来的么？

朴　也好，我们暂且不提这一层。那么，我先说我的意思。你听着，鲁贵我现在要辞退的，四凤也要回家。不过——

鲁　你不要怕，你以为我会用这种关系来敲诈你么？你放心，我不会的。大后天我就会带四凤回到我原来的地方。这是一场梦，这地方我绝对不会再住下去。

朴　好得很，那么一切路费，用费，都归我担负。

鲁　什么？

朴　这于我的心也安一点。

鲁　你？（笑）三十年我一个人都过了，现在我反而要你的钱？

朴　好，好，好，那么你现在要什么？

鲁　（停一停）我，我要点东西。

朴　什么？说吧？

鲁　（泪满眼）我——我只要见见我的萍儿。

朴　你想见他？

鲁　嗯，他在哪儿？

朴　他现在在楼上陪着他的母亲看病。我叫他，他就可以下来见你。不过是——

鲁　不过是什么？

朴　他很大了。

鲁　（追忆）他大概是二十八了吧？我记得他比大海只大一岁。

朴　并且他以为他母亲早就死了的。

鲁　哦，你以为我会哭哭啼啼地叫他认母亲么？我不会那么傻的。我难道不知道这样的母亲只给自己的儿子丢人么？我明白他的地位，他的教育，不容他承认这样的母亲。这些年我也学乖了，我只想看看他，他究竟是我生的孩子。你不要怕，我就是告诉他，白白地增加他的烦恼，他自己也不愿意认我的。

朴　那么，我们就这样解决了。我叫他下来，你看一看他，以后鲁家的人永远不许再到周家来。

鲁　好，希望这一生不至于再见你。

朴　（由衣内取出皮夹的支票签好）很好，这一张五千块钱的支票，你可以先拿去用。算是弥补我一点罪过。

鲁　（接过支票）谢谢你。（慢慢撕碎支票）

朴　侍萍。

鲁　我这些年的苦不是你那钱就算得清的。

朴　可是你——

[外面争吵声。鲁大海的声音：“放开我，我要进去。”三四个男仆声：“不成，不成，老爷睡觉呢。”门外有男仆等与大海的挣扎声。]

朴　（走至中门）来人！（仆人由中门进）谁在吵？

仆人　就是那个工人鲁大海！他不讲理，非见老爷不可。

朴　哦。（沉吟）那你叫他进来吧。等一等，叫人到楼上请大少爷下楼，我有话问他。

仆人　是，老爷。

[仆人由中门下。]

朴　（向鲁妈）侍萍，你不要太固执。这一点钱你不收下，将来你会后悔的。

鲁　（望着他，一句话也不说。）

[仆人领着大海进，大海站在左边，三四仆人立一旁。]

大　（见鲁妈）妈，您还在这儿？

朴　（打量鲁大海）你叫什么名字？

大 （大笑）董事长，您不要向我摆架子，您难道不知道我是谁么？

朴 你？我只知道你是罢工闹得最凶的工人代表。

太对了，一点儿也不错，所以才来拜望拜望您。

朴 你有什么事吧？

大 董事长当然知道我是为什么来的。

朴 （摇头）我不知道。

大 我们老远从矿上来，今天我又在您府上大门房里从早上六点钟一直等到现在，我就是要问问董事长，对于我么工人的条件，究竟是允许不允许？

朴 哦，那么——那么，那三个代表呢？

大 我跟你说吧，他们现在正在联络旁的工会呢。

朴 哦，——他们没告诉旁的事情么？

大 告诉不告诉于你没有关系。——我问你，你的意思，忽而软，忽而硬，究竟是怎么回子？

[周萍由饭厅上，见有人，即想退回。]

朴 （看萍）不要走，萍儿！（视鲁妈，鲁妈知萍为其子，眼泪汪汪地望着他。）

萍 是，爸爸。

朴 （指身侧）萍儿，你站在这儿。（向大海）你这么只凭意气是不能交涉事情的。

大 哼，你们的手段，我都明白。你们这样拖延时候不就是想去花钱收买少数不要脸的败类，暂时把我们骗在这儿。

朴 你的见地也不是没有道理。

大 可是你完全错了。我们这次罢工是有团结的，有组织的。我们代表这次来并不是来求你们。你听清楚，不求你们。你们允许就允许；不允许，我们一直罢工到底，我们知道你们不到两个月整个地就要关门的。

朴 你以为你们那些代表们，那些领袖们都可靠吗？

大 至少比你们只认识洋钱的结合要可靠得多。

朴 那么我给你一件东西看。

[朴园在桌上找电报，仆人递给他；此时周冲偷偷由左书房进，在旁偷听。]

朴 （给大海电报）这是昨天从矿上来的电报。

大 （拿过去看）什么？他们又上工了。（放下电报）不会，不会。

朴 矿上的工人已经在昨天早上复工，你当代表的反而不知道么？

大 （惊，怒）怎么矿上警察开枪打死三十个工人就白打了么？（又看电报，忽然笑起来）哼，这是假的。你们自己假作的电报来离间我们的。（笑）哼，你们这种卑鄙无赖的行为！

萍 （忍不住）你是谁？敢在这儿胡说？

朴 萍儿！没有你的话。（低声向大海）你就这样相信你那同来的代表么？

大 你不用多说，我明白你这些话的用意。

朴 好，那我把那复工的合同给你瞧瞧。

大　（笑）你不要骗小孩子，复工的合同没有我们代表的签字是不生效力的。

朴　哦，（向仆）合同！（仆由桌上拿合同递他）你看，这是他们三个人签字的合同。

大　（看合同）什么？（慢慢地，低声）他们三个人签了字。他们怎么会不告诉我就签了字呢？他们就这样把我不理啦？

朴　对了，傻小子，没有经验只会胡喊是不成的。

大　那三个代表呢？

朴　昨天晚车就回去了。

大　（如梦初醒）他们三个就骗了我了，这三个没有骨头的东西，他们就把矿上的工人们卖了。哼，你们这些不要脸的董事长，你们的钱这次又灵了。

萍　（怒）你混帐！

朴　不许多说话。（回头向大海）鲁大海，你现在没有资格跟我说话——矿上已经把你开除了。

大　开除了？

冲　爸爸，这是不公平的。

朴　（向冲）你少多嘴，出去！（冲由中门走下）

大　哦，好，好，（切齿）你的手段我早就领教过，只要你能弄钱，你什么都做得出来。你叫警察杀了矿上许多工人，你还——

朴　你胡说！

鲁　（至大海前）别说了，走吧。

大　哼，你的来历我都知道，你从前在哈尔滨包修江桥，故意在叫江堤出险——

朴　（低声）下去！

［仆人等啦他，说"走！走！"］

大　（对仆人）你们这些混帐东西，放开我。我要说，你故意淹死了二千二百个小工，每一个小工的性命你扣三百块钱！姓周的，你发的是绝子绝孙的昧心财！你现在还——

萍　（忍不住气，走到大海面前，重重地大他两个嘴巴。）你这种混帐东西！（大海立刻要还手，倒是被周宅的仆人们拉住。）打他。

大　（向萍高声）你，你（正要骂，仆人一起打大海。大海头流血。鲁妈哭喊着护大海。）

朴　（厉声）不要打人！（仆人们停止打大海，仍拉着大海的手。）

大　放开我，你们这一群强盗！

萍　（向仆人）把他拉下去。

鲁　（大哭起来）哦，这真是一群强盗！（走至萍前，抽咽）你是萍，——凭，——凭什么打我的儿子？

萍　你是谁？

鲁　我是你的——你打的这个人的妈。

大　妈，别理这东西，您小心吃了他们的亏。

鲁　（呆呆地看着萍的脸，忽而又大哭起来）大海，走吧，我们走吧。（抱着大海受伤的头哭。）

导读

《雷雨》所展示的是一幕人生大悲剧，两个家庭八个人物在短短一天之内发生的故事，却牵扯了过去的恩恩怨怨，剪不断，理还乱。狭小的舞台上不仅凸显了伦常的矛盾、阶级的矛盾，还有个体对于环境和时代强烈不协调的矛盾，在种种剧烈的冲突中完成了人物的塑造，其实悲剧早已潜伏在每一句台词、每一个伏笔中，只是到最后时分才终于爆发出来，化作一场倾盆雷雨，无比强烈地震撼了每个人的灵魂。

剧本以扣人心弦的情节、简练含蓄的语言、各具特色的人物和极为丰富的潜台词，如刀刃一般在读者的心弦上缓缓滑过，那抖颤而出的余音，至今未息。

作者介绍

曹禺（1910 年～1996 年），原名万家宝，字小石，中国现代杰出的戏剧家，著有《雷雨》、《日出》、《原野》、《北京人》等著名作品，他一生共写过 8 部剧本。曹禺祖籍湖北潜江。"曹禺"是他在 1926 年发表小说时第一次使用的笔名（因姓氏"万"的繁体字的"草"字头谐音"曹"）。

思考与练习

1. 找出这一幕的矛盾焦点。
2. 理清周、鲁两家人物之间的关系。

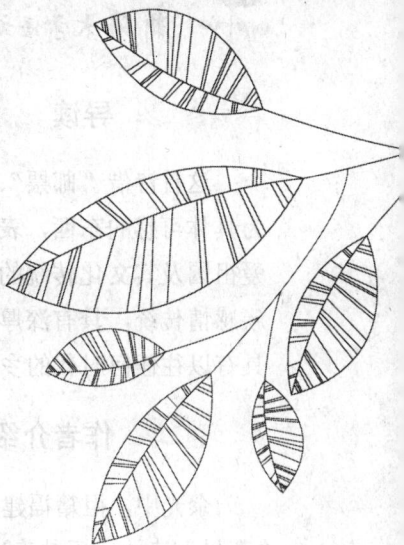

第九章 中国当代文学

乡 愁

余光中

原文

小时候，
乡愁是一枚小小的邮票，
我在这头，
母亲在那头。
长大后，
乡愁是一张窄窄的船票，
我在这头，
新娘在那头。
后来啊，
乡愁是一方矮矮的坟墓，
我在外头，
母亲在里头。
而现在，
乡愁是一湾浅浅的海峡，
我在这头，
大陆在那头。

导读

这首诗借"邮票"、"船票"、"坟墓"、"海峡"这些具体的实物，把抽象的乡愁具体化为具体可感的东西，表达了作者渴望与亲人团聚、渴望祖国统一的强烈愿望。作为一个挚爱祖国及其文化传统的中国诗人，作者的乡愁诗从内在感情上继承了我国古典诗歌中的民族感情传统，具有深厚的历史感与民族感，同时，代表着千千万万人的思乡情怀，客观上具有以往任何时代的乡愁所不可比拟的特定的广阔内容。

作者介绍

余光中，祖籍福建永春，1928 年生于江苏南京，1953 年，他与覃子豪、钟鼎文等共创"蓝星"诗社。后赴美进修，获爱荷华大学艺术硕士学位。余光中是个复杂而多变的诗人，他写作风格变化的轨迹基本上可以说是中国整个诗坛三十多年来的一个走向，即先西化后回归。20 世纪 70 年代中期的乡土文学论战中，余光中的诗论和作品都相当强烈地显示了主张西化、无视读者和脱离现实的倾向。80 年代后，写了许多动情的乡愁诗，显示了由西方回归东方的明显轨迹。从诗歌艺术上看，余光中是个"艺术上的多情主义诗人"。他的作品风格极不统一，表达意志和理想的诗，一般都显得壮阔铿锵，而描写乡愁和爱情的作品，一般都显得细腻而柔绵。著有诗集《舟子的悲歌》、《蓝色的羽毛》、《钟乳石》、《万圣节》、《白玉苦瓜》等十余种。

我记忆中的老舍[1]先生

季羡林

原文

老舍先生含冤逝世已经二十多年了。在这一段相当长的时间内，我经常想到他，想到的次数远远超过我认识他以后直至他逝世的三十多年。每次想到他，我都悲从中来。我悲的是中国失去一个热爱祖国、热爱人民的正直的大作家，我自己失去一位从年龄上看来算是师辈的和蔼可亲的老友。目前，我自己已经到了晚年，我的内心再也承受不住这一份悲痛，我也不愿意把它带着离开人间。我知道，原始人是颇为相信文字的神秘力量的，我从来没有这样相信过。但是，我现在宁愿作一个原始人，把我的悲痛和怀念转变成文字，也许这悲痛就能突然消逝掉，还我心灵的宁静，岂不是天大的好事吗？

我从高中时代起，就读老舍先生的著作，什么《老张的哲学》、《赵子曰》、《二马》，我都读过。到了大学以后，以及离开大学以后，只要他有新作出版，我一定先睹为快，什么《离婚》、《骆驼祥子》等等，我都认真读过。最初，由于水平的限制，他的著作我不敢说全都理解。可是我总觉得，他同别的作家不一样。他的语言生动幽默，是地道的北京话，间或也夹上一点山东俗语。他没有许多作家那种忸怩作态让人读了感到浑身难受的非常别扭的文体，一种新鲜活泼的力量跳动在字里行间。他的幽默也同林语堂之流的那种着意为之的幽默不同。总之，老舍先生成了我毕生最喜爱的作家之一，我对他怀有崇高的敬意。

但是，我认识老舍先生却完全出于一个偶然的机会。三十年代初，我离开了高中，到清华大学来念书。当时老舍先生正在济南齐鲁大学教书。济南是我的老家，每年暑假我都回去。李长之是济南人，他是我唯一的一个小学、中学、大学"三连贯"的同学。有一年暑假，他告诉我，他要在家里请老舍先生吃饭，要我作陪。在旧社会，大学教授架子一般都非常大，他们与大学生之间宛然是两个阶级。要我陪大学教授吃饭，我真有点受宠若惊。及至见到老舍先生，他却全然不是我心目中的那种大学教授。他谈吐自然，蔼然可亲，一点架子也没有，特别是他那一口地道的京腔，铿锵有致，听他说话，简直就像听音乐，是一种享受。从那以后，我们就算是认识了。

解放后，我在当时所谓故都又会见了老舍先生，上距第一次见面已经有二十多年了。

我现在已经记不清楚我们重逢时的情景。但是我却清晰地记得起五十年代初期召开的一次汉语规范化会议时的情景。当时语言学界的知名人士，以及曲艺界的名人，都被邀请参加，其中有侯宝林、马姊妹等等。老舍先生、叶圣陶先生、罗常培先生、吕叔湘先生、黎锦熙先生等等都参加了。这是解放后语言学界的第一盛会。当时还没有达到会议成灾的程度，因此大家的兴致都很高，会上的气氛也十分亲切融洽。

有一天中午，老舍先生忽然建议，要请大家吃一顿地道的北京饭。大家都知道，老舍先生是地道的北京人，他讲的地道的北京饭一定会是非常地道的，都欣然答应。老舍先生对北京人民生活之熟悉，是众所周知的。有人戏称他为"北京土地爷"。他结交的朋友，三教九流都有。他能一个人坐在酒缸旁，同洋车夫、旧警察等旧社会的"下等人"，开怀畅饮，亲密无间，宛如亲朋旧友，谁也感觉不到他是大作家、名教授、留洋的学士。能做到这一步的，并世作家中没有第二人。这样一位老北京想请大家吃北京饭，大家的兴致哪能不高涨起来呢？商议的结果是到西四砂锅居去吃白煮肉，当然是老舍先生做东。他同饭馆的经理一直到小伙计都是好朋友，因此饭菜极佳，服务周到。大家尽兴地饱餐了一顿。虽然是一顿简单的饭，然却令人毕生难忘。

还有一件小事，也必须在这里提一提。忘记了是哪一年了，反正我还住在城里翠花胡同没搬出城外。有一天，我到东安市场北门对门的一家著名的理发馆里去理发，猛然瞥见老舍先生也在那里，正躺在椅子上，下巴上白糊糊的一团肥皂泡沫，正让理发师刮脸。这不是谈话的好时机，只寒暄了几句，就什么也不说了。等我坐在椅子上时，从镜里看到他跟我打招呼，告别，看到他的身影走出门去。我理完发要付钱时，理发师说：老舍先生已经替我付过了。这样芝麻绿豆的小事殊不足以见老舍先生的精神；但是，难道也不足以见他这种细心体贴人的心情吗？

老舍先生的道德文章，光如日月，巍如山斗，用不着我来细加评论，我也没有那个能力。我现在写的都是一些小事。然而小中见大，于琐细中见精神，于平凡中见伟大，豹窥一斑，鼎尝一脔，不也能反映出老舍先生整个人格的一个缩影吗？

中国有一句俗话："好死不如赖活着。"这一句话道出了一个真理。一个人除非万不得已决不会自己抛掉自己的生命。印度梵文中"死"这个动词，变化形式同被动态一样。我一直觉得非常有趣，非常有意思。印度古代语法学家深通人情，才创造出这样一个形式，死几乎都是被动的。有几个人主动地去死呢？老舍先生走上自沉这一条道路，必有其不得已之处。有人说，人在临死前总会想到许多东西的，他会想到自己的一生的。可惜我还没有这个经验，只能在这里胡思乱想。当老舍先生徘徊在湖水岸边决心自沉时，眼望湖水茫茫，心里悲愤填膺，唤天天不应，唤地地不答，悠悠天地，仿佛只剩下自己孤身一人，他会想到自己的一生吧!这一生是忠诚于祖国、忠诚于人民的一生，然而到头来却落到这等地步。为什么呢？究竟是为什么呢？如果自己留在美国不回来，著书立说，优游自在，洋房、汽车、声名禄利，无一缺少。舒舒服服地过一辈子，说不定能寿登耄耋，富埒王侯。他不是为热爱自己的祖国母亲，才毅然历尽艰辛回来的吗？是今天祖国母亲无法庇护自己那远方归来的游子了呢？还是不愿意庇护了呢？我猜想，老舍先生决不会埋怨自己的祖国母亲，祖国母亲永远是可爱的，在任何情况下都是可爱的。他也决不会后悔回来的。但是，他确实有一些问题难以理解，他只有横下一条心，一死了之。这样的问题，我们今天又有谁能理解呢？我想，老舍先生还会想到自己的朋友。所有这些都是十分美好可爱的。对于这些难道他就一点也不留恋吗？决不会的，决不会的。但是，有种东西梗在他心中，像大毒蛇缠住了他，他只能纵身一跳，投入波心，让弥漫的湖水给自己带来解脱了。

两千多年以前，屈原自沉于汩罗江。他行吟泽畔，心里想的恐怕同老舍先生有类似之处吧。他想到："蝉翼为重，千钧为轻；黄钟毁弃，瓦釜雷鸣。"他又想到："世人皆浊我独清，众人皆醉我独醒。"难道老舍先生也这样想过吗？这样的问题，有谁能够答复我呢？恐怕到了地球末日也没有人能答复了。我在泪眼模糊中，看到老舍先生戴着眼镜，在和蔼地对我笑着；我耳朵里仿佛听到了他那铿锵有节奏的北京话。我浑身颤抖，连灵魂也在剧烈地震动。

呜呼！我欲无言。

1987 年 10 月 1 日晨

注释

[1] 老舍：中国现代小说家、戏剧家、著名作家，因作品很多，获得"人民艺术家"称号。原名舒庆春，字舍予。满族，北京人。作品收在《老舍文集》里。

[2] 鼎尝一脔：尝鼎片里一片肉，就可以知道整个鼎里的肉味，指从一些小事中认识事物的精髓。鼎，古代炊具，三足两耳。脔，切成块的肉。

导读

季羡林先生初次与老舍先生相识时，自己还是一个清华大学的学生，而老舍先生是齐鲁大学的教师教授。当时的教授社会地位很高，也有一定的经济地位，但老舍留给他的第一印象并不是高不可攀的教授形象，而是完全受到了朋友的礼遇。这对年轻的季羡林留下了非常深刻的印象，从此就更加敬重老舍先生。季先生对其评价的"老舍的人格是站得住的。"后来季先生表示在他的怀念老舍的文章里，用"感慨很多"这四个字都是无法表达的，因为他的感谢超过感慨。让我们从季先生这篇文章中一同感受，季羡林先生对于老舍先生到底是一种什么样的情感。

作者介绍

季羡林（1911年~2009年），字希逋，又字齐奘。中国语言学家、文学翻译家，教育家和社会活动家，精通12国语言。曾历任中国科学院哲学社会科学部委员、中国社科院南亚研究所所长、北京大学副校长。季羡林通晓梵语、巴利语、吐火罗语等语言，是世界上仅有的几位从事吐火罗语研究的学者之一。季羡林自1946年从德国回国，受聘北京大学，创建东方语文系，开拓中国东方学学术园地。在佛典语言、中印文化关系史、佛教史、印度史、印度文学和比较文学等领域，创获良多、著作等身，成为享誉海内外的东方学大师。

思考与练习

1. 从高中时代起，季羡林读老舍先生的著作，他总觉得，老舍先生的作品同别的作家不一样。作者认为老舍先生的作品与别的作家的不同主要体现在哪些方面呢？

2. 选文第二段说"及至见到老舍先生，他却全然不是我心目中的那种大学教授"。作者"心目中的那种大学教授"是怎样的形象？作者为什么会感到老舍先生"全然不是我心目中的那种大学教授"呢？

3. 作者在这篇文章中对老舍先生的回忆，没有写什么大事，全写了些"芝麻绿豆的小事"。作者这样选材有什么好处？

4. 作者在文中表达了对老舍先生怎么样的思想感情？

回 答

北 岛

原文

卑鄙是卑鄙者的通行证，
高尚是高尚者的墓志铭。
看吧，在那镀金的天空中，
飘满了死者弯曲的倒影。
冰川纪过去了，
为什么到处都是冰凌？
好望角发现了，

为什么死海里千帆相竞?
我来到这个世界上,
只带着纸、绳索和身影,
为了在审判之前,
宣读那些被判决的声音:
告诉你吧,世界,
我——不——相——信!
纵使你脚下有一千名挑战者,
那就把我算做第一千零一名。
我不相信天是蓝的;
我不相信雷的回声;
我不相信梦是假的;
我不相信死无报应。
如果海洋注定要决堤,
就让所有的苦水注入我心中;
如果陆地注定要上升,
就让人类重新选择生存的峰顶。
新的转机和闪闪的星斗,
正在缀满没有遮拦的天空,
那是五千年的象形文字,
那是未来人们凝视的眼睛。

导读

北岛的《回答》标志着朦胧诗时代的开始。诗中展现了悲愤之极的冷峻,以坚定的口吻表达了对暴力世界的怀疑。诗篇揭露了黑白混淆、是非颠倒的现实,对矛盾重重、险恶丛生的社会发出了愤怒的质疑,并庄严地向世界宣告了"我不相信"的回答。诗中既有直接的抒情和充满哲理的警句,又有大量语意曲折的象征、隐喻、比喻等,使诗作既明快、晓畅,又含蕴丰厚,具有强烈的震撼力。

通过象征、暗示,诗人的主观境界过渡到了诗的世界。象征作为一种艺术手法,在北岛的诗里被普遍运用,表明了诗人丰富的再造性想象力。

作者介绍

北岛,1949年出生,本名赵振开,曾用笔名北岛,石默。祖籍浙江湖州,生于北京。1978年前后,他和诗人芒克创办《今天》,成为朦胧诗的代表性诗人。北岛曾著有多种诗集,作品被译成20余种文字,先后获瑞典笔会文学奖、美国西部笔会中心自由写作奖、古根海姆奖学金等,并被选为美国艺术文学院终身荣誉院士。曾获得诺贝尔文学奖提名。

春之声

王蒙

原文

　　咣地一声，黑夜就到来了。一个昏黄的、方方的大月亮出现在对面墙上。岳之峰的心紧缩了一下，又舒张开了。车身在轻轻地颤抖。人们在轻轻地摇摆。多么甜蜜的童年的摇篮啊!夏天的时候，把衣服放在大柳树下，脱光了屁股的小伙伴们一跃跳进故乡的清凉的小河里，一个猛子扎出十几米，谁知道谁在哪里露出头来呢?谁知道被他慌乱中吞下的一口水里，包含着多少条蛤蟆蝌蚪呢?闭上眼睛，熟睡在闪耀着阳光和树影的涟漪之上，不也是这样轻轻地、轻轻地摇晃着的吗?失去了的和没有失去的童年和故乡，责备我么?欢迎我么?母亲的坟墓和正在走向坟墓的父亲!

　　方方的月亮在移动，消失，又重新诞生。唯一的小方窗里透进了光束，是落日的余辉还是站台的灯?为什么连另外三个方窗也遮严了呢?黑咕隆冬，好像紧接着下午便是深夜。门咣地一关，就和外界隔开了。那愈来愈响的声音是下起了冰雹吗?是铁锤砸在铁砧上?在黄土高原的乡下，到处还靠人打铁，我们祖国的胳膊有多么发达的肌肉!呵，当然，那只是车轮撞击铁轨的噪音，来自这一节铁轨与那一节铁轨之间的缝隙。目前不是正在流行一支轻柔的歌曲吗，叫作什么来着——《泉水叮呼响》。如果火车也叮咚叮咚地响起来呢?广州人可真会生活，不象这西北高原上，人的脸上和房屋的窗玻璃上到处都蒙着一层厚厚的黄土。广州人的凉棚下面，垂挂着许许多多三角形的瓷板，它们伴随着清风，发出叮叮咚咚的清音，愉悦着心灵。美国的抽象派音乐却叫人发狂。真不知道基辛格听我们的杨子荣咏叹调时有什么样的感受。就剧锣鼓里有噪音，所有的噪音都是令人不快的吗?反正火车开动以后的铁轮声给人以鼓舞和希望。下一站，或者下一站的下一站，或者许多许多的下一站以后的下一站，你所寻找的生活就在那里，母亲或者孩子，友人或者妻子，温热的澡盆或者丰盛的饮食正在那里等待着你。都是回家过年的。过春节，我们的古老的民族的最美好的节日，谢天谢地，现在全国人民都可以快快乐乐地过年了。再不会用"革命化"的名义取消春节了。

　　还真有趣。在出国考察三个月回来之后，在北京的高级宾馆里住了一阵——总结啦，汇报啦，接见啦，报告啦……之后，岳之峰接到了八十多岁的刚刚摘掉地主帽子的父亲的信。他决定回一趟阔别二十多年的家乡。这是不是个错误呢?他怎么也没想到要坐两个小时零四十七分钟的闷罐子车呀。三个小时以前，他还坐在从北京开往 X 城的三叉戟客机的宽敞、舒适的座位上。两个月以前，他还坐在驶向汉堡的易北河客轮上。现在呢，他和那些风尘仆仆的，在黑暗中看不清面容的旅客们挤在一起，就象沙丁鱼挤在罐头盒子里。甚至于他辨别不出火车到底是在向哪个方向行走。眼前只有那月亮似的光斑在飞速移动，火车的行驶究竟是和光斑方向相同抑或相反呢?他这个工程物理学家竟为这个连小学生都答得上来的、根本算不上是几何光学的问题伤了半天脑筋。

他已经有二十多年没有回过家乡了。谁让他错投了胎?地主,地主!一九五六年他回过一次家,一次就够用了——回家呆了四天,却检讨了二十二年!而伟人的一句话,也够人们学习贯彻一百年。使他惶惑的是,难道人生一世就是为了作检讨?难道他生在中华,就是为了作一辈子的检讨的么?好在这一切都过去了。斯图加特的奔驰汽车工厂的装配线在不停地转动,车间洁净敞亮,没有多少噪音。西门子公司规模巨大,具有一百三十年的历史。我们才刚刚起步。赶上,赶上!不管有多么艰难。哼,哼,哼,快点开,快点开,快开,快开,快,快,快,车轮的声音从低沉的三拍一小节变成两拍一小节,最后变成高亢的呼号了。闷罐子车也罢,正在快开。何况天上还有三叉戟。

尘土和纸烟的雾气中出现了旱烟叶发出的辣味,象是在给气管和肺作针灸。梅花针大概扎在肺叶上了。汗味就柔和得多了。方言的浓度在旱烟与汗味之间,既刺激,又亲切。还有南瓜的香味哩!谁在吃南瓜?X 城火车站前的广场上,没有见卖熟南瓜的呀。别的小吃和土特产倒是都有。花生、核桃、葵花籽、柿饼、醉枣、绿豆糕、山药、蕨麻……全有卖的。就象变戏法,举起一块红布,向左指上两指,这些东西就全没了,连火柴、电池、肥皂都跟着短缺。现在呢,一下子又都变了出来,也许伸手再抓两抓,还能抓出更多的财富。柿饼和枣朴质无华,却叫人甜到心里。岳之峰咬了一口上火车前买的柿饼,细细地咀嚼着儿时的甜香。辣味总是一下子就能尝到,甜味却埋得很深很深。要有耐心,要有善意,要有经验,要知觉灵敏。透过辛辣的烟草和热烘烘的汗味儿,岳之峰闻到了乡亲们携带的绿豆香。绿豆苗是可爱的,灰兔子也是可爱的,但是灰色的野兔常常要毁坏绿豆。为了追赶野兔,他和小柱子一口气跑了三里,跑得连树木带田袭都摇来摆去。在中秋的月夜,他亲眼见过一只银灰色的狐狸,走路悄无声息,象仙人,象梦。

车声小了,车声息了。人声大了,人声沸了。吭——哧,铁门打开了,女列车员——一个高个子,大骨架的姑娘正洒利地用家乡方言指挥下车和上车的乘客。"没有地方了,没有地方了。到别的车厢去吧,"已经在车上获得了自己的位置的人发出了这种无效的,也是自私的呼吁。上车的乘客正在拥上来,熙熙攘攘。到哪里都是熙熙攘攘。与我们的王府井相比,汉堡的街道上科可以说是看不见人,而且市区的人口还在减少。岳之峰从飞机场来到 X 城火车站的时候吓了一跳——黑压压的人头,压迫得白雪不白,冬青也不绿了。难道是出了什么事情?一九四六年学生运动,人们集合在车站广场,准备拦车去南京请愿,也没有这么多人!岳之峰上大学的时候在北平,有一次他去逛故宫博物院,刚刚下午四点就看不见人影了,阴森的大殿使他的后脊背冒凉气。他小跑着离开了故宫,上了拥挤的有轨电车才放心了一点。如果跑慢了,说不定珍妃会从井里钻出来把他拉下去哩!

但是现在,故宫南门和北门前买入场券的人排着长队。而且不是星期天。X 城火车站前的人群令人晕眩。好像全中国有一半人要在春节前夕坐火车。到处都是团聚,相会,团圆饺子,团圆元宵,对于旧谊,对于别情,对于天伦之乐,对于故乡和童年的追寻。卖刚出屉的肉馅包子的,盖包子的白色棉褥子上尽是油污。卖烧饼、锅盔、油条、大饼的。卖整盒整盒的点心的。卖面包和饼干的。X 车站和 X 城饮食服务公司倾全力到车站前露天售货。为了买两个烧饼也要挤出一身汗。岳之峰出了多少汗啊!他混饱了《环境和物质条件的急骤改变已使他分辨不出饥和饱了》肚子,又买到了去家乡的短途客车的票。找给钱的时候使他一怔,写的是一块二,怎么只收了六角呢?莫非是自己没有报清站名?他想再问一问,但是排在他后面的人已经占据了售票窗口前的有利阵地,他挤不回去了。

他快快地看着手中的火车票。火车票上黑体铅字印的是 1.20 元,但是又用双虚线勾上了两个占满票面的大字:陆角。这使他百思不得其解,简直象是一种生物学上的密码。"这是怎么回事?为什么我买一块二角的票她却给了我六角钱的?"他自言自语。他问别人。没有人回答他。等待上车的人大多是一些忙碌得可以原谅的利己主义者。

各种信息在他的头脑里撞击。黑压压的人群。遮盖热气腾腾的肉包子的油污的棉被。候车室里张贴着的大字通告:关于春节期间增添新车次的情况,和临时增添的新车次的时刻表。男女厕所门前排着等待小便的人的长队。陆角的双钩虚线。大包袱和小包袱,大篮筐和小篮筐,大提兜和小提兜……他得出了这最后一段行程会是艰难的结论。他有了思想准备。终于他从旅客们的闲谈中听到了"闷罐子车"这个词儿,他恍然了。人脑毕竟比电脑聪明得多。

上到列车上的时候,他有点垂头丧气。在二十世纪八十年代的第一个春节即将来临之时,正在梦寐以求地渴望实现四个现代化的人们,却还要坐瓦特和史蒂文森时代的闷罐子车!事实如此。事实就象宇宙,就象地球,华山和黄河,水和土,氢和氧,钛和铀。既不象想象那样温柔,也不象想象那么冷酷。不是么,闷罐子车里坐满了人,而且还在一个两个,十个二十个地往人与人的缝隙,分子与分子,原子与原子的空隙之中嵌进。奇迹般地难以思议,已经坐满了人的车厢里又增加了那么多人。没有人叫苦。

有人叫苦了:"这个箱子不能压。"一个包着头巾的抱着孩子的妇女试探着能不能坐到一只箱子上。"您到这边来,您到这边来。"岳之峰连忙站起身,把自己的靠边的位置让了出来。坐在靠边的地方,身子就能倚在车壁上,这就是最优越的"雅座"了。那女人有点不好意思。但终于抱着小孩子挪动了过来。她要费好大的力气才能不踩着别人。"谢谢您!"妇女用流利的北京话说。她抬起头。岳之峰好像看到一幅炭笔素描。题目应该叫《微笑》。

叮铃叮铃的铃声响了,铁门又咣地一声关上了,是更深沉的黑夜。车外的暮色也正在浓重起来嘛。大骨架的女列车员点起了一支白蜡,把蜡烛放到了一个方形的玻璃罩子里。为什么不点油灯呢?大概是怕煤油摇洒出来。偌大车厢,就靠这一盏蜡烛照亮。些微的亮光,照得乘客变成了一个又一个的影子。车身又摇晃了,对面车壁上的方形的光斑又在迅速移动了。离家乡又近一些了。摘了帽子,又见到了儿子,父亲该可以瞑目了吧?不论是他的罪恶或者忏悔,不论是他的眼泪还是感激,也不论是他的狰狞丑恶还是老实善良,这一切都快要随着他的消失而云消雾散了。老一辈人正在一个又一个地走向河的那边。咚咚咚,嗵嗵嗵,嘭嘭嘭,是在过桥了吗?联结着过去和未来,中国和外国,城市和乡村,此岸和彼岸的桥啊!

靠得很近的蜡灯把黑白分明的光辉和阴影印制在女列车员的脸上。女列车员象是一尊全身的神像。"旅客同志们，春节期间，客运拥挤，我们的票车（票车：铁路人员一般称客车为票车。）去支援长途……提高警惕……"她说得挺带劲，每吐出一个字就象拧紧了一个螺母。她有一种信心十足，指挥若定的气概，以小小的年纪，靠一支蜡烛的光亮，领导着一车的乌合之众。但是她的声音也淹没在轰轰轰，嗡嗡嗡，隆隆隆，不仅是七嘴八舌，而且是七十嘴八十舌的喧嚣里了。

自由市场。百货公司。香港电子石英表。豫剧片《卷席筒》。羊肉泡馍。醪糟蛋花。三接头皮鞋。三片瓦帽子。包产到组。收购大葱。中医治癌。差额选举。结婚筵席……在这些温暖的闲言碎语之中，岳之峰轮流把体重从左腿转移到右腿，再从右腿转移到左腿。幸好人有两条腿，要不然，无依无靠地站立在人和物的密集之中，可真不好受。立锥之地，岳之峰现在对于这句成语才有了形象的理解。莫非古代也有这种拥挤的、没有座位和灯光的旅行车辆吗？但他给一个女同志让了"座位"。不，没有座，只有位。想不到她讲一口北京话。这使岳之峰兴致似乎高了一些。"谢谢"，"对不起"，在国外到处是这种礼貌的用语。虽然有一个装着坚硬的铁器的麻袋正在挤压他右腿的小腿肚子。而另一个席地而坐的人的脊背干脆靠到了他的酸麻难忍的左腿上。

简直是神奇。不仅在慕尼黑的剧院里观看演出的时候；而且在北京，在研究所、部里和宾馆里，在二十三平方米的住房和一〇三和三三二路公共汽车上；他也想不到人们还要坐闷罐子车。这不是运货和运牲畜的车吗？倒霉！可又有什么倒霉的呢？咒骂是最容易不过的。咒骂闷罐子车比起制造新的美丽舒适的客运列车来，既省力又出风头。无所事事而又怨气冲天的人的口水，正在淹没着忍辱负重、埋头苦干的人的劳动。人们时而用高调，时而又用低调冲击着、替代着那些一件又一件，一天又一天，一年又一年地坚韧不拔的工作。

"给这种车坐，可真缺德！"

"你凑合着吧。过去，还没有铁路哩！"

"运兵都是用闷罐子车，要不，就暴露了。"

"要赶上拉肚子的就麻烦了，这种车上没有厕所。"

"并没有一个人拉到裤子里么。"

"有什么办法呢？每逢春节，有一亿多人要坐火车……"

黑暗中听到了这样一些交谈。岳之峰的心平静下来了。是的，这里曾经没有铁路，没有公路，连自行车走的路也没有。阔人骑毛驴，穷人靠两只脚。农民挑着一千五百个鸡蛋，从早晨天不亮出发，越过无数的丘陵和河谷，黄昏时候才能赶到 X 城。我亲爱的美丽而又贫瘠的土地！你也该富饶起来了吧？过往的记忆，已经象烟一样，雾一样地淡薄了，但总不会被彻底地忘却吧？历史，历史；现实，现实；理想，理想；哞——哞——吭气吭气……喀郎喀郎……沿着莱茵河的高速公路。山坡上的葡萄。暗绿色的河流。飞速旋转。

这不就是法兰克福的孩子们吗？男孩子和女孩子，黄眼睛和蓝眼睛，追逐着的，奔跑着的，跳跃着的，欢呼着的。喂食小鸟的，捧着鲜花的，吹响铜号的，扬起旗帜的。那欢乐的生命的声音。那友爱的动人的呐喊。那红的、粉的和白的玫瑰。那紫罗兰和蓝蓝的毋忘我。

不。那不是法兰克福。那是西北高原的故乡。一株巨大的白丁香把花开在了屋顶的灰色的瓦砾上。如雪，如玉，如飞溅的浪花。摘下一条碧绿的柳叶，卷成一个小筒，仰望着蓝天白云，吹一声尖厉的哨子。惊得两个小小的黄鹂飞起。挎上小篮，跟着大姐姐，去采撷灰灰菜。去掷石块，去追逐野兔，去捡鹌鹑的斑烂的彩蛋。连每一条小狗，每一只小猫，每一头牛犊和驴驹都在嬉戏。连每一根小草都在跳舞。

不，那不是西北高原。那是解放前的北平。华北局城工部（它的部长是刘仁同志）所属的学委组织了平津学生大联欢。营火晚会。"太阳下山明朝依旧爬上来……我的青春小鸟一样不回来"，"山上的荒地是什么人来开?地上的鲜花是什么人来栽?"一支又一支的歌曲激荡着年轻人的心。最后，大家发出了使国民党特务胆寒的强音："团结就是力量……让一切不民主的制度死亡!"信念和幸福永远不能分离。

不，那不是逝去了的，遥远的北平。那是解放了的，飘扬着五星红旗的首都。那是他青年时代的初恋，是第一次吹动他心扉的和煦的风。春节刚过，忽然，他觉察到了，风已经不那么冰冷，不那么严厉了。二月的风就带来了和暖的希望，带来了早春的消息。他跑到北海，冰还没有化哩。还没有什么游人哩。他摘下帽子，他解开上衣领下的第一个扣子。还是冬天吗?当然，还是冬天。然而是已经联结着春天的冬天，是冬与春的桥。有风为证，风已经不冷!风会愈来愈和煦，如醉，如酥……他欢迎着承受着别人仍然觉得凛冽，但是他已经为之雀跃的"春"风，小声叫着他悄悄地爱着的女孩子的名字。

那，那……那究竟是什么呢?是金鱼和田螺吗?是荸荠和草莓吗?是孵蛋的芦花鸡吗?是山泉，榆钱，返了青的麦苗和成双的燕子吗?他定了定神。那是春天，是生命，是青年时代。在我们的生活里，在我们每个人的心房里，在猎户星座和仙后星座里，在每一颗原子核，每一个质子、中子、介子里，不都包含着春天的力量，春天的声音吗?

他定了定神，揉了揉眼睛。分明是法兰克福的儿童在歌唱，当然，是德语。在欢快的童声合唱旁边，有一个顽强的、低哑的女声伴随着。

他再定了定神，再揉了揉眼睛，分明是在从 X 城到 N 地的闷罐子车上。在昏暗和喧嚣当中，他听到了德语的童声合唱，和低哑的，不熟练的，相当吃力的女声伴唱。

什么?一台录音机。在这个地方听起了录音。一支歌以后又是一支歌，然后是一个成人的歌。三支歌放完了。是叭啦叭啦的揿动键钮的声音，然后三支歌重新开始。顽强的，低哑的，不熟练的女声也重新开始。这声音盖过了一切喧嚣。

火车悠长的鸣笛。对面车壁上的移动着的方形光斑减慢了速度，加大了亮度。在昏暗中变成了一个个的影子的乘客们逐渐显出了立体化的形状和轮廓。车身一个大晃，又一个大晃，大概是通过了岔道。又到站了。咣——哧，铁门打开了，站台的聚光灯的强光照进了车厢。岳之峰看清楚了，录音机就放在那个抱小孩的妇女的膝头。开始下人和上人。录音机接受了女主人的指令，"叭"地一声，不唱了。

"这是……什么牌子的?"岳之峰问。

"三洋牌。这里人们开玩笑地叫它作'小山羊'"。妇女抬起头来，大大方方地回答。岳之峰仿佛看到了她的经历过风霜的，却仍然是年轻而又清秀的脸。

"从北京买的么?"岳之峰又问，不知为什么这么有兴趣。本来，他并不是一个饶舌的人。

"不，就从这里。"

这里?不知是指 X 城还是火车正在驶向的某一个更小的县镇。他盯着"三洋"商标。

"你在学外国歌吗?"岳之峰又问。

妇女不好意思地笑了，"不，我在学外国语。"她的笑容既谦逊，又高贵。

"德语吗?"

"噢，是的。我还没学好。"

"这都是些什么歌儿呀?"一个坐在岳之峰脚下的青年问。岳之峰的连续提问吸引了更多的人。

"它们是……《小鸟，你回来了》，《五月的轮转舞》和《第一株烟草花》，"女同志说："欣梅尔——天空，福格尔——鸟儿，布鲁米——花朵……"她低声自语。

他们的话没有再继续下去。车厢里充满了的照旧是"别挤!"这个箱子不能坐!""别踩着孩子!""这边没有地方了!"……之类的喊叫。

"大家注意啦!"一个穿着民警服装的人上了车，手里拿着半导体扬声喇叭，一边喘着气一边宣布道:"刚才，前一节车厢里上去了两个坏蛋，混水摸鱼，流氓扒窃。有少数坏痞，专门到闷罐子车上偷东西。那两个坏蛋我们已经抓住了。希望各位旅客提高警惕，密切配合，向刑事犯罪分子作坚决的斗争。大家听清楚了没有?"

"听清楚了!"车上的乘客象小学生一样地齐声回答。

乘务警察满意地，匆匆地跳了下去，手提扩音喇叭，大概又到别的车厢作宣传去了。

岳之峰不由得也摸了摸自己携带的两个旅行包，摸了摸上衣的四个和裤子的三个口袋。一切都健在无恙。

车开了。经过了短暂的混乱之后，人们又已经各得其所，各就其位。各人说着各人的闲话，各人打着各人的瞌睡，各人嗑着各的瓜子，各人抽着各人的烟。"小山羊"又响起来了，仍然是《小鸟，你回来了》，《五月的轮转舞》和《第一株烟草花》。她仍然在学着德语，仍然低声地歌唱着欣梅尔——天空，福格尔——鸟儿，和布鲁米——花朵。

她是谁?她年轻吗?抱着的是她的孩子吗?她在哪里工作?她是搞科学技术的吗?是夜大学的新学员吗?是"老三届"的毕业生吗?她为什么学德语学得这样起劲?她在追赶那失去了的时间吗?她作到了一分钟也不耽搁了吗?她有机会见到德国朋友或者到德国去或者已经到德国去过了吗?她是北京人还是本地人呢?她常常坐火车吗?有许多个问题想问啊。

"您听音乐吧。"她说。好像是在对他说。是的，三支歌曲以后，她没有撅键钮。在《第一株烟草花》后面，是约翰·斯特劳斯的《春之声圆舞曲》，闷罐子车正随着这春天的旋律而轻轻地摇摆着，熏熏地陶醉着，袅袅地前行着。

车到了岳之峰的家乡。小站，停车一分钟。响过了到站的铃，又立刻响起了发车的铃。岳之峰提着两个旅行包下了车。小站没有站台，闷罐子车又没有阶梯。每节车厢放着一个普通木梯，临时支上。岳之峰从这个简陋的木梯上终于下得地来，他长出了一口气。他向那位女同志道了再见。那位女同志也回答了他的再见。他有点依依不舍。他刚下车，还没等着验票出站，列车就开动了。他看到闷罐子车的破烂寒伧的外表：有的地方已经掉了漆，灯光下显得白一块、花一块的。但是，下车以后他才注意到，火车头是蛮好的，火车头是崭新的、清洁的、轻便的内燃机车。内燃机车绿而显蓝，瓦特时代毕竟没有内燃机车。内燃机车拖着一长列闷罐子车向前奔驶。天上升起了月亮。车站四周是薄薄的一层白雪。天与雪都泛着连成一片的青光。可以看到远处墓地上的黑黑的、永远长不大的松树。有一点风。他走在了坑坑洼洼的故乡土地上。他转过头，想再多看一眼那一节装有小鸟、五月、烟草花和约翰·斯特劳斯的神妙的春之声的临时代用的闷罐子车。他好像从来还没有听过这么动人的歌。他觉得如今每个角落的生活都在出现转机，都是有趣的，有希望的和永远不应该忘怀的。春天的旋律，生活的密码，这是非常珍贵的。

导读

《春之声》是王蒙借鉴"意识流"创作手法的代表作。《春之声》摒弃了传统小说的叙述模式，运用了以人物为中心的放射状结构。出国考察归来的工程物理学家岳之峰在春节回乡途中，身处闷罐车厢，"意识"流动。其所见、所闻、所思、所感，反映了新旧交替时代色彩斑斓的社会生活，向人们传递着春天的信息。

小说的主题是"歌唱生活中的新转机"，但不重塑造人物性格，不重故事情节叙述，不按正常时空顺序。小说采用的"放射性"结构有一个端点，就是坐在闷罐车厢这一特殊环境中主人公的心灵世界。小说主要写时空切换中，外界作用于主人公内心所引起的联想和心理状态，并以此来表现主题。

作者介绍

王蒙，男，祖籍河北沧州，1934 年生于北京。中国当代作家、学者，著有长篇小说《青春万岁》、《活动变人形》等近百部小说，其作品反映了中国人民在前进道路上的坎坷历程。曾任中华人民共和国文化部部长、中国艺术研究院院长、中国作协书记处书记、中国作家协会第三届理事会理事、中共中央第十二届中央候补委员、中共第十二届、十三届中央委员、第八、九届全国政协常委、《人民文学》主编。

思考与练习

1. 本篇小说是新时期文学中率先运用"意识流"手法写成的小说，请了解"意识流"小说的一般特征、表现手法及结构特点。

2. 作者通过复杂的心理活动，想揭示出一个什么样的主题思想？

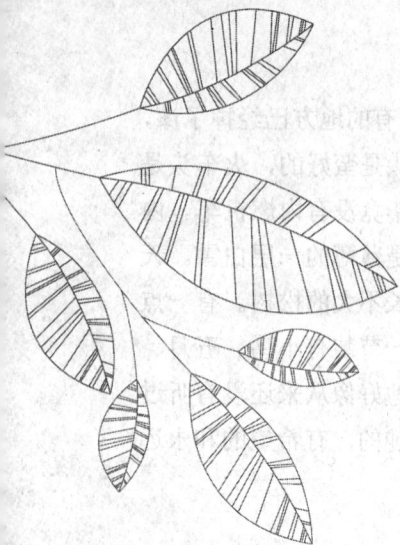

第十章 外国文学

第一节 外国散文

敬畏生命

阿尔贝特·施韦泽

原文

　　思考不应杀害和折磨生命的命令，是我青少年时代的大事。除此之外，一切都被逐渐遗忘了。

　　在我上学前，我家有一条名叫菲拉克斯的黄狗。像有些狗一样，菲拉克斯讨厌穿制服的人，看到邮递员总是要扑上去。因此，家里人指派我，在邮递员到来时，看住这条咬过人并冲撞过警察的狗。我用棍子把菲拉克斯赶到院子的角落，不让它走开，直到邮递员离开为止。当我作为一个看管者站在龇牙咧嘴的狗面前，如果它想从角落里跳出来，就用棍子教训它，这该多自豪啊！但是，这种自豪感并不能持续多久。当我们事后又作为朋友坐在一起时，我为打了它而感到内疚。我知道，如果拉住菲拉克斯的颈索，抚摩它，我也能使它不伤害邮递员。然而，当这令人尴尬的时刻又来临时，我又陶醉于成为看管者……

　　放假期间，我可以到邻居马车夫家去。他的褐马已经老了，而且相当瘦，不应老是驾车。由于我一直为当一个马车夫的激情所吸引，就用鞭子不停地驱赶马往前走；尽管我知道，褐马已经累了，扬鞭催马的自豪感迷惑了我。马车夫允许"不扫我的兴"。但是，当我们回家后，我在卸套时注意到了乘车奔驰时看不到的东西，马的肋腹成了什么样子，我的兴致一下子没有了。我看着它那疲惫的双眼，默默地请求它的原谅。但这又有什么用呢？……

　　我上高级中学时，有一次回家过圣诞节，我驾着马拉的雪橇。邻居洛施尔家有偶名的恶狗突然从院子里跳出来，对着马猛叫。我想有权狠狠地抽它一鞭，尽管它显然只是随意来到雪橇前面来。我抽得太准了，击中了它的眼睛，使它号叫着在雪地里打滚。它的哀号一直在我耳边响着，几个星期都不能摆脱。

　　有两次，我和其他小孩一起钓鱼。后来，由于厌恶和害怕虐待鱼饵和撕裂上钩之鱼的嘴，我不再去钓鱼了。我甚至有了阻止别人钓鱼的勇气。

　　正是从这种震撼我的心灵并经常使我惭愧的经历中，我逐渐形成了不可动摇的信念：只有在不可避免的必然条件下，我们才可以给其他生命带来死亡和痛苦。我们大家必须意识到，漫不经心会带来可怕的死亡和痛苦。这种信念日益强烈地支配着我。我日益确信，在根本上我们大家都是这么想的，只是不敢承认和证实它。我们怕被别人嘲笑为"多愁善感"，我们已经麻木不仁了。但是，我决心保持敏感和同情，也不害怕多愁善感的谴责。

　　如果回顾青年时代，我就有这样的想法，我该感谢多少人啊，他们给予我许多许多。让我忧虑的是，对那些人，除了感谢之外，我又回报了些什么呢？我还未及表示，他们的善意和宽容对我具有多大的意义，他们中的许多人就离开了我们。好几次，我在墓地悲痛地默念着本应对生者说的话。

　　我相信我是感恩的。我逐渐告别了青年时代的漫不经心，那时，我还认为从人们那里领会善意和宽容是理所当然的。我以为自己很早就考虑到世界中的痛苦问题。但直到20岁，甚至在这以后，我还是太少地督促自己表达感恩心情。我太少地考虑，真实地领受感恩对人意味着什么。我经常由于胆怯而抑制了表达感恩。

　　……

　　从而，我们大家必须督促自己，真诚地表达未被表达的感恩。这样，在世界上就会有更多的善的光和善的力。我们每个人必须防止在世界观中接受有关世界不可感恩的辛酸格言。大地上泛滥的洪水，它不是我们需要其慰藉的喷涌的源泉。但是，我们本身就应是发现道路，成为源泉之水，它能够满足人类对感恩的渴望。

　　当我回顾我的青年时代时，使我的心情难以平静的还有这样一个事实：许多人给予我的某种帮助，或对我来说是某种帮助，但他们并不知道。这些从未与我交谈过的人，这些我只听过他们叙述的人，已对我产生了一定的影响。他们进入了我的生活，成为我心中的力量。由于我就像处于那些人的约束之下，我就甚至会去做那些通常我不那么清楚感受和不那么坚决去做的事。为此，我始终觉得，我们大家在精神上似乎是依赖于在生命的重要时刻所获得的那些东西而活着的。这个富有意义的时刻是不宣而至的。它不显得了不起，而是非常朴实。是的，有时它们在回忆中才获得对我们的重要性，就像音乐或风景的美有时在回忆中才出现那样。我们获得了温柔、善良、抱歉、真诚、忠诚、顺从痛苦等品质，为此我们要感谢他们。因为通过他们的所作所为，我们才体验到这一切，成为思想的生命像火花一样跳入我们之中并燃烧起来。

　　我不相信，人们能把他本没有的思想灌输给这个人。一切善良的思想是作为燃料而存在于人心之中的。但是，只有当火焰或火种从外部、从其他人那里扔入其中时，这些燃料才会燃烧起来，或真正燃烧起来。有时，我们的火也要熄灭，并且通过一个人的经历重新燃起。

因而，我们每个人都应深深感谢那些点燃其火焰的人。如果我们遇到受其所赐的人，就应向他们叙述，我们如何受其所赐，他们也将为此惊叹。

我们当中也无人知道，他做了些什么，他给予了人什么。它对我们隐藏着并应一直如此。有时候，为了不失去勇气，我们可以看到其中一点点。但这种力量的作用的充满神秘的。

总之，在人对人的关系中，不是存在着比我们通常承认的多得多的神秘吗？我们中没有哪个人能断言，他真正了解一个人，即使多年来他一直与这个人生活在一起。关于构成我们内心体验的那些东西，对于我们最信赖的人，我们也只能告知他们一些片段。至于整体，我们没有能力给予，即使他们能够把握。我们共同漫步于昏暗之中，在那里没有人能仔细辨认出他人的面貌。只是偶尔地通过我们与同行者的共同经历，或者通过我们之间的交谈，在一瞬间，他在我们之旁就像由闪电照亮了一样。那时，我们看见他的样子。以后，我们也许又长时间地并肩在黑暗中行走，并徒劳地想像他人的特征。

我们应该顺应这一事实，我们每个人对其他人来说都是个秘密。结识并不是说相互知道一切，而是相互爱与信赖，这个人相信另一个人。一个人不应探究其他人的本质。分析别人，即使是为帮助精神错乱的人恢复正常，也不是一个好的办法。不仅存在着肉体上的羞耻，而且还存在着精神上的羞耻，我们应该尊重它。心灵也有其外衣，我们不应脱掉它。我们任何人都无权对别人说：由于我们属于一个整体，因此我有权了解你的一切思想。母亲从来不可以这样对待她的孩子。所有这一切要求都是愚蠢和不幸的。应做的只是唤起给予的给予。尽你所能地把你的部分精神本质给予你的同行者，并把他们回复给你的东西作为珍宝接受下来。

从青年时代起，我就认为敬畏别人的精神本质是不言而喻的，这也许与我遗传的内向性格有关。后来，我越来越坚持这种看法。因为我看到，当人们要求像看一本属于自己的书一样看别人的心灵，当人们在应相信别人的地方却要了解和理解别人，就会产生痛苦和异化。对于我们所爱的人，我们大家必须防止责备他们缺少信赖，即使他们不是每时每刻让我们看到他们的心扉。我们越是熟悉，相互之间越是变得充满神秘。只有敬畏其他人精神本质的人，才会真正对他人有所帮助。

从而我认为，任何人都不应迫使自己过多地泄露内心生活。我们不能再把自己的精神本质和他人的精神本质混在一起。惟一的关键在于，我们努力追求心中的光明。这个人感受到别人的这种努力。人心中的光明在哪里，就会在哪里放射出来，然后我们相互了解，在黑暗中并肩散步，而不需要注视别人的脸和探视他的心灵。

从青年时代起，敬畏别人的精神本质对我来说就不成问题，但与此相反，对于我们与人的其他交往，在何种程度上应该克制或直率的问题则浪费我的心思。我苦于这两个方面的冲突，直至高中毕业时克制倾向才占了上风。羞怯妨碍了我把对他人的同情感表达出来，妨碍了我对他人提供内心所愿的服务和帮助。由于牟罗兹的伯母的教育，我的这种行为方式进一步强化了。她叮嘱我把克制作为良好教养的总和。我应该学会把任何"迫切性"当做最大的错误之一，我也确实为此而努力。但随着时间的推移，我已从这种良好教养的克制规则中解放出来。我觉得，这就像和谐规律一样，虽然它普遍有效，但已被音乐的生命之流多次淹没了。我日益明白，如果我们奴隶般地受制于克制的话（克制要我们遵循通常的交往习俗），我们会耽误多少善行。

人们通常说，一个人要审慎地对待他人，并且不经召唤就不参与他人的事务。我们必须始终意识到这给我们带来的危险。对于不认识的人，我们也不可以绝对疏远。在任何时候，没有人把其他人完全并始终当做一个外人。人属于人。人有人的权利。消除我们在日常生活中所具有的疏远性，并使我们建立真正的人对人关系的各种境况，是会出现的。由于违背了真诚的公理，才会有克制的原则。我们大家都能摆脱疏远性，并使人成为人。我们耽误得太多了，因为流行的良好素养、礼貌和得体观念已使我们失去了直爽。这样，我们每个人向他人拒绝了我们本愿给予他的东西，本来追求的东西。由于我们不敢按我们的真诚本性行动，人们中间存在着许多冷酷现象。

我有幸在青年时代接触到一些人，他们尊重一切社会规范，并保持了直爽的天性。当我看到他们由此给予人的一切时，我获得了勇气，自己去尝试像我感受到的那样自然和真诚。我在那时获得的经验，不允许我再次顺从克制的规则。我尽可能地把内心热忱与适当的礼节结合起来。我不知道，我做得是否始终正确。我很少能提出有关的规则，就像我很少能确定，在音乐中什么时候人们应顺从传统的和谐规律，什么时候应追随高于一切规律的音乐精神。但我了解，那些真正由心灵决定、深思熟虑地不顾规范的行动，人们很少把它当做过分殷勤。

决定一个人本质和生命的理想以充满神秘的方式存在于他的心中。当他走出童年时，它就开始在他心中发芽。当他充满青年人对于真和善的热忱时，它就开花结果。我们以后的收获，都取决于我们的生命之树在春天的萌发。

在生活中，我们应努力始终让像青年人那样思想和感受的信念，像一个忠诚的顾问，陪伴着自己的生活道路。我本能地防止自己成为人们通常所理解的"成熟的人"。

被应用于人的说法"成熟"，对我来说始终有些令人害怕。因为，再次我总是听到如此不和谐的词：贫乏、屈从和迟钝。通常，我们看到所谓人成熟的标志是：顺从命运的理性化。人们逐步放弃年轻时珍视的思想和信念，以别人为榜样追求这种理性。他曾信赖真理的胜利，但现在不再信赖了。他曾努力追求正义，但现在不再追求了。他曾信赖善良和温和的力量，但现在不再信赖了。他曾能热情振奋，但现在不能了。为了能更好地经受生活的惊涛骇浪，他减轻了自己生命之舟的负担。他抛弃了被认为是多余的财富，但扔掉的实际上是饮用水和干粮。现在他轻松地航行，但却是一个受饥渴折磨的人。

年轻时，我曾听到大人的谈话，有些说法深深地刺伤了我的心灵。他们在回顾其青年时代的理想主义和热情时，只是把它看做似乎值得人们留恋的东西。同时，他们又认为放弃它是人对之无能为力的自然规律。

我害怕有朝一日我也会这样令人忧伤地回顾自己。我决定不屈服于这种悲剧性的理性化。我已经试图实行我在几乎是孩子气的反抗中的誓言。

成年人太喜欢在其可怜的境况中买弄，以使青年人明白：总有一天，他们会把今天极为珍视的一切的绝大部分东西看做只是幻想。但是，深沉的生活体验对青年人说的则是另一番话。它恳请青年人，在整个生命中要坚持鼓舞他们的思想，人在青年理想主义中察觉到真理，由此他拥有一笔无价之宝。

我们每个人必须对此做好准备，生活要夺去我们对善和真的信仰以及对它们的热忱。但是，我们并不需要听他摆布。付诸实施的理想，通常为事实所扼杀，但这并不意味着，理想从一开始就应该屈服于事实，而只是我们的理想不够坚定。理想不够坚定的原因在于它在我们心中不纯粹、不坚定。

理想的力量是摧毁不了的。一滴水没什么力量，但是，如果他流到了岩石的裂缝里，并结成冰，就会裂开岩石；作为蒸汽，水能推动巨大的机器活塞，水就这样使蕴含在其中的力量发挥作用。

理想也是如此。理想是思想。只要它仍然只是被思考，蕴含在其中的力量就不会起作用，即使它被怀着最大热忱和最坚定信念的人所思考。如果纯洁的人的本质与这种热情和信念结合起来，理想的力量就会发挥作用。我们应该达到的成熟，是我们不断磨砺自己，变得日益质朴、日益真诚、日益纯洁、日益平和、日益温柔、日益善良和日益富于同情感。这是我们应走的惟一道路。通过这种方式，青年理想主义之铁锻炼成不会失落的生命理想主义之钢。

伟大的自觉在于，结束失望，一切事实都是精神力量的作用，足够强大力量的作用富有成果，不够强大力量的作用缺乏成果。我的爱一无所得，这是我心中的爱还太少的缘故。我对出现在我周围的虚假和欺骗无能为力，这是因为我本身还不够真诚。我必须注意，嫉妒和恶意还在进行它们的悲剧性活动的。这就是说，我本人还没有完全抛弃小心眼和嫉妒。我的温柔被误解和嘲笑，这意味着，我心中的温柔还不足以感化人。

伟大的奥秘在于，作为充满活力的人度过一生。谁不计较他所处的境况，而是在一生中依靠自己，并在自身中寻找事业的最终根据，谁就能做到这一点。

纯洁自己的人，什么也夺走不了他的理想。他在内心中体验到真和善的理想力量。虽然向外发展较少，但他知道，他在纯洁内心方面做了许多。只是效果尚未出现，后者他尚未看见。哪里有力量，哪里就有力量的作用。阳光不会失去，但阳光所唤来的新绿需要发芽的时间，而播种者并不注定能得到收获。一切有价值的行为都是出于信赖的行为。

从而，我们成年人传授给青年一代的生活知识，不应该是"现实将排除掉你们的力量"，而应该是"坚持你们的理想，生活不能够夺去你们的理想。"

如果人都变成他们14岁时的样子，那么，世界的面貌就会完全不同！

作为一个试图在其思想和感受中保持年轻的人，我已与有关善和真的信仰的事实和经验进行了斗争。当今时代暴力行为前所未有地用谎言打扮自己，但是我仍然确信，真理、爱、平和、温柔和善良仍然高于一切力量，如果有足够多的人纯粹地、坚定地、始终充分地思考和实行爱、真理、平和和温柔的思想，那么世界将属于他们。

一切力量本身就是有局限性的。因为它们产生着迟早将和它同等的或超过它的力量。善良则简单而始终地在起作用。它不产生阻碍它的对立关系。它消除现存的对立关系，它排除误解和不信任，通过唤来善良，它强化了自身。因此，它是合目的的和最强有力的力量。

一个人给世界增添一点善良，就是促进人的思想和心灵，我们愚蠢的失误在于，我们不敢严肃地去行善，我们要搬动重物，却不使用能增大力量的杠杆。

耶稣的赞语包含着一种深不可测的深刻真理："温柔的人有福了，因为他们将承受土地。"

🌿 导读

"敬畏生命"是施韦泽世界观的基石，其基本含义是：不仅对人的生命，而且对一切生物和动物的生命，都必须保持敬畏的态度。保持生命，促进生命，就是善；毁灭生命，压制生命，就是恶。这是道德的根本法则。把伦理的范围扩展到一切动物和植物，是施韦泽生命观的重要特征，也是现代环保运动的重要思想资源。施韦泽认为，"敬畏生命"存在的理论基础，就是生命之间存在的普遍联系。人的存在不是孤立的，它有赖于其他生命和整个世界的和谐。

施韦泽的生命观源于他长期以来对西方近代文明的不满。在西方近代知识谱系中，人是万物之灵，是世界的主人。但 20 世纪人类的发展打破了这种盲目的乐观，对大自然和其他生命的藐视给人类带来了灾难。施韦泽的"敬畏生命"理念由此应运而生，获得了广泛的反响。

🌿 作者介绍

阿尔贝特·施韦泽（Albert Schweitzer，1875 年~1965 年），德国哲学家、神学家、医生、管风琴演奏家、社会活动家、人道主义者，他具备哲学、医学、神学、音乐四种不同领域的才华，提出了"敬畏生命"的伦理学思想。他在 38 岁的时候获得了行医证和医学博士学位。施韦泽于 1913 年来到非洲，在加蓬的兰巴雷内建立了丛林诊所，服务非洲直至逝世。阿尔贝特·施韦泽于 1952 年获得诺贝尔和平奖，被称为"非洲之子"。

🌿 思考与练习

1. 结合本文，谈谈施韦泽所主张的生命伦理学的基本特色。
2. 应该怎样理解"我们生存在世界之中，世界也生存在我们之中"？
3. 本文作者所希望的"自然律与道德律"的理想关系是什么？

瓦尔登湖（节选）

亨利·戴维·梭罗

—

当我们用教义问答法的方式，思考着什么是人生的宗旨，什么是生活的真正的必需品与资料时，仿佛人们还曾审慎从事地选择了这种生活的共同方式，而不要任何别的方式似的。其实他们也知道，舍此而外，别无可以挑选的方式。但清醒健康的人都知道，太阳终古常新。抛弃我们的偏见，是永远不会来不及的。无论如何古老的思想与行为，除非有确证，便不可以轻信。在今天人人附和或以为不妨默认的真理，很可能在明天变成虚无缥缈的氤氲，但还会有人认为是乌云，可以将一阵甘霖洒落到大地上来。把老头子认为办不到的事来试办一下，你往往办成功了。老人有旧的一套，新人有新的一套。古人不知添上燃料便可使火焰不灭；新人却把干柴放在水壶底下；谚语说得好："气死老头子"，现在的人还可以绕着地球转，迅疾如飞鸟呢。老年人，虽然年纪一把，未必能把年轻的一代指导得更好，甚至他们未必够得上资格来指导；因为他们虽有不少收获，却也已大有损失。我们可以这样怀疑，即使最聪明的人，活了一世，他又能懂得多少生活的绝对价值呢。实际上，老年人是不会有什么极其重要的忠告给予年轻人的。他们的经验是这样地支离破碎，他们的生活已经是这样地惨痛的失败过了，他们必须知道大错都是自己铸成的；也许，他们还保留若干信心，这与他们的经验是不相符合的，却可惜他们已经不够年轻了。我在这星球上生活了三十来年，还没有听到过老长辈们一个字，可谓有价值的，堪称热忱的忠告的。他们什么也没告诉过我，也许他们是不能告诉我什么中肯的意见了。这里就是生命，一个试验，它的极大部分我都没有体验过；老年人体验过了，但却于我无用。如果我得到了我认为有用的任何经验，我一定会这样想的，这个经验嘛，我的老师长们可是提都没有提起过的呢。

有一个农夫对我说："光吃蔬菜是活不了的，蔬菜不能供给你骨骼所需要的养料；"这样他每天虔诚地分出了他的一部分时间，来获得那种可以供给他骨骼所需的养料；他一边说话，一边跟在耕牛后面走，让这条正是用蔬菜供养了它的骨骼的耕牛拖动着他和他的木犁不顾一切障碍地前进。某些事物，在某些场合，例如在最无办法的病人中间，确是生活的必需资料，却在另一些场合，只变成了奢侈品，再换了别样的场合，又可能是闻所未闻的东西。

有人以为人生的全部，无论在高峰之巅或低陷之谷，都已给先驱者走遍，一切都已被注意到了。依熙爱芙琳的话："智慧的所罗门曾下令制定树木中间应有的距离；罗马地方官也曾规定，你可以多少次到邻家的地上去拣拾那落下来的橡实而不算你乱闯的，并曾规定多少份橡实属于邻人。"希波克拉底甚至传下了剪指甲的方法，剪得不要太短或太长，要齐手指头。无疑问的，认为把生命的变易和欢乐都消蚀殆尽的那种烦谦和忧闷，是跟亚当同样地古老的。但人的力量还从未被衡量出来呢；我们不能根据他已经完成的事来判断他的力量，人做得少极了。不论你以前如何失败过，"别感伤，我的孩子，谁能指定你去做你未曾做完的事呢？"

我们可以用一千种简单的方法来测定我们的生命；举例以明之，这是同一个太阳，它使我种的豆子成熟，同时竟然照耀了像我们的地球之类的整个太阳系。如果我记住了这一点，那就能预防若干的错误。可是我锄草时并没有这样去想。星星是何等神奇的三角形的尖顶！宇宙各处，有多少远远隔开的不同的物种在同时思考着同一事实啊！正如我们的各种体制一样，大自然和人生也是变化多端的。谁能预知别人的生命有着什么远景？难道还有比一瞬之间通过彼此的眼睛来观察更伟大的奇迹吗？我们本应该在一小时之内就经历了这人世的所有时代；是的，甚至经历了所有时代中所有的世界。历史、诗歌、神话！——
我不知道读别人的经验还有什么能像读这些这样地惊人而又详尽的。

　　凡我的邻人说是好的，有一大部分在我灵魂中却认为是坏的，至于我，如果要有所忏
悔，我悔恨的反而是我的善良品行。是什么魔鬼攫住了我，使我品行这样善良的呢？老年
人啊，你说了那些最聪明的话，你已经活了七十年了，而且活得很光荣，我却听到一个不
可抗拒的声音，要求我不听你的话。新的世代抛弃前一代的业绩，好像它们是些搁浅的船。

　　我想，我们可以泰然相信，比我们实际上相信的，更加多的事物。我们对自己的关怀
能放弃多少，便可以忠实地给别人多少的关怀。大自然既能适应我们的长处，也能适应我
们的弱点。有些人无穷无尽的忧患焦虑，成了一种几乎医治不好的疾病。我们又生就的爱
夸耀我们所做工作的重要性；然而却有多少工作我们没有做！要是我们病倒了，怎么办呢？
我们多么谨慎！决心不依照信仰而生活，我们尽可能避免它，从早到晚警戒着，到夜晚违
心地祈祷着，然后把自己交托给未定的运数。我们被迫生活得这样周到和认真，崇奉自己
的生活，而否定变革的可能。我们说，只能这样子生活呵；可是从圆心可以画出多少条半
径来，而生活方式就有这样的多。一切变革，都是值得思考的奇迹，每一刹那发生的事都
可以是奇迹。孔夫子曾说："知之为知之，不知为不知，是知也。"当一个人把他想象的事
实提炼为他的理论之时，我预见到，一切人最后都要在这样的基础上建筑起他们的生活来。

二

　　我到林中去，因为我希望谨慎地生活，只面对生活的基本事实，看看我是否学得到生
活要教育我的东西，免得到了临死的时候，才发现我根本就没有生活过。我不希望度过非
生活的生活，生活是这样的可爱；我却也不愿意去修行过隐逸的生活，除非是万不得已。
我要生活得深深地把生命的精髓都吸到，要生活得稳稳当当，生活得斯巴达式的，以便根
除一切非生活的东西，划出一块刈割的面积来，细细地刈割或修剪，把生活压缩到一个角
隅里去，把它缩小到最低的条件中，如果它被证明是卑微的，那末就把那真正的卑微全部
认识到，并把它的卑微之处公布于世界；或者，如果它是崇高的，就用切身的经历来体会
它，在我下一次远游时，也可以作出一个真实的报道。因为，我看，大多数人还确定不了
他们的生活是属于魔鬼的，还是属于上帝的呢，然而又多少有点轻率地下了判断，认为人
生的主要目标是"归荣耀于神，并永远从神那里得到喜悦"。

　　然而我们依然生活得卑微，像蚂蚁；虽然神话告诉我们说，我们早已经变成人了；像
小人国里的人，我们和长脖子仙鹤作战；这真是错误之上加错误，脏抹布之上更抹脏；我
们最优美的德性在这里成了多余的本可避免的劫数。我们的生活在琐碎之中消耗掉。一
个老实的人除十指之外，便用不着更大的数字了，在特殊情况下也顶多加上十个足趾，其
余不妨笼而统之。简单，简单，简单啊！我说，最好你的事只两件或三件，不要一百件或
一千件；不必计算一百万，半打不是够计算了吗，总之，账目可以记在大拇指甲上就好了。
在这浪涛滔天的文明生活的海洋中，一个人要生活，得经历这样的风暴和流沙和一千零一
种事变，除非他纵身一跃，直下海底，不要作船位推算去安抵目的港了，那些事业成功的
人，真是伟大的计算家啊。简单化，简单化！不必一天三餐，如果必要，一顿也够了；不
要百道菜，五道够多了；至于别的，就在同样的比例下来减少好了。我们的生活像德意志

联邦，全是小邦组成的。联邦的边界永在变动，甚至一个德国人也不能在任何时候把边界告诉你。国家是有所谓内政的改进的，实际上它全是些外表的，甚至肤浅的事务，它是这样一种不易运用的生长得臃肿庞大的机构，壅塞着家具，掉进自己设置的陷阱，给奢侈和挥霍毁坏完了，因为它没有计算，也没有崇高的目标，好比地面上的一百万户人家一样；对于这种情况，和对于他们一样，惟一的医疗办法是一种严峻的经济学，一种严峻得更甚于斯巴达人的简单的生活，并提高生活的目标。生活现在是太放荡了。人们以为国家必须有商业，必须把冰块出口，还要用电报来说话，还要一小时驰奔三十英里，毫不怀疑它们有没有用处；但是我们应该生活得像狒狒呢，还是像人，这一点倒又确定不了。如果我们不做出枕木来，不轧制钢轨，不日夜工作，而只是笨手笨脚地对付我们的生活，来改善它们，那末谁还想修筑铁路呢？如果不造铁路，我们如何能准时赶到天堂去哪？可是，我们只要住在家里，管我们的私事，谁还需要铁路呢？我们没有来坐铁路，铁路倒乘坐了我们。你难道没有想过，铁路底下躺着的枕木是什么？每一根都是一个人，爱尔兰人，或北方佬。铁轨就铺在他们身上，他们身上又铺起了黄沙，而列车平滑地驰过他们。我告诉你，他们真是睡得熟呵。每隔几年，就换上了一批新的枕木，车辆还在上面奔驰着；如果一批人能在铁轨之上愉快地乘车经过，必然有另一批不幸的人是在下面被乘坐被压过去的。当我们奔驰过了一个梦中行路的人，一根出轨的多余的枕木，他们只得唤醒他，突然停下车子，吼叫不已，好像这是一个例外。我听到了真觉得有趣，他们每五英里路派定了一队人，要那些枕木长眠不起，并保持应有的高低，由此可见，他们有时候还是要站起来的。

为什么我们应该生活得这样匆忙，这样浪费生命呢？我们下了决心，要在饥饿以前就饿死。人们时常说，及时缝一针，可以将来少缝九针，所以现在他们缝了一千针，只是为了明天少缝九千针。说到工作，任何结果也没有，我们患了跳舞病，连脑袋都无法保住静止。如果在寺院的钟楼下，我刚拉了几下绳子，使钟声发出火警的信号来，钟声还没大响起来，在康科德附近的田园里的人，尽管今天早晨说了多少次他如何如何地忙，没有一个男人，或孩子，或女人，我敢说是会不放下工作而朝着那声音跑来的，主要不是要从火里救出财产来，如果我们说老实话，更多的还是来看火烧的，因为已经烧着了，而且这火，要知道，不是我们放的；或者是来看这场火是怎么被救灭的，要是不费什么劲，也还可以帮忙救救火；就是这样，即使教堂本身着了火也是这样。一个人吃了午饭，还只睡了半个小时的午觉，一醒来就抬起了头，问，"有什么新闻？"好像全人类在为他放哨。有人还下命令，每隔半小时唤醒他一次，无疑的是并不为什么特别的原因：然后，为报答人家起见，他谈了谈他的梦。睡了一夜之后，新闻之不可缺少，正如早饭一样的重要。"请告诉我发生在这个星球之上的任何地方的任何人的新闻，"——于是他一边喝咖啡，吃面包卷，一边读报纸，知道了这天早晨的瓦奇多河上，有一个人的眼睛被挖掉了；一点不在乎他自己就生活在这个世界的深不可测的大黑洞里，自己的眼睛里早就是没有瞳仁的了。

三

瓦尔登的风景是卑微的，虽然很美，却并不是宏伟的，不常去游玩的人，不住在它岸边的人未必能被它吸引住：但是这一个湖以深邃和清澈著称，值得给予突出的描写。这是一个明亮的深绿色的湖，半英里长，圆周约一英里又四分之三，面积约六十一英亩半；它是松树和橡树林中央的岁月悠久的老湖，除了雨和蒸发之外，还没有别的来龙去脉可寻。四周的山峰突然地从水上升起，到四十至八十英尺的高度，但在东南面高到一百英尺，而东边更高到一百五十英尺，其距离湖岸，不过四分之一英里及三分之一英里。山上全部都是森林。所有我们康科德地方的水波，至少有两种颜色，一种是站在远处望见的，另一种，更接近本来的颜色，是站在近处看见的。第一种更多地靠的是光，根据天色变化。在天气好的夏季里，从稍远的地方望去，它呈现了蔚蓝颜色，特别在水波荡漾的时候，但从很远的地方望去，却是一片深蓝。在风暴的天气下，有时它呈现出深石板色。海水的颜色则不然，据说它这天是蓝色的，另一天却又是绿色了，尽管天气连些微的可感知的变化也没有。我们这里的水系中，我看到当白雪覆盖这一片风景时，水和冰几乎都是草绿色的。有人认为，蓝色"乃是纯洁的水的颜色，无论那是流动的水，或凝结的水"。可是，直接从一条船上俯看近处湖水，它又有着非常之不同的色彩。甚至从同一个观察点，看瓦尔登是这会儿蓝，那忽儿绿。置身于天地之间，它分担了这两者的色素。从山顶上看，它反映天空的颜色，可是走近了看，在你能看到近岸的细砂的地方，水色先是黄澄澄的，然后是淡绿色的了，然后逐渐地加深起来，直到水波一律地呈现了全湖一致的深绿色。却在有些时候的光线下，便是从一个山顶望去，靠近湖岸的水色也是碧绿得异常生动的。有人说，这是绿原的反映；可是在铁路轨道这儿的黄沙地带的衬托下，也同样是碧绿的，而且，在春天，树叶还没有长大，这也许是太空中的蔚蓝，调和了黄沙以后形成的一个单纯的效果。这是它的虹色彩圈的色素。也是在这一个地方，春天一来，冰块给水底反射上来的太阳的热量，也给土地中传播的太阳的热量溶解了，这里首先溶解成一条狭窄的运河的样子，而中间还是冻冰。在晴朗的气候中，像我们其余的水波，激湍地流动时，波平面是在九十度的直角度里反映了天空的，或者因为太光亮了，从较远处望去，它比天空更蓝些；而在这种时候，泛舟湖上，四处眺望倒影，我发现了一种无可比拟、不能描述的淡蓝色，像浸水的或变色的丝绸，还像青锋宝剑，比之天空还更接近天蓝色，它和那波光的另一面原来的深绿色轮番地闪现，那深绿色与之相比便似乎很混浊了。这是一个玻璃似的带绿色的蓝色，照我所能记忆的，它仿佛是冬天里，日落以前，西方乌云中露出的一角晴天。可是你举起一玻璃杯水，放在空中看，它却毫无颜色，如同装了同样数量的一杯空气一样。众所周知，一大块厚玻璃板便呈现了微绿的颜色，据制造玻璃的人说，那是"体积"的关系，同样的玻璃，少了就不会有颜色了。瓦尔登湖应该有多少的水量才能泛出这样的绿色呢，我从来都无法证明。一个直接朝下望着我们的水色的人所见到的是黑的，或深棕色的，一个到河水中游泳的人，河水像所有的湖一样，会给他染上一种黄颜色；但是这个湖水却是这样地纯洁，游泳者会白得像大理石一样，而更奇怪的是，在这水中四肢给放大了，并且给扭曲了，形态非常夸张，值得让米开朗琪罗来作一番研究。

水是这样的透明，二十五至三十英尺下面的水底都可以很清楚地看到。赤脚踏水时，你看到在水面下许多英尺的地方有成群的鲈鱼和银鱼，大约只一英寸长，连前者的横行的花纹也能看得清清楚楚，你会觉得这种鱼也是不愿意沾染红尘，才到这里来生存的。有一次，在冬天里，好几年前了，为了钓梭鱼，我在冰上挖了几个洞，上岸之后，我把一柄斧头扔在冰上，可是好像有什么恶鬼故意要开玩笑似的，斧头在冰上滑过了四五杆远，刚好从一个窟窿中滑了下去，那里的水深二十五英尺，为了好奇，我躺在冰上，从那窟窿里望，我看到了那柄斧头，它偏在一边头向下直立着，那斧柄笔直向上，顺着湖水的脉动摇摇摆摆，要不是我后来又把它吊了起来，它可能就会这样直立下去，直到木柄烂掉为止。就在它的上面，用我带来的凿冰的凿子，我又凿了一个洞，又用我的刀，割下了我看到的附近最长的一条赤杨树枝，我做了一个活结的绳圈，放在树枝的一头，小心地放下去，用它套住了斧柄凸出的地方，然后用赤杨枝旁边的绳子一拉，这样就把那柄斧头吊了起来。

湖岸是由一长溜像铺路石那样的光滑的圆圆的白石组成的；除一两处小小的沙滩之外，它陡立着，纵身一跃便可以跳到一个人深的水中；要不是水波明净得出奇，你决不可能看到这个湖的底部，除非是它又在对岸升起。有人认为它深得没有底。它没有一处是泥泞的，偶尔观察的过客或许还会说，它里面连水草也没有一根；至于可以见到的水草，除了最近给上涨了的水淹没的、并不属于这个湖的草地以外，便是细心地查看也确实是看不到菖蒲和芦苇的，甚至没有水莲花，无论是黄色的或是白色的，最多只有一些心形叶子和河蓼草，也许还有一两张眼子菜；然而，游泳者也看不到它们；便是这些水草，也像它们生长在里面的水一样的明亮而无垢。岸石伸展入水，只一二杆远，水底已是纯粹的细沙，除了最深的部分，那里总不免有一点沉积物，也许是腐朽了的叶子，多少个秋天来，落叶被刮到湖上，另外还有一些光亮的绿色水苔，甚至在深冬时令拔起铁锚来的时候，它们也会跟着被拔上来的。

导读

本书记录了作者隐居瓦尔登湖畔，与大自然水乳交融，在田园生活中感知自然、重塑自我的奇异历程。这是一本寂寞、恬静、富有智慧的书，其分析生活、批判习俗，有独到之处，被称为"塑造读者人生的 25 部首选经典"，是一本极为优秀的人生哲理书。另外，读这本书可以接触到大量的动物和植物学知识，还能从中了解到更多的人文、地理和历史知识，阅读它能在平凡与简单中真切感受生活的意义与趣味，也更能感受寂静之美。

作者介绍

亨利·戴维·梭罗（Henry David Thoreau，1817 年～1862 年），美国作家、思想家、自然主义者。梭罗的文章简练有力，朴实自然，富有思想内容，一生共创作了 20 多部一流的散文集，被称为自然随笔的创作者，在美国 19 世纪散文中独树一帜。他的思想对英国工党、印度的甘地与美国黑人领袖马丁·路德·金等人都有很大的影响。梭罗除了被一些人尊称为第一个环境保护主义者外，还是一位关注人类生存状况的有影响力的哲学家。

思考与练习

梭罗的文字自然、流动，他在写作中没有任何的做作，朴实无华。请思考梭罗是如何叙述他的所见所闻的？

第二节 外国小说

麦琪的礼物

欧·亨利

原文

1块8毛7，就这么些钱，其中六毛是一分一分的铜板，一个子儿一个子儿在杂货店老板、菜贩子和肉店老板那儿硬赖来的，每次闹得脸发臊，深感这种掂斤播两的交易实在丢人现眼。德拉反复数了三次，还是一元八角七，而第二天就是圣诞节了。

除了扑倒在那破旧的小睡椅上哭嚎之外，显然别无他途。

德拉这样做了，可精神上的感慨油然而生，生活就是哭泣、抽噎和微笑，尤以抽噎占统治地位。

当这位家庭主妇逐渐平静下来之际，让我们看看这个家吧。一套带家具的公寓房子，每周房租八美元。尽管难以用笔墨形容，可它真正够得上乞丐帮这个词儿。

楼下的门道里有个信箱，可从来没有装过信，还有一个电钮，也从没有人的手指按响过电铃。而且，那儿还有一张名片，上写着"杰姆斯·狄林汉·杨先生"。

"迪林厄姆"这个名号是主人先前春风得意之际，一时兴起加上去的，那时候他每星期挣三十美元。现在，他的收入缩减到二十美元，"迪林厄姆"的字母也显得模糊不清，似乎它们正严肃地思忖着是否缩写成谦逊而又讲求实际的字母 D。不过，每当杰姆斯·狄林汉·杨先生，回家上楼，走进楼上的房间时，杰姆斯·狄林汉·杨太太，就是刚介绍给诸位的德拉，总是把他称作"吉姆"，而且热烈地拥抱他。那当然是再好不过的了。是呀，吉姆是多好的运气呀！

德拉哭完之后，往面颊上抹了抹粉，她站在窗前，痴痴地瞅着灰蒙蒙的后院里一只灰白色的猫正行走在灰白色的篱笆上。明天就是圣诞节，她只有一元八角七给吉姆买一份礼物。她花去好几个月的时间，用了最大的努力一分一分地攒积下来，才得了这样一个结果。一周二十美元实在经不起花，支出大于预算，总是如此。只有一元八角七给吉姆买礼物，她的吉姆啊。她花费了多少幸福的时日筹划着要送他一件可心的礼物，一件精致、珍奇、贵重的礼物——至少应有点儿配得上吉姆所有的东西才成啊。

房间的两扇窗子之间有一面壁镜。也许你见过每周房租八美元的公寓壁镜吧。一个非常瘦小而灵巧的人，从观察自己在一连串的纵条影象中，可能会对自己的容貌得到一个大致精确的概念。德拉身材苗条，已精通了这门子艺术。

突然，她从窗口旋风般地转过身来，站在壁镜前面。她两眼晶莹透亮，但二十秒钟之内她的面色失去了光彩。她急速地拆散头发，使之完全泼散开来。

现在，詹姆斯·迪林厄姆·杨夫妇俩各有一件特别引以自豪的东西。一件是吉姆的金表，是他祖父传给父亲，父亲又传给他的传家宝；另一件则是德拉的秀发。如果示巴女王[1]也住在天井对面的公寓里，总有一天德拉会把头发披散下来，露出窗外晾干，使那女王的珍珠宝贝黯然失色；如果地下室堆满金银财宝、所罗门王又是守门人的话，每当吉姆路过那儿，准会摸出金表，好让那所罗门王忌妒得吹胡子瞪眼睛。

此时此刻，德拉的秀发泼撒在她的周围，微波起伏，闪耀光芒，有如那褐色的瀑布。她的美发长及膝下，仿佛是她的一件长袍。接着，她又神经质地赶紧把头发梳好。踌躇了一分钟，一动不动地立在那儿，破旧的红地毯上溅落了一、两滴眼泪。

她穿上那件褐色的旧外衣，戴上褐色的旧帽子，眼睛里残留着晶莹的泪花，裙子一摆，便飘出房门，下楼来到街上。

她走到一块招牌前停下来，上写着："索弗罗妮夫人——专营各式头发"。德拉奔上楼梯，气喘吁吁地定了定神。那位夫人身躯肥大，过于苍白，冷若冰霜，同"索弗罗妮"的雅号简直牛头不对马嘴。

"你要买我的头发吗？"德拉问。

"我买头发，"夫人说。"揭掉帽子，让我看看发样。"

那褐色的瀑布泼撒了下来。

"二十美元，"夫人一边说，一边内行似地抓起头发。

"快给我钱，"德拉说。

呵，接着而至的两个小时犹如长了翅膀，愉快地飞掠而过。请不用理会这胡诌的比喻。她正在彻底搜寻各家店铺，为吉姆买礼物。

她终于找到了，那准是专为吉姆特制的，决非为别人。她找遍了各家商店，哪儿也没有这样的东西，一条朴素的白金表链，镂刻着花纹。正如一切优质东西那样，它只以货色论长短，不以装潢来炫耀。而且它正配得上那只金表。她一见这条表链，就知道一定属于吉姆所有。它就像吉姆本人，文静而有价值——这一形容对两者都恰如其份。她花去二十一美元买下了，匆匆赶回家，只剩下八角七分钱。金表匹配这条链子，无论在任何场合，吉姆都可以毫无愧色地看时间了。

尽管这只表华丽珍贵，因为用的是旧皮带取代表链，他有时只偷偷地瞥上一眼。

德拉回家之后，她的狂喜有点儿变得审慎和理智了。她找出烫发铁钳，点燃煤气，着手修补因爱情加慷慨所造成的破坏，这永远是件极其艰巨的任务，亲爱的朋友们——简直是件了不起的任务呵。

不出四十分钟，她的头上布满了紧贴头皮的一绺绺小卷发，使她活像个逃学的小男孩。她在镜子里老盯着自己瞧，小心地、苛刻地照来照去。

"假如吉姆看我一眼不把我宰掉的话，"她自言自语，"他定会说我像个科尼岛上合唱队的卖唱姑娘。但是我能怎么办呢——唉，只有一元八角七，我能干什么呢？"

七点钟，她煮好了咖啡，把煎锅置于热炉上，随时都可做肉排。

吉姆一贯准时回家。德拉将表链对叠握在手心，坐在离他一贯进门最近的桌子角上。接着，她听见下面楼梯上响起了他的脚步声，她紧张得脸色失去了一会儿血色。她习惯于为了最简单的日常事物而默默祈祷，此刻，她悄声道："求求上帝，让他觉得我还是漂亮的吧。"

门开了，吉姆步入，随手关上了门。他显得瘦削而又非常严肃。可怜的人儿，他才二十二岁，就挑起了家庭重担！他需要买件新大衣，连手套也没有呀。

吉姆站在屋里的门口边，纹丝不动地好像猎犬嗅到了鹌鹑的气味似的。他的两眼固定在德拉身上，其神情使她无法理解，令她毛骨悚然。既不是愤怒，也不是惊讶，又不是不满，更不是嫌恶，根本不是她所预料的任何一种神情。他仅仅是面带这种神情死死地盯着德拉。

德拉一扭腰，从桌上跳了下来，向他走过去。

"吉姆，亲爱的，"她喊道，"别那样盯着我。我把头发剪掉卖了，因为不送你一件礼物，我无法过圣诞节。头发会再长起来——你不会介意，是吗？我非这么做不可。我的头发长得快极了。说'恭贺圣诞'吧！吉姆，让我们快快乐乐的。你肯定猜不着我给你买了一件多么好的——多么美丽精致的礼物啊！"

"你已经把头发剪掉了？"吉姆吃力地问道，似乎他绞尽脑汁也没弄明白这明摆着的事实。

"剪掉卖了，"德拉说。"不管怎么说，你不也同样喜欢我吗？没了长发，我还是我嘛，对吗？"

吉姆古怪地四下望望这房间。

"你说你的头发没有了吗？"他差不多是白痴似地问道。

"别找啦，"德拉说。"告诉你，我已经卖了——卖掉了，没有啦。这是圣诞前夜，好人儿。好好待我，这是为了你呀。也许我的头发数得清，"突然她特别温柔地接下去，"可谁也数不清我对你的恩爱啊。我做肉排吗，吉姆？"

吉姆好像从恍惚之中醒来，把德拉紧紧地搂在怀里。现在，别着急，先让我们花个十秒钟从另一角度审慎地思索一下某些无关紧要的事。房租每周八美元，或者一百万美元——那有什么差别呢？数学家或才子会给你错误的答案。麦琪[2]带来了宝贵的礼物，但就是缺少了那件东西。这句晦涩的话，下文将有所交待。

吉姆从大衣口袋里掏出一个小包，扔在桌上。

"别对我产生误会，德尔，"他说道，"无论剪发、修面，还是洗头，我以为世上没有什么东西能减低一点点对我妻子的爱情。不过，你只要打开那包东西，就会明白刚才为什么使我愣头愣脑了。"

白皙的手指灵巧地解开绳子，打开纸包。紧接着是欣喜若狂的尖叫，哎呀！突然变成了女性神经质的泪水和哭泣，急需男主人千方百计的慰藉。

还是因为摆在桌上的梳子——全套梳子，包括两鬓用的，后面的，样样俱全。那是很久以前德拉在百老汇的一个橱窗里见过并羡慕得要死的东西。这些美妙的发梳，纯玳瑁做的，边上镶着珠宝——其色彩正好同她失去的美发相匹配。她明白，这套梳子实在太昂贵，对此，她仅仅是羡慕渴望，但从未想到过据为己有。现在，这一切居然属于她了，可惜那有资格佩戴这垂涎已久的装饰品的美丽长发已无影无踪了。

不过，她依然把发梳搂在胸前，过了好一阵子才抬起泪水迷蒙的双眼，微笑着说："我的头发长得飞快，吉姆！"

随后，德拉活像一只被烫伤的小猫跳了起来，叫道，"喔！喔！"

吉姆还没有瞧见他的美丽的礼物哩。她急不可耐地把手掌摊开，伸到他面前，那没有知觉的贵重金属似乎闪现着她的欢快和热忱。

"漂亮吗，吉姆？我搜遍了全城才找到了它。现在，你每天可以看一百次时间了。把表给我，我要看看它配在表上的样子。"

吉姆非但不按她的吩咐行事，反而倒在睡椅上，两手枕在头下，微微发笑。

"德拉，"他说，"让我们把圣诞礼物放在一边，保存一会儿吧。它们实在太好了，目前尚不宜用。我卖掉金表，换钱为你买了发梳。现在，你做肉排吧。"

正如诸位所知，麦琪是聪明人，聪明绝顶的人，他们把礼物带来送给出生在马槽里的耶稣。他们发明送圣诞礼物这玩艺儿。由于他们是聪明人，毫无疑问，他们的礼物也是聪明的礼物，如果碰上两样东西完全一样，可能还具有交换的权利。在这儿，我已经笨拙地给你们介绍了住公寓套间的两个傻孩子不足为奇的平淡故事，他们极不明智地为了对方而牺牲了他们家最最宝贵的东西。不过，让我们对现今的聪明人说最后一句话，在一切馈赠礼品的人当中，那两个人是最聪明的。在一切馈赠又接收礼品的人当中，像他们两个这样的人也是最聪明的。无论在任何地方，他们都是最聪明的人。

他们就是圣贤。

注释

[1] 示巴女王（Queeen of Sheba）：基督教《圣经》中朝觐所罗门王，以测其智慧的示巴女王，她以美貌著称。

[2] 麦琪（Magi，单数为 Magus）：指圣婴基督出生时来自东方送礼的三贤人，载于《圣经·马太福音》第二章第一节和第七节至第十三节。

导读

"麦琪的礼物"本身为一典故。作者借此来比喻主人公德拉和杰姆为对方所买的礼物所代表的情谊和虔诚。

小说的主要内容是德拉和杰姆这对小夫妻在圣诞节前想互赠礼物，把自己仅存的最好的、最贵的东西变卖了，买了礼物奉献给自己的爱人，买了以为对对方最有价值的东西，结果却阴差阳错，两人珍贵的礼物都变成了无用之物。小说揭示了人性的光明面，歌颂了纯洁的爱情，写得生动感人。作者巧妙地运用悬念和巧合，使情节波澜起伏，引人入胜。在小说中，作者含蓄而又深刻地映射出自己对爱情的颂扬，以及对爱妻的缅怀。

作者介绍

欧·亨利（1862 年～1910 年），美国著名短篇小说家，原名威廉·西德尼·波特，出生于美国北卡罗来纳州的一个医生家庭。他幼年丧母，15 岁即浪迹社会，做过药房小伙计、牧场放羊工、会计员、土地局办事员、银行出纳员。共创作了三百多篇小说，代表作有《麦琪的礼物》、《警察和赞美诗》、《最后的藤叶》等。他的小说诙谐幽默，寓悲于喜，形成"含泪的微笑"的独特风格。小说情节生动，构思巧妙，结局往往出人意料而又不悖情理，历来为人们所称道。

思考与练习

　　1．仔细阅读德拉下决心卖掉秀发一段的描述，说明作者是怎么样通过动作和表情描写来显现她的心理活动的。

　　2．体味小说"含泪的微笑"的独特风格和幽默诙谐的语言特色。

　　3．作者为什么在小说末尾赞叹德拉夫妻"他们就是麦琪"？

苦　恼

契诃夫

原文

　　我向谁去诉说我的悲伤[1]？……

　　暮色昏暗。大片的湿雪绕着刚点亮的街灯懒洋洋地飘飞，落在房顶、马背、肩膀、帽子上，积成又软又薄的一层。车夫姚纳·波达波夫周身雪白，象是一个幽灵。他在赶车座位上坐着，一动也不动，身子往前伛着，伛到了活人的身子所能伛到的最大限度。即使有一个大雪堆倒在他的身上，仿佛他也会觉得不必把身上的雪抖掉似的。……他那匹小马也是一身白，也是一动都不动。它那呆呆不动的姿态、它那瘦骨棱棱的身架、它那棍子般直挺挺的腿，使它活象那花一个戈比就能买到的马形蜜糖饼干。它多半在想心思。不论是谁，只要被人从犁头上硬拉开，从熟悉的灰色景致里硬拉开，硬给丢到这儿来，丢到这个充满古怪的亮光、不停的喧嚣、熙攘的行人的旋涡当中来，那他就不会不想心事。……姚纳和他的瘦马已经有很久停在那个地方没动了。他们还在午饭以前就从大车店里出来，至今还没拉到一趟生意。可是现在傍晚的暗影已经笼罩全城。街灯的黯淡的光已经变得明亮生动，街上也变得热闹起来了。

　　"赶车的，到维堡区。去！"姚纳听见了喊声。"赶车的！"

　　姚纳猛的哆嗦一下，从粘着雪花的睫毛里望出去，看见一个军人，穿一件带风帽的军大衣。

　　"到维堡区去！"军人又喊了一遍。"你睡着了还是怎么的？到维堡区去！"

　　为了表示同意，姚纳就抖动一下缰绳，于是从马背上和他肩膀上就有大片的雪撒下来。……那个军人坐上了雪橇。车夫吧哒着嘴唇叫马往前走，然后象天鹅似的伸长了脖子，微微欠起身子，与其说是由于必要，不如说是出于习惯地挥动一下鞭子。那匹瘦马也伸长脖子，弯起它那象棍子一样的腿，迟疑地离开原地走动起来了。……"你往哪儿闯，鬼东西！"姚纳立刻听见那一团团川流不息的黑影当中发出了喊叫声。

　　"鬼把你支使到哪儿去啊？靠右走！"

"你连赶车都不会！靠右走！"军人生气地说。

一个赶轿式马车的车夫破口大骂。一个行人恶狠狠地瞪他一眼，抖掉自己衣袖上的雪，行人刚刚穿过马路，肩膀撞在那匹瘦马的脸上。姚纳在赶车座位上局促不安，象是坐在针尖上似的，往两旁撑开胳膊肘，不住转动眼珠，就跟有鬼附了体一样，仿佛他不明白自己是在什么地方，也不知道为什么在那儿似的。

"这些家伙真是混蛋！"那个军人打趣地说。"他们简直是故意来撞你，或者故意要扑到马蹄底下去。他们这是互相串通好的。"

姚纳回过头去瞧着乘客，努动他的嘴唇。……他分明想要说话，然而从他的喉咙里却没有吐出一个字来，只发出咝咝的声音。

"什么？"军人问。

姚纳撇着嘴苦笑一下，嗓子眼用一下劲，这才沙哑地说出口："老爷，那个，我的儿子……这个星期死了。"

"哦！……他是害什么病死的？"

姚纳掉转整个身子朝着乘客说：

"谁知道呢，多半是得了热病吧。……他在医院里躺了三天就死了。……这是上帝的旨意哟。"

"你拐弯啊，魔鬼！"黑地里发出了喊叫声。"你瞎了眼还是怎么的，老狗！用眼睛瞧着！"

"赶你的车吧，赶你的车吧，……"乘客说。"照这样走下去，明天也到不了。快点走！"

车夫就又伸长脖子，微微欠起身子，用一种稳重的优雅姿势挥动他的鞭子。后来他有好几次回过头去看他的乘客，可是乘客闭上眼睛，分明不愿意再听了。他把乘客拉到维堡区以后，就把雪橇赶到一家饭馆旁边停下来，坐在赶车座位上伛下腰，又不动了。……湿雪又把他和他的瘦马涂得满身是白。一个钟头过去，又一个钟头过去了。……人行道上有三个年轻人路过，把套靴踩得很响，互相诟骂，其中两个人又高又瘦，第三个却矮而驼背。

"赶车的，到警察桥去！"那个驼子用破锣般的声音说。

"一共三个人。……二十戈比！"

姚纳抖动缰绳，吧哒嘴唇。二十戈比的价钱是不公道的，然而他顾不上讲价了。……一个卢布也罢，五戈比也罢，如今在他都是一样，只要有乘客就行。……那几个青年人就互相推搡着，嘴里骂声不绝，走到雪橇跟前，三个人一齐抢到座位上去。这就有一个问题需要解决：该哪两个坐着，哪一个站着呢？经过长久的吵骂、变卦、责难以后，他们总算做出了决定：应该让驼子站着，因为他最矮。

"好，走吧！"驼子站在那儿，用破锣般的嗓音说，对着姚纳的后脑壳喷气。

"快点跑！嘿，老兄，瞧瞧你的这顶帽子！

全彼得堡也找不出比这更糟的了。……""嘻嘻，……嘻嘻，……"姚纳笑着说。

"凑合着戴吧。……"

"喂，你少废话，赶车！莫非你要照这样走一路？是吗？

要给你一个脖儿拐吗？……"

"我的脑袋痛得要炸开了，……"一个高个子说。"昨天在杜克玛索夫家里，我跟瓦斯卡一块儿喝了四瓶白兰地。"

"我不明白，你何必胡说呢？"另一个高个子愤愤地说。

"他胡说八道，就跟畜生似的。"

"要是我说了假话，就叫上帝惩罚我！我说的是实情。……"

"要说这是实情，那末，虱子能咳嗽也是实情了。"

"嘻嘻！"姚纳笑道。"这些老爷真快活！"

"呸，见你的鬼！……"驼子愤慨地说。"你到底赶不赶车，老不死的？难道就这样赶车？你抽它一鞭子！唷，魔鬼！唷！使劲抽它！"

姚纳感到他背后驼子的扭动的身子和颤动的声音。他听见那些骂他的话，看到这几个人，孤单的感觉就逐渐从他的胸中消散了。驼子骂个不停，诌出一长串稀奇古怪的骂人话，直骂得透不过气来，连连咳嗽。那两个高个子讲起一个叫娜杰日达·彼得罗芙娜的女人。姚纳不住地回过头去看他们。正好他们的谈话短暂地停顿一下，他就再次回过头去，嘟嘟哝哝说："我的……那个……我的儿子这个星期死了！"

"大家都要死的，……"驼子咳了一阵，擦擦嘴唇，叹口气说。"得了，你赶车吧，你赶车吧！诸位先生，照这样的走法我再也受不住了！他什么时候才会把我们拉到呢？"

"那你就稍微鼓励他一下，……给他一个脖儿拐！"

"老不死的，你听见没有？真的，我要揍你的脖子了！……跟你们这班人讲客气，那还不如索性走路的好！……你听见没有，老龙[2]？莫非你根本就不把我们的话放在心上？"

姚纳与其说是感到，不如说是听到他的后脑勺上啪的一响。

"嘻嘻，……"他笑道。"这些快活的老爷，……愿上帝保佑你们！"

"赶车的，你有老婆吗？"高个子问。

"我？嘻嘻，……这些快活的老爷！我的老婆现在成了烂泥地罗。……哈哈哈！……在坟墓里！……现在我的儿子也死了，可我还活着。……这真是怪事，死神认错门了。……它原本应该来找我，却去找了我的儿子。……"姚纳回转身，想讲一讲他儿子是怎样死的，可是这时候驼子轻松地呼出一口气，声明说，谢天谢地，他们终于到了。

姚纳收下二十戈比以后，久久地看着那几个游荡的人的背影，后来他们走进一个黑暗的大门口，不见了。他又孤身一人，寂静又向他侵袭过来。……他的苦恼刚淡忘了不久，如今重又出现，更有力地撕扯他的胸膛。姚纳的眼睛不安而痛苦地打量街道两旁川流不息的人群：在这成千上万的人当中有没有一个人愿意听他倾诉衷曲呢？然而人群奔走不停，谁都没有注意到他，更没有注意到他的苦恼。……那种苦恼是广大无垠的。如果姚纳的胸膛裂开，那种苦恼滚滚地涌出来，那它仿佛就会淹没全世界，可是话虽如此，它却是人们看不见的。

这种苦恼竟包藏在这么一个渺小的躯壳里，就连白天打着火把也看不见。……姚纳瞧见一个扫院子的仆人拿着一个小蒲包，就决定跟他攀谈一下。

"老哥，现在几点钟了？"他问。

"九点多钟。……你停在这儿干什么？把你的雪橇赶开！"

姚纳把雪橇赶到几步以外去，伛下腰，听凭苦恼来折磨他。……他觉得向别人诉说也没有用了。……可是五分钟还没过完，他就挺直身子，摇着头，仿佛感到一阵剧烈的疼痛似的；他拉了拉缰绳。……他受不住了。

"回大车店去，"他想。"回大车店去！"

那匹瘦马仿佛领会了他的想法，就小跑起来。大约过了一个半钟头，姚纳已经在一个肮脏的大火炉旁边坐着了。炉台上，地板上，长凳上，人们鼾声四起。空气又臭又闷。姚纳瞧着那些睡熟的人，搔了搔自己的身子，后悔不该这么早就回来。……

"连买燕麦[3]的钱都还没挣到呢，"他想。"这就是我会这么苦恼的缘故了。一个人要是会料理自己的事，……让自己吃得饱饱的，自己的马也吃得饱饱的，那他就会永远心平气和。……"墙角上有一个年轻的车夫站起来，带着睡意嗽一嗽喉咙，往水桶那边走去。

"你是想喝水吧？"姚纳问。

"是啊，想喝水！"

"那就痛痛快快地喝吧。……我呢，老弟，我的儿子死了。……你听说了吗？这个星期在医院里死掉的。……竟有这样的事！"

姚纳看一下他的话产生了什么影响，可是一点影响也没看见。那个青年人已经盖好被子，连头蒙上，睡着了。老人就叹气，搔他的身子。……如同那个青年人渴望喝水一样，他渴望说话。他的儿子去世快满一个星期了，他却至今还没有跟任何人好好地谈一下这件事。……应当有条有理，详详细细地讲一讲才是。……应当讲一讲他的儿子怎样生病，怎样痛苦，临终说过些什么话，怎样死掉。……应当描摹一下怎样下葬，后来他怎样到医院里去取死人的衣服。他有个女儿阿尼霞住在乡下。……关于她也得讲一讲。……是啊，他现在可以讲的还会少吗？听的人应当惊叫，叹息，掉泪。……要是能跟娘们儿谈一谈，那就更好。她们虽然都是蠢货，可是听不上两句就会哭起来。

"去看一看马吧，"姚纳想。"要睡觉，有的是时间。……不用担心，总能睡够的。"

他穿上衣服，走到马房里，他的马就站在那儿。他想起燕麦、草料、天气。……关于他的儿子，他独自一人的时候是不能想的。……跟别人谈一谈倒还可以，至于想他，描摹他的模样，那太可怕，他受不了。……"你在吃草吗？"姚纳问他的马说，看见了它的发亮的眼睛。"好，吃吧，吃吧。……既然买燕麦的钱没有挣到，那咱们就吃草好了。……是埃……我已经太老，不能赶车了。……该由我的儿子来赶车才对，我不行了。……他才是个地道的马车夫。……只要他活着就好了。……"姚纳沉默了一忽儿，继续说："就是这样嘛，我的小母马。……库兹玛·姚内奇不在了。……他下世了。……他无缘无故死了。……比方说，你现在有个小驹子，你就是这个小驹子的亲娘。……忽然，比方说，这个小驹子下世了。……你不是要伤心吗？"

那匹瘦马嚼着草料，听着，向它主人的手上呵气。

姚纳讲得入了迷，就把他心里的话统统对它讲了。……

❧ 注释

[1] 引自宗教诗《约瑟夫的哭泣和往事》。

[2] 老龙：原文是"高雷内奇龙"，俄国神话中的一条怪龙，在此用作骂人的话。

[3] 燕麦：马的饲料。

导读

《苦恼》写于1886年，当时正是沙皇俄国黑暗时期，沙俄的残酷统治使许多人思想麻木冷漠，不愿意正视社会现实。《苦恼》的副标题是"我拿我的苦恼向谁去诉说？"。小说描写一个老马夫姚纳儿子刚刚死去，他想向人们倾诉自己心中的痛苦，无奈偌大的一个彼得堡竟找不到一个能够听他说话的人，最后他只能对着他的小母马诉说。作品通过无处诉说苦恼的姚纳的悲剧，揭示了19世纪俄国社会的黑暗和人间的自私、冷酷无情，这正是当时俄国社会生活的剪影。小说以冷峻的笔触写出了老马车夫的辛酸和苦恼，客观地描绘了这种社会现状，为不幸的人们抗争。

作者介绍

契诃夫（1860年～1904年），俄国小说家、戏剧家，出生于破产商人家庭，早年边做家庭教师边求学，1884年毕业于莫斯科大学医学系。学生时代即开始以"契洪特"的笔名写作诙谐小品和幽默短篇小说，如《一个小官员之死》、《变色龙》等。1886年后，他思想剧变，锐意反映人生，描摹世态，创作风格日趋成熟，写作了许多脍炙人口的短篇小说，如《万卡》、《草原》、《带阁楼的房子》等。契诃夫的小说言简意赅、冷峻客观，独树一帜。他与莫泊桑齐名，被认为是世界上最有影响力的短篇小说家之一。契诃夫也写戏剧，名作有《三姊妹》和《樱桃园》等。

思考与练习

1. 车夫姚纳的苦恼是什么？
2. 说明作品将人与马相类比的手法及其表现作用。
3. 结合具体段落，说明人物对话对表现人物性格和心理的作用。